春华秋实

——2021江苏省社区教育品牌案例

主编◎孙曙平

河海大学出版社
HOHAI UNIVERSITY PRESS
·南京·

图书在版编目(CIP)数据

春华秋实. 2021 江苏省社区教育品牌案例 / 孙曙平主编. -- 南京 : 河海大学出版社, 2022.8
ISBN 978-7-5630-7669-7

Ⅰ. ①春… Ⅱ. ①孙… Ⅲ. ①社区教育—案例—江苏—2021 Ⅳ. ①G779.2

中国版本图书馆 CIP 数据核字(2022)第 152535 号

书　　名　春华秋实:2021 江苏省社区教育品牌案例
　　　　　CHUNHUA QIUSHI: 2021 JIANGSUSHENG SHEQU JIAOYU PINPAI ANLI
书　　号　ISBN 978-7-5630-7669-7
责任编辑　龚　俊
特约编辑　梁顺弟　许金凤
特约校对　丁寿萍　卞月眉
封面设计　徐家驿
出　　版　河海大学出版社
地　　址　南京市西康路 1 号(邮编:210098)
网　　址　http://www.hhup.com
电　　话　(025)83737852(总编室)　(025)83722833(营销部)
经　　销　江苏省新华发行集团有限公司
排　　版　南京布克文化发展有限公司
印　　刷　南京凯德印刷有限公司
开　　本　787 毫米×1092 毫米　1/16
印　　张　16.5
字　　数　421 千字
版　　次　2022 年 8 月第 1 版　2022 年 8 月第 1 次印刷
定　　价　98.00 元

编 委 会

序

《中国教育现代化 2035》提出了推进教育现代化的八大基本理念:更加注重以德为先,更加注重全面发展,更加注重面向人人,更加注重终身学习,更加注重因材施教,更加注重知行合一,更加注重融合发展,更加注重共建共享;并将构建服务全民的终身学习体系作为十大战略任务之一,从而体现了国家层面对终身学习的愈加重视以及教育现代化发展的新理念。社区教育以区域性、群众性、实践性为基本特征,其主要目的是促进人的全面发展,推进社区建设。社区教育品牌是在新时代构建终身学习体系理念不断深入、居民对美好学习生活的需求越来越高的形势下,深入开展全民终身学习的有力抓手,是促进社会文明与社区治理的重要载体。

品牌是经过长时间实践探索凝练成的一种品质,它既是物质的,又是精神的。多年来,江苏省社区教育品牌建设遵循新时代社区教育理念和发展规律,以学习者为中心,面向全体人员,贴近生活、服务居民,切合区域实际、彰显特色、辐射引领,具有积极的推广示范价值和较高的社会影响力。

一年一度的江苏省社区教育品牌案例的编写及出版,是江苏省成人教育协会开展社区教育品牌建设、深化社区教育内涵、促进城乡社区教育一体化发展的重要的长效机制。2022 年新出炉的江苏省社区教育品牌案例,共包含了 40 个来自全省各地的典型案例。这些案例建设周期长、特色鲜明、成果显著,充分体现了社区教育在促进社会发展中的作用,并在品牌的不断打造中彰显出社区教育的独特价值。这些品牌项目既包括“初心课堂”“向善家长学校”

"高良涧社区文化课堂""'红石榴'青年学习社"等学习平台，也包括"舞空竹""黄集面塑""陶都紫砂文化传承与推广""文化船娘"等特色活动，充分展现了全省不同地区的地域文化与历史风貌，体现了社区教育品牌的应用推广效应，真正造福于民、造福于社会。

新时代社区教育高质量发展，必须以社区为本，坚持特色理念，创新活动载体，丰富学习形式，加强社区教育品牌建设。在《春华秋实——2021 江苏省社区教育品牌案例》正式出版的契机下，我们呼吁全省社区教育工作者深入研究社区教育品牌的培育与发展，根据国家的要求、社会的变化、居民的需求、生态的发展等进一步丰富已有品牌的内涵，并在创新中不断挖掘、培育具有地域特色的新的社区教育品牌，探索社区教育品牌的可持续发展，从而努力满足广大居民日益增长的终身学习需求，推进全省社区教育工作更上新的台阶。

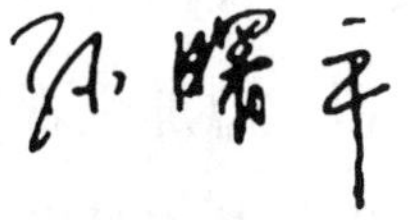

2022 年 6 月

目 录

◎ 南京市雨花台区西善桥街道社区教育中心

创新教育赋能　厚植社区治理

——记 2021 年省级社区教育品牌“向善家长学校”

品牌 LOGO 设计说明：

通过对汉字“向善”象形和变形的观念整合，以象形和变形为基础，用“结构—解构—再结构”的创作方式，构建出一个辨识度较高的形象概念。红色寓意热情、希望，黑色寓意庄重、典雅。标志以最简洁的设计语言，有效地传递品牌的核心内容和特征。

“善”契合西善，寓意“德治”，“向善”明示从善如流，既是重要的价值理念，又能体现地域特点。

向善家长学校

一、案例的背景

西善桥街道位于南京主城西南部，辖区经济、交通、教育、文化、社会发展水平等与主城区相比有较大的差距。南京市最大的保障性住房片区——岱山保障房坐落于此。辖区低收入群体多、外来务工人员集聚、居民素质有待进一步提高，给社会治理带来了诸多困难和挑战，如何有效破解社会治理难题是街道不能回避的现实问题。

2016 年 3 月，西善桥街道社区教育中心开办了“学生家长素质提升班”，开展了多场次的家长教育培训活动，成效明显。2017 年 6 月，街道专门召开了“大教育与城市和社会治理”研讨会，邀请了原杭州市委书记王国平等诸多专家前来指导。大家对街道提出的以大教育助推社会治理的理念表示认可，并鼓励街道积极探索，走出一条契合实际、定位清晰、任务明确的社会治理之路。经研究、论证、筹备，2017 年 9 月，由街道主办的“向善家长学校”正式开办。家长学校围绕“把孩子培养好，把家庭建设好，把社会治理好”的“三好”目标提升家长各方面素质，助推社会的发展。

二、案例的呈现

（一）注重顶层设计，确保持续运行

街道邀请知名专家、学者从家长、学校、社会的现实需求出发，在组织领导、投入机制、培训机制、激励机制、评估机制等方面对家长学校进行顶层设计。顶层设计以提升家长素质为切入口，家校社联手，以先进教育理念为引领，锚定教育热点话题、家庭教育误区和难题，着力解决家庭教育实际问题，确定了符合家长需求，适合家长学习的课程内容，形成了科学、可操作的运行机制。

（二）聘请名师授课，传输先进理念

2017 年 9 月，“向善家长学校”第一次专家示范课在岱山实验小学举行。中国陶行知研究会陈会忠副秘书长的“和孩子共成长”家庭教育讲座，受到家长一致好评。从那以后，专家讲座场场爆满，座无虚席。

图片 1　2019 年 3 月 21 日，中国教育学会家庭教育专业委员会副理事长卢勤老师在岱山实验小学作“让每个孩子都精彩”的讲座

自“向善家长学校”开办以来，孙云晓、卢勤、张圣华、殷飞等全国知名教育专家先后走进课堂，开设专家、学者示范课 40 余场，听课近 3 万人次。专家、学者深入浅出地向家长传授先进科学的家庭教育方法、指导家长培养孩子良好习惯、解答家长在孩子成长过程中的烦恼。专家示范课立意高、内容丰富、讲演精彩，激发了更多家长接受“向善家长学校”指导的热情。2020 年，“向善家长学校”将专家、学者的讲座进行整理，编写了《家庭教育专家锦囊》一书。

（三）招募志愿教师，做好教育普及

街道将专家、学者的课程进行整理，形成教案，并招募 50 多名乐于志愿服务、有成功家庭教育实践，有较高授课水平的志愿教师按照专家、学者示范课的教案，结合实际进行“二次备课”，再

由志愿教师向更多家长上普及课，不断扩大授课面，提高授课效率，使辖区内更多的家长受益。

图片 2　2021 年 6 月 27 日，向善家长学校开展“童心助力文明城市，携手共建美好南京”社会实践活动

金陵中学西善分校的佴海兵老师已经是有多次普及课经验的志愿教师了。他第一次开课的课题就是“和孩子共成长”，通过结合自己的实际工作和西善家庭、孩子的特点，精心备课后，在辖区西善桥小学进行授课。由于他的讲座接地气，受到家长一致好评。如今佴老师在西善家长中小有名气，家长们也通过不同的方式向佴老师请教家庭教育问题。普及课推广以来，共实施了 150 多节，听课家长超过两万人次。

(四) 丰富教学内容，注重社会实践

开展社会实践活动是为“向善家长学校”深入家庭、学校、社区做的补充，目前已开展 200 多场，惠及家长及孩子 3 万余人次。社会实践活动方式多样、内容新颖，往往更容易激发家长、孩子兴趣，提高了活动参与率，扩大了活动影响力。通过“环境保护”“亲子阅读”“传承文化”等一系列特色活动的开展，帮助家长提高科学育儿水平，潜移默化地促进家长“大教育”理念的形成。

2021 年暑假，为积极助力文明城市建设，共建文明和谐的街区，吸引家长和孩子们参与到文明城市的建设中来，“向善家长学校”特别组织了主题为“童心助力文明城市，携手共建美好南京”社会实践活动。家长和孩子将占道的共享单车、电动自行车等搬放至规定的停放区域内，将垃圾分类清理，发文明宣讲传单、文明城市宣传扇，一起为建设文明城市贡献力量。

(五) 开通线上授课，扩大教学成果

“向善家长学校”创办了“向善家长”微信公众号，面向全国提供先进科学的家庭教育指导，组织开展线上各类活动等，已吸引了近 3 万家长关注。自“向善家长”微信公众号创办以来，每天坚持推送 2～3 篇文章，累计发表原创内容 570 多篇，平均阅读量达 4 000＋。公众号内每一篇推文都经过精心策划，语言文字朴实，案例简明易懂，为家长们送上最科学、最实用、最新颖的育儿理念和育儿干货。

线上直播课广受家长欢迎。“好家长大讲堂”线上直播活动，共吸引全国各地7万余人次在线收看。“2021‘超级学霸’暑期学法训练营”活动，从孩子学习方式、情绪管理、学业管理、高效学习四个方面进行授课，吸引了约15万人次在线收看。国庆节期间邀请《解放日报》首席记者顾学文老师的“不‘鸡娃’培养孩子的六节课”讲座，观看人次约11万，并于公众号内开办“学文在线”专栏，持续推送家庭教育实操指导。

（六）家长自我教育，组织结对帮扶

“向善家长学校”在辖区内的金陵中学岱山分校、雨花外国语小学西善花苑分校、岱山实验小学附属幼儿园中试点家长专业成长项目，编制推行《家长自我教育记录本》，举办家长长期培训班，建立家长学习交流群。家长培训班通过现场授课、指导填写《家长自我教育记录本》、网上互动交流、成果展示等多种形式，培养出300余名“优秀家长”“超级家长”。再由这些家长自愿组成家长义工团、讲师团，深入辖区与更多家长结对指导。他们已然成了“向善家长学校”工作深入推进的得力助手。

雨花外国语小学西善花苑分校闫家鑫同学的奶奶只有小学三年级文化水平，但她在闫嘉鑫同学的帮助下，坚持写了3本《家长自我教育记录本》，还被评为“向善家长学校”超级家长。闫家鑫同学因奶奶被评为“超级家长”，受到中央广播电视总台主办的“寻找最美孝心少年”活动关注，荣获“特别关注孝心少年”称号。

三、案例的成效

（一）家长素质提升显著，家庭教育得以转变

“向善家长学校”通过各类课程活动，普及了科学先进的家庭教育理论方法，开阔了家长的眼界，家长的教育观念、行为方式正朝着正确的方向转变，亲子关系也变得更加融洽，孩子更愿意和家长说心里话。家长积极支持孩子在兴趣爱好特长等方面长足发展。近年来，善水湾小学的郑沛俊、林宇尧同学荣获“江苏少年科学院小院士”称号；西善桥小学付睿豪同学获得江苏省小学生武术锦标赛一等奖。“培养好孩子、建设好家庭”的目标在很多家庭逐步实现。

（二）积极参与社区治理，社区治理得以改善

“向善家长学校”架起了法治、德治、自治的桥梁，家长法治意识、道德水平不断提升。他们积极融入社区，主动参与社区事务，自组家长志愿团，协助社区开展志愿服务，参与社区治理的热情激增；家长能严格按照相关规定进行民主协商，运用法律手段解决矛盾纠纷，很多矛盾问题在网格内就能自行协商处理，居民议事也从零起步到现在大大小小议事平台20余个，自治能力得到极大提升；各社区、物业的12345投诉工单量直线下降，家长情感上认同社区，行为上尊崇规范，大大降低了社会治理的难度，治理成本不断降低。以教育视角破题高水平社会治理，以教育高质量发展成果反哺社会治理的深层次“教育＋社区治理”的探索实践初结硕果。

（三）实践结出丰硕成果，品牌效应逐步增强

“向善家长学校”开办以来，获得各界广泛关注和好评。先后被《中国教育报》《新华日报》《南

京日报》等10多家媒体多次报道，荣获了南京市第二批社会主义核心价值观教育实践创新案例“十佳案例”、2020年南京市“终身学习品牌项目”、江苏省社会教育(教学)成果二等奖；参加了“2018中国家庭教育学术年会”的大会交流。“向善家长学校——家长自我成长记录本”多次被南京广播电视台教科频道报道。

四、案例的体会

(一) 党委政府掌舵，做好顶层设计

“向善家长学校”由街道党委政府掌舵、党工委书记主抓，以教育助推基层社会治理为目标，做好了顶层设计。通过一系列地方条例政策，以多种途径推动辖区家长正确的教育观形成。四年来，街道直接投入资金达800万元，人均17元/年，远高于上级要求；在街道工委的重视下，“大教育”的任务能够落实到每一个部门、每一个社区、每一所学校(幼儿园)，覆盖到辖区全体居民；课程、活动直接参与每年达30万人次以上(辖区人口约12万)。

(二) 立足社区需求，补齐教育短板

“向善家长学校”契合了《中共中央、国务院关于深化教育教学改革全面提高义务教育质量的意见》中有关“加强社区家长学校、家庭教育指导服务站点建设，为家长提供公益性家庭教育指导服务”的要求，坚持从家长教育入手，整合教育平台和教育资源，持之以恒开展各类教育活动，使家庭教育与学校教育、社会教育有机配合，弥补了保障房片区教育资源短缺、家庭教育及部分居民素质普遍不高的短板，创立了有优良的阵地、有高效的组织、有高质量的指导、有浓厚的氛围、有优异的成效的全体家长互相影响、互相促进的“五有”“大教育”模式。特别是“双减”政策出台后，围绕减负提质目标，促进“家校社”形成合力、协同共育，辅以广泛的宣传发动和舆论引导，使人人了解教育，懂得孩子的成长规律，让教育回归本真。

(三) 立足教育撬动，推进社会治理

街道层面开办“向善家长学校”，以“教育”助推社会治理，是教育与社会治理深度融合的积极实践，是基层街道实践共建共治共享理念的工作方法的创新。它探索出了基础条件相对落后、居民普遍素质不高的地区如何提升居民幸福感、获得感和满意度的新路径，形成了系统化、多元化、个性化兼备的社会治理创新的区域模式。在推进过程中，充分发扬民主，积极征求各方意见，保证研究探索的多元化、个性化。通过积极调动各方力量协同，积极组织公众参与，把共建共治共享落到了实处。同时注重把家长当作治理主体，启发家长发现问题，和他们一道以问题导向来办好“向善家长学校”。街道、部门、社区也充分地调动广大居民的积极性，用一个个活动作为纽带，把大家带入到“向善家长学校”的建设和发展中。

(四) 创新评价体系，落实根本任务

“向善家长学校”与辖区内学校联手，坚持立德树人根本任务，通过各种活动，探索科学评价教师和学生的路径。通过评选“向善五星少年”，对于过去种种原因导致学习成绩不太理想，但热爱劳动、孝敬长辈、自理能力强的学生能够得到表扬和肯定；由学生评选关爱学生、教学能力突出

的优秀教师，并为他们颁发奖状；学生为认真填写《家长自我教育记录本》的家长签字，并为“合格家长”“超级家长”颁奖，融洽亲子关系。“向善家长学校”通过实行新的评价体系，改变了家长“唯分数论”的传统认识，重新定义成才标准，“家校社”形成合力，培养身心健康、具有一技之长、对社会有用的多样化人才。

五、案例展望

习近平总书记指出，家庭是人生的第一所学校，家长是孩子的第一任老师，要帮助孩子扣好人生第一粒扣子，要重视家庭建设，注重家庭、家教、家风。“向善家长学校”创办四年来，始终围绕“把孩子教育好、把家庭建设好、把社会治理好”的“三好”目标，持续开展好各类教育培训活动，提高家庭教育质量，提升家长素质，成为助推社会治理重要抓手。

（一）实现家庭教育大变革

“向善家长学校”通过教育抚平家长急功近利的心理，彻底改变家长“唯分数论”的陈旧教育观念，引导家长注重孩子良好习惯、健康心理、强健体魄的养成，重视孩子个性发展、全面发展，实现家庭教育大变革，从而使家庭和谐、家长轻松、孩子快乐。

（二）助力形成社会治理共治共建共享新格局

“向善家长学校”是街道“理想教育小镇”建设的重要组成部分，是实现社会治理共治共建共享的重要抓手。“向善家长学校”以提升家庭教育水平和家长素质为主要目标，引导家长在街道社区的领导下，打造共同参与、共同协商、共同行动、共同分担的社区管理新格局，共同构造生活美满、文化繁荣、富有活力的幸福家园。

（三）让尊师重教成为全社会自觉行为

通过“向善家长学校”的各种教育培训活动，使家长明白教育并非学校和教师单方面的事情，而是需要全社会共同努力。“向善家长学校”的成就表现在：辖区内正在形成教师爱学生、学生爱老师、教师尊重家长、家长信任老师的氛围，形成教师、家长、学生相互平等的教育关系，使尊师重教成为全社会的自觉行为。

执笔人：杨　阚

点评

一、工作特色

南京市西善桥街道社区教育中心在街道党工委办事处的领导下，针对社区治理的多元诉求，开办“向善家长学校”，围绕“把孩子培养好，把家庭建设好，把社会治理好”的“三好”目标，通过“学生家长素质提升”等多种形式、内容丰富的教育培训活动，提升了家长素质，特别是提升家长开展家庭教育的本领，取得了明显成效。

二、成功经验

1. 聚焦社区民生诉求。社区教育首先要服务民生诉求，从人民群众最需要的地方入手，直面困难和问题，有担当意识，有奉献精神，才能获得居民的认可。

2. 发展社区家庭教育。社区家庭教育是社区教育的重要组成部分，但是，社区家庭教育专业性强，个性化诉求多，需求的持续性强、覆盖广，需要专家引领，教师参与，志愿者配合支持。“向善家长学校”通过顶层设计，从队伍、课程、施教等各个环节精心准备，逐步形成了自己的地域特色和实施机制。

3. 地方党委政府支持。四年来，街道直接投入资金达800万元，通过政府统筹，“大教育”的任务能够落实到每一个部门、每一个社区、每一所学校(含幼儿园)，这也是“向善家长学校”能够成功举办的重要原因。

三、推广意义

2021年10月23日，中华人民共和国第十三届全国人民代表大会常务委员会第三十一次会议通过《中华人民共和国家庭教育促进法》。家庭教育立法工作的顺利推进，进一步突显了社区家庭教育的重要性，南京市西善桥街道社区教育中心开办“向善家长学校”，对推进社区家庭教育，探索街道、乡镇支持社区家长学校建设，形成的一些创新性举措，值得各地借鉴。

点评专家
姓　　名：王中
单　　位：常州开放大学
职务/职称：副校长/副研究员
联系电话：13961428355

◎ 南京市鼓楼区江东街道社区教育中心

乐学逐梦　幸福江东

——记 2021 年省级社区教育品牌“‘家文化’学堂”

品牌 LOGO 设计说明：

南京市鼓楼区江东街道的社区教育中心将“江东”的“JD”两个字母融入 LOGO，突出家文化学堂和江东街道的密切关系。其中：将宝盖头做成门框的形状，“J”化成内部设计的顶梁柱，“D”化成一道门，与门框结合形成一个乐学之门，突出居民以学堂为家的归属感。中间部分做成楼梯，表示来学堂学习的居民，不管遇到什么困难，日子都会一天天变得更好。最后将 LOGO 做成圆形，圆形的完整性暗示了无限、团结、和谐的意思，圆形也是优美的，给人一种温暖、舒适的感觉。

一、案例背景

江东街道“家文化”学堂品牌项目成立于 2015 年 12 月，前期，为了“满足社区居民家门口的学习需求”和“让居民在学堂中感受到家的温暖”，主要服务苏宁睿城小区和佳和园小区 3 738 户、11 214 名居民及江东软件园内近 400 家企业，因为街道、社区在走访中发现，居住在上述区域的居民，除了小区自发组织的舞蹈健身小组以外，精神文化生活较为欠缺，辖区内居民以中青年及老年人居多，居民的爱、归属、尊重、社会参与的需求强烈，居民也多次到社区来反映，希望开展一些满足社区居民需求的教育培训活动。

2018 年 12 月，江东街道社区教育中心着眼于社区居民群众精神文化需求迅速增长的现状，引进了南京市惠仁社会工作服务中心作为社区的枢纽型社会组织，积极整合社区的人力、物力、财力资源，在社区试点打造突出特色的“家文化”学堂社区教育品牌，全力为辖区内的各类人群营造有家味道、家文化、家情怀的特色学习平台。后期，街道联合各社区、社会组织等多方力量，逐步拓展服务区域，共同营造全街道终身学习良好环境，努力形成内容形式丰富多彩、教育资源融通共享、服务能力显著提高、提升社区凝聚力、居民参与率和满意度的社区教育治理体系。

二、案例呈现

（一）以需求为导向，做好顶层设计

项目前期，街道、社区工作人员通过入户走访、楼栋长会议、问卷调查等形式，对社区居民进行工作宣传及民意调查。通过调查了解居民的建议及意见，并做好文案记录，收集居民需求及想法，并分析采用，提高了居民参与的积极性。通过调查，我们了解到：85%的受访居民期望学习新的知识和发展新的兴趣爱好，80%的受访居民认为目前所开展的活动不能完全满足他们的需要，绝大多数受访居民认为自己身体健康，期待社区为他们组织相应的活动。在广泛了解社区民意的基础上，江东街道联合社会组织、社区居民代表，认真制定了《“家文化”品牌项目工作方案》，围绕“互助、创新、坚持、自我”的理念，挖掘社区师资、组建志愿者队伍、开发课程、招募学员，最大限度地满足社区居民多样化的终身学习需求。

（二）以“点餐定制”为服务模式，提供精准服务

江东街道以“公众点菜、社会组织做菜、社区买单”的服务模式，通过枢纽型社会组织，根据社区居民的需求，有针对性地培育、引入了南京白局、面塑工作坊、原生艺术家培训、阿波罗机器人等32家社会组织，同时结合社区不同群体特点，推出了“青睿计划”“耆睿学堂”“美丽伽人”“爱·家父母成长学堂”“青少年情商训练营”等深受居民欢迎的项目，已为社区群众提供各类公益服务900多场次，受益近万人。在枢纽型社会组织的“统一调度”下，各个社会组织定时、定点、定服务内容，把公益服务送进社区，使得公益服务在社区常态化、专业化、规范化且可持续，有效地激发社区的活力，切实提升居民的获得感、幸福感。

（三）坚持丰富载体，在推进项目特色培育上下功夫

江东街道“家文化”学堂项目组根据地方特色和居民特定的精神文化需求，为项目实施制定发展计划，逐步成立了原生艺术培训中心、白局艺术培训班、面塑培训工坊、科技基地、耆睿学堂等子项目。

1. 名师之家，传承优秀文化

（1）白局艺术培训班

——项目简介。南京白局是南京地区民间的方言说唱，也是南京地区唯一的古老曲种。2008年6月，南京白局经国务院批准列入第二批国家级非物质文化遗产名录。

——培育情况。三年来，南京白局省级非遗传承人徐春华坚持义务开班授课。2018年3月，在睿城社区和社会组织发展中心的支持下，徐老师带领徒弟陈刚、梁晓岚，在睿城社区开设了白局艺术普及培训班。目前培训班已招募了数名学员。鼓楼区开放大学还专门拍摄制作了白局微课。

（2）面塑培训工坊

——项目简介。面塑艺术是我国珍贵的非物质文化遗产，是国家级艺术瑰宝之一。它是以

糯米为主料制成的面团，调成不同色彩，具有健康、环保、容易保存的特点。

——培育情况。为传承中国传统艺术文化，江东街道邀请南京面塑传承人、民间艺术传人钱翠芳担任教学老师，开设面塑培训工坊，面塑课程在宝船小学每年培训 1 200 人左右，在睿城社区年培训 800 人次左右。面塑课程已被市开放大学选为社区教育大讲堂课程。

(3) 陈耀剪纸工作室

——项目简介。陈耀，身残志坚，却因剪纸艺术获得了许多荣誉。近年来，中央电视台、江苏卫视、南京电视台等媒体为他拍摄过八十多部电视纪录片，专题报道陈耀和他的剪纸艺术。江东街道在宝地园社区专门成立了“陈耀剪纸工作室”。

——培育情况。陈耀利用节假日、寒暑假，为居民们免费举办剪纸讲座，同时参与社区的公益讲座、公益活动，传授剪纸艺术，传授民间剪纸手工艺。今年，陈耀已为社区各类人群开办讲座五场，参与居民达百余人。目前，江东街道准备在睿城社区开设陈耀剪纸课及中国传统吉祥文化课程。

2. 温情之家，绘就多彩人生

原生艺术中心

——项目简介。原生艺术与其他类别的艺术相比，无论是作者还是作品，个性都显得十分突出，究其原因，是与他们身心出现的某种障碍和疾病有关，使得他们在接受专业艺术教育时存在一定的障碍，因而在他们出现某种精神需要时，艺术中心需要依靠和调动他们的天性和本能进行艺术创造。

——培育情况。多年来，南京原生艺术工作室探索康复、托养、就业三位一体的教育服务模式，为各类精神障碍患者的潜能发挥提供创作环境，同时，他们经常为患者提供心理疏导，为患者健康状况好转，特别是通过向公众展示与推介其作品价值、开发衍生产品，助力其融入社区和社会等方面作出了自己的贡献。该项目由艺术家郭海平发起，现由社区教育志愿者团队运营。学员每天都会来中心学习和创作，开放期间已接待了数次参观学习。

——评价与反馈。中心已为逾百名患者和康复者提供服务，其中 23 人成为项目团队的签约原生艺术家。签约艺术家的画作销售所得，与工作室进行分成，收入最高的学员收入已过万元。中心运营团队承办了“2016 中荷原生艺术巡回展”中国展，展现了中国原生艺术创作者群像与成绩，在中、荷两国引起较大反响。2017 年 12 月，中心运营团队与那特艺术学院合作，举办了首届原生艺术社区服务培训班，来自全国 15 个省(区、市)的 66 名学员参加培训，学员为精神医疗卫生系统、社会服务机构和教育、心理背景的个人从业者。

图片 1　江东街道原生艺术中心画家与法国艺术家互动活动

案例：桃子是我们画室的原生艺术家，双相情感障碍康复者，现在也属于我们的全职志愿者，每天为画室的运营贡献了不少力量。2015 年 10 月份鼓楼区的画室成立，桃子考虑到自己家庭情况的困难，和鼓楼画室急需工作人员，决定成为服务团队的一员。桃子的变化是巨大的，一开始来画室时只是一个人安静画画，现在桃子变得开朗不少，笑容也多了起来，她认真细心、热心做好服务工作。她觉得工作中最有成就感的就是看到画家们的成长，比如小美一开始只能画一些独立的、分散的图案，在大家共同的陪伴下，慢慢施展出潜力，可以画出背景，并且画作的图案更加整体和统一，这让桃子感到很欣慰。桃子还自己找了一些心理学相关的书籍来充电，希望能更加了解他们的世界，更好地和他们交流。桃子家住得比较远，每天上下班都要花两个小时的时间，为了按时来画室，她克服了很多困难，这是一种难得的奉献精神。

3. 科技之家，开启益智未来

创龙创客空间——项目简介。江东街道与创龙创客空间合作成立了面向中小学生的科技基地，为中小学生接触机器人、3D 打印机等先进科学技术创造了平台。

创龙创客空间是一家以青少年科技教育培训和器材开发为重点的新型科技创新机构，依托南京大学等高校的科研力量，有成熟的机器人、无人机和 3D 打印机教学体系，在南京市十多所中、小学开办兴趣班和学生社团，学员在省、市各类科技比赛中屡获佳绩。

——培育情况。该项目自 2016 年开始运作，通过在社区和学校开展科普活动，满足学生对科技知识和能力的需求。目前已引进机器人、3D 打印机、无人机、VR 等设备，平时课堂教学除了科学设备的介绍和学习外，还经常组织机器人、航模等科技制作和表演。

该项目每年培训 2 000 余人次。

三、案例的成效与影响

（一）创新资源整合模式，开展高质量的培训及服务

“家文化”品牌项目坚持“学习需求从群众中来，特色培训到群众中去”的指导思想，寻求“政、校、企、社（区）”合作的有效模式与机制，把社区教育送到居民身边。

（二）专业打造团队，提供品牌化教育体验

前期挖掘需求，系统筹划，研究和解决社区教育体系建设与发展过程中遇到的矛盾和问题，及时推广和实施社区教育创新成果，打造具有“社会化公共形象、标准化管理配置、品牌化教育体验”为特色的社区教育基地，实现社区教育的“实体化、个性化、品牌化”。

图片 2　2020 年 10 月 28 日，开展南京白局进校园活动

（三）由点及面，辐射全街道

我们的工作可谓一步一个脚印，前期在睿城社区开设了面塑、白局等非遗传承活动，后来又在宝地园社区开展陈耀剪纸培训。我们将在全街道进行项目推广，为当地居民就近提供服务。让全街道的社区教育工作朝着项目化、特色化、品牌化的方向发展。我们以基础能力建设为保障，以满足社区居民学习需求为根本，

已逐步形成主动适应居民需求，知晓度、参与度、美誉度高的学习阵地，获得街道居民的一致好评。

江东街道“家文化”品牌项目还举办了：江苏开放大学（江苏城市职业学院）“奋斗青春·服务社区”暑期社会实践座谈会暨授牌仪式，南京市暨鼓楼区江东街道“践行十九大精神 社区教育社区行”活动，DIY 风筝活动等。

在项目推进中，得到了社会各界的高度认可和大力支持，我们取得了多项成果，如：陈耀获得省、市、区“百姓学习之星”，钱翠芳的面塑课在南京老年大学特色课程建设立项，“金陵非遗捏面工坊”被评为 2020 年“江苏省社会教育学习体验基地”，徐进彩获得省、市、区“社区教育先进工作者”等。

四、案例的体会与愿景

（一）居民参与度高是破解社区治理难题的一个有效方式

如果把社区教育治理比喻成一把复杂的连环锁，要找到打开这把锁的钥匙，从居民自身着眼无疑是最好的途径。因为他们的需求就是我们做好服务的最终目标和要求。

（二）良好的工作载体是激发工作活力、推动工作落实的有力抓手

优化机制、创新载体增强了社区教育建设活力。街道、社区为他们搭建了一个良好的服务平台。信任社会组织，引导和支持社会组织参与社区教育与社区治理，充分调动社会组织的积极性，这是品牌项目建设取得成效的关键。

（三）把小项目深化、强化、品牌化

把小项目深化、强化、品牌化，将“服务发展、服务民生、服务群众”工作细化、亮化、具体化，起到了“四两拨千斤”的效果，实现了“小载体”发挥“大作用”。

多年来，江东街道社区教育中心勇于开拓思路，创新工作举措，谋求了新发展、亮出了新特色。江东街道的“家文化”项目将在各级领导的关心支持下，克服困难，迎难而上，继续在实践中求拓展、探索中求发展，谱写江东社区教育新的篇章。

执笔人：徐进彩

点评

一、工作特色

南京市鼓楼区江东街道社区教育中心发挥自身统筹资源的优势，联合社会组织、社区居民代表，认真制定《“家文化”品牌项目工作方案》，围绕“互助、创新、坚持、自我”的理念，挖掘社区师资、组建志愿者队伍、开发课程、招募学员，最大限度地满足社区居民多层次的终身学习需求。

二、成功经验

1. 善于发挥社会组织的作用。社区教育的力量是有限的，需要全社会的积极参与。信任社会组织，引导和支持社会组织参与社区教育与社区治理，充分调动社会组织的积极性，这是品牌项目建设取得成效的关键。

2. 把助力社区治理作为社区教育的重要职能。社区教育中心聚集党委政府的中心工作，关心热点难点民生问题，积极参与社区治理，比如社区教育中心引进了南京原生艺术工作室，共同探索康复、托养、就业三位一体的教育服务模式，为各类精神障碍患者的潜能发挥提供创作环境，为他们的健康成长作出了积极贡献。

3. 把非遗文化传承作为社区教育的重要内容。社区教育中心先后引进了白局艺术培训班、面塑培训工坊、陈耀剪纸工作室，充分发挥了地方优秀传统文化的魅力。

三、推广意义

破解资源短缺问题是社区教育的重要课题，发挥社会组织的特长和运维优势是未来社区教育的重要路径，南京市鼓楼区江东街道社区教育中心坚持开放理念，携手社会组织，一定程度上破解社区教育人力紧缺、能力不足、包办单干的问题，值得推广。

点评专家
姓　　名：王中
单　　位：常州开放大学
职务/职称：副校长/副研究员
联系电话：13961428355

◎ 南京市溧水区永阳街道社区教育中心

社区培训模块化　全民学习新思路

——记 2021 年省级社区教育品牌“七桥板”

品牌 LOGO 设计说明：

“七桥板”社区教育品牌项目依托板桥社区，将“板桥”两字与“七巧板”进行结合，采用“七巧板”配色，拼成一座畅通你我的多彩桥。七块积木搭成的积木桥象征社区教育工作与居民的需求紧密连接，桥上绘制一颗七彩心，象征这是社区教育中心与居民的连心桥。不同颜色的积木块也象征着社区教育培训针对不一样的人群，设置针对性的项目。

七桥板

永阳街道社区教育中心

一、案例背景

永阳街道位于南京市溧水区中部，是溧水区政府驻地，溧水区政治、经济、文化中心。永阳街道辖 19 个居委会、4 个村委会。永阳街道民风淳朴，资源丰富，气候温和，四季分明，不仅有着历史悠久的文化古迹（如百里秦淮、洞壁琴音等），而且秉承了“江南弟子多才俊”的文化传统，拥有充沛的人力资源，拥有江苏省级经济开发区——南京溧水经济开发区南区，是“南京市制造业基地”，是溧水区民营经济的发源地和活跃区。

溧水区永阳街道社区教育中心在街道党委政府的指导下，依托辖区内板桥社区，自 2016 年起整合各类资源，创新社区教育工作，全力打造特色鲜明的“七桥板”社区教育品牌。

“七桥板”以“社校联动”为途径、“资源共享”为方法、“教育惠民”为目的，建构社区教育与社区治理联动模式，完善社区教育资源共享机制，提升社区教育“乐民、育民、惠民”的教育理念，让社区教育落地生根、开花结果。

二、案例呈现

“七桥板”社区教育品牌针对七类人群的不同层次需求，打造了各具特色的七座桥：

（一）启蒙桥

面向 0～3 岁婴幼儿，搭建启蒙桥。社区教育中心引进优质社会教育资源，在板桥社区打造了“萌娃亲子园”。根据婴幼儿特点开设启蒙课程：亲子阅读、绘本阅读、体能游戏、音乐启蒙、形象思维等，激发幼儿潜能，促进宝宝健康发展。此外社区教育中心定期邀请育婴专家和儿科医生开设“宝妈课堂”，为社区婴幼儿家庭提供科学化、系统化的育婴知识。截止目前已服务家庭 356 户，参与“启蒙桥”项目的婴幼儿达 423 人次。

（二）童心桥

面向少年儿童，搭建童心桥。少年强则国强，少年智则国智，少年富则国富。社区教育中心利用青少年课余及寒暑假等非教学时间，开展了一系列教育活动。近两年来有 2 300 多人次先后参与了“科技大讲堂”“小小朗诵者”“少儿相声进社区”以及丰富多彩的夏令营、冬令营等活动。

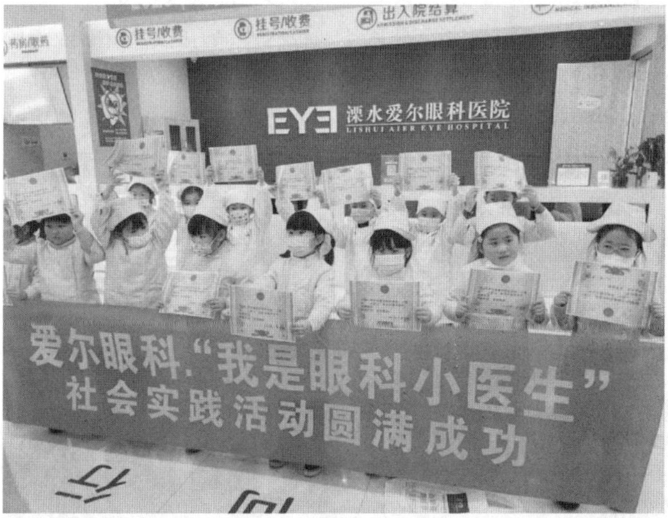

图片 1　社区青少年“童心桥”——“我是眼科小医生”活动在溧水爱尔眼科医院举行

“童心桥”针对社区少年儿童面临的各种问题提供针对性指导，将《国务院教育督导委员会办公室关于开展校园欺凌专项治理的通知》(国教督办函[2016]22 号)的有关要求落到实处。社区教育中心邀请律师，针对校园暴力逐渐低龄化的趋势，加强教育预防，强化源头治理，着力防范校园欺凌和暴力行为发生，开展了“七桥板：保障儿童权益 关怀儿童成长”的六一主题活动。参加活动的人员主要是板桥社区 3～6 岁儿童与其家长，服务人次共 130 人。活动采用授课＋互动的模式，通过加大宣传力度，强意识，正观念，从“什么是隐私部位”“孩子可能遭遇侵害人身权益的五个警报”“怎么保护自己”和“儿童人身安全保护家长应该这样做”等四个方面，为大家讲解保护儿童人身权益的常见误区，正确认识性教育的必要性，提高孩子对自身的保护意识，增强父母对儿童的保护能力，保障儿童身心健康。

“童心桥”还为少年儿童提供了及时优质的课外辅导，给予少年儿童充分的生活关爱与心理关怀，培养了少年儿童的独立自主能力、团队合作意识，为少年儿童创造了温馨、健康、有益的课余生活。

（三）快乐桥

面向青年妇女，打造“快乐桥”。目前板桥社区共有 2 500 名青年妇女，紧张忙碌的工作和细碎繁琐的家务给她们带来了较大的身心压力。为此，社区教育中心近两年先后开设了两期“缠花艺术体验”、三期“插花课堂”、三期“编织课”等活动，累计已有 6 500 多人次通过参与这些活动释放了压力，感受到了生活的快乐。

今年，“快乐桥”项目重点打造了“丹桂香润七板桥 锦绣香囊献党心”活动，组织社区内青年妇女边学边做，相互探讨，穿针引线，缝制香囊，将最好的祝福缝进锦绣香囊之中，献给伟大的中国共产党。“快乐桥”的学员们更是利用自己在缠花艺术体验课上学习到的本领，用一丝一线缠出的小红花，拼成一面党旗，饱含着社区青年妇女不忘初心、牢记使命、永远奋斗的情怀。

（四）鹤鸣桥

面向老年朋友，搭建“鹤鸣桥”。老年教育是一项夕阳工程，也是一份朝阳事业，在老龄化问题日益严峻的今天，开展社区老年教育十分迫切。社区教育中心邀请专业老师先后开设了书法、声乐、舞蹈、戏曲及健康教育等课程，还定期开展“家庭医生进社区”等活动。

近期，“鹤鸣桥”项目还开展了老年人学手机活动，满足了老年人对于智能手机的使用需要，让老年人能够跟上时代步伐，学习更多新知识，更是在学习和互动的过程中增加了老年人的存在感和价值感，增强了辖区居民对社区的归属感和信赖感，深受辖区老年人的欢迎。

图片 2　板桥社区党总支组织的“学党史　祭英烈　铸忠诚”活动

“鹤鸣桥”所举办的活动获得了社区老年人的一致好评。张阿姨高兴地说：“自己以前不会电脑手机，每天在家就是吃饭睡觉，一天时间感觉很长。现在我经常参加鹤鸣桥的活动，不仅让我每天都过得很充实，而且学会了很多东西，时间都不够用呢!”身旁的李阿姨说:“下次的鹤鸣桥活动什么时候搞啊？要学些什么？我好好准备准备，争取下次能大显身手!”很多居民表示，通过“鹤鸣桥”的活动不仅丰富了日常生活，而且学会了很多新的东西，对于日常生活都很有用，希望“鹤鸣桥”能多多开展活动，让大家可以学习更多的知识。

今后，“鹤鸣桥”将继续以老年活动为工作重点，为辖区内的老年人打造丰富多彩的老年生活，真正实现老年人“老有所养、老有所为、老有所乐、老有所学”的心愿。

（五）党心桥

面对社区党员，搭建“党心桥”。充分发挥社区党员的先锋模范作用，不仅有利于社区工作的开展，而且更有利于带动基层群众撸起袖子加油干。为此社区教育中心开展“党员为民办实事”活动，以党心赢民心。结合“不忘初心 牢记使命”等主题教育活动，激励社区党员在新时代走在前列、勇于担当的政治自觉和行动自觉。

截至目前，“党心桥”已经开展党员学习活动 68 次、党中央精神宣讲会 12 次、红色走读活动 32 次，参与党员人数达 3 465 人次。为传递党的方针政策、传播社会正能量做出了贡献。

（六）爱心桥

面对社区志愿者，搭建“爱心桥”。社区教育中心通过“爱心桥”，充分发挥志愿者的专业优势，服务社区居民，引导志愿者践行社会主义核心价值观。在 2020 年初的抗击疫情行动中，“爱心桥”的志愿者与社区工作人员实行三班倒工作制，全力以赴，抗击疫情，为坚决遏制疫情扩散，取得抗击疫情攻坚战的阶段性胜利做出自己的贡献。

（七）军魂桥

面对退役军人，搭建“军魂桥”。国无防不立，民无兵不安。社区教育中心在辖区内组建了一支由 42 名退役军人组成的服务队，为退役军人反哺社会搭建平台。该服务队日常宣传党的方针政策，解决居民生活难题，开展新时代文明实践活动，做到“退役不褪志、退伍不褪色”。2019 年朱立喜、王大成退伍后，他们主动加入退役军人服务队。2020 年初新冠疫情发生后，“军魂桥”的老兵们更是奋斗在抗疫第一线，他们每天在小区提着小喇叭播放安全防范通知，张贴防疫标语，做实做细小区出入人员登记、测量体温等工作，严把小区进出关。在这场没有硝烟的战场上，这些退役军人再次经受住了考验，彰显出了老兵的风采，以军魂激励新时代奋进的脚步。

三、案例成效与影响

截至 2021 年 2 月，“七桥板”社区教育品牌项目已经服务 3 276 户家庭，参与活动达 4.59 万人次，其中：0～3 岁婴幼儿达 0.04 万人次，少年儿童达 1.23 万人次，青年妇女达 0.65 万人次，老年人达 1.65 万人次，党员达 0.35 万人次，志愿者达 0.35 万人次，退役军人达 0.32 万人次。

七桥板项目既传承了传统文化习俗，又以特色活动吸引辖区居民积极参与。不仅增进了社区的凝聚力，解决了社区内居民急需解决的难题，同时寓教于乐，营造了学习型社区氛围，让居民在快乐学习、互帮互助的氛围中传承中国的传统文化美德。

永阳街道社区教育中心在板桥社区所打造的七桥板项目，给永阳街道其他社区树立了一个成功的社区教育模板，对建设学习型社会，切实提高社区教育规范化管理，促进社区教育有序发展提供了探索途径。

四、体会与展望

（一）做好居民画像，教育赋能社区

永阳街道社区教育品牌的成功创立，首先是明确办学定位。因地制宜，充分考虑溧水区的经济社会发展的基础条件，做好面向溧水居民的人物画像，明确需求，提供解决居民生活难题的方法，举办增加居民工作技能、丰富居民幸福生活的教育培训活动。办人民群众需要的、实用的、优质的社区教育。

（二）重组教育资源，优化培训流程

优质资源的整合是社区教育品牌建设的基础。“七桥板”社区教育品牌项目创建的重点在于课程建设，为了更好地提升课程特色，“七桥板”社区教育品牌将所有社区培训课程，针对七类社区人群，优化成七大模块。同时，发挥社区教育统筹资源的优势，积极与溧水区的教育资源进行合作，搭建社区教育共享平台。

（三）多重创新结合，形成社区特色

对于社区教育品牌建设，要做到多重创新相结合。多重创新指对于理念创新、管理创新、体制创新等，在惠民教育理念的指引下，加强溧水区永阳街道社区教育的创新发展研究，探究教育中心与社区共建新形式，搭建优质的、合适的社区教育学习平台，针对不同社区需要，形成具有社区特色的专项教育培训活动。为居民的学习提供舒适和谐的学习环境，营造全民学习、终身学习的学习氛围，积极为全民终身教育目标的实现贡献一份自己的力量。

（四）注重品牌维护，辐射更多社区

社区教育品牌是来之不易的无形资产，我们要对其不断进行维护、优化，保证教育质量，使其在社区教育中充分发挥品牌效应和价值。我们加大宣传力度和推广力度，逐步提升社区居民对社区教育品牌的认可度，做好教育品牌传播渠道下沉，由点及面，从一个社区的品牌创建撬动永阳街道社区教育整体发展，让社区教育拥有更强的社会影响力。

执笔人：陈红宝　汤珺剑

点评

一、工作特色

社区教育如何破解粗放式发展的模式、精准服务社区居民的多元需求是一个重要课题。位于南京市溧水区中部的永阳街道社区教育中心，依托板桥社区，针对婴幼儿、少年儿童、青年妇女、老年人、党员、志愿者、退役军人等七类人群，根据不同教育培训需求，打造了各具特色的社区教育七座“桥”——“七桥板”。

二、成功经验

1. 细分人群。社区教育强调需求导向，但是，真正做到需求导向非常不容易。社区教育不是万能的，资源和服务能力是有限的，永阳街道社区教育中心的做法是做好居民画像，细分人群，工作的思路可谓豁然开朗。

2. 教育赋能。怎样提升社区教育的吸引力和认可度，这是当下基层工作者经常面临的一个难题。永阳街道社区教育中心，在课程设计方面，围绕增加居民工作技能、丰富居民幸福生活、解决居民难题的角度，去思考和谋划，有实招，见实效。

3. 榜样引领。社区教育不能靠社区教育中心包办，要大家群策群力，特别是发挥党员干部、退役军人、广大志愿者的榜样作用，形成众人拾柴火焰高的局面，永阳街道社区教育中心较好地注重了这一优势的发挥。

三、推广意义

社区教育要形成自身的吸引力，还是要坚持需求导向，精准对接社区居民的诉求，一方面，加大有效供给，另一方面，通过发挥居民自组织的作用，形成“四自”能力，才能形成良好的发展生态，永阳街道社区教育中心，依托板桥社区，一步一个脚印，细分人群，精准服务，逐步辐射推广，“七桥板”的做法值得借鉴。

点评专家
姓　　名：王中
单　　位：常州开放大学
职务/职称：副校长/副研究员
联系电话：13961428355

◎ 无锡市宜兴市丁蜀镇社区教育中心

传“壶”济“遗”　宗匠陶钧

——记 2021 年省级社区教育品牌“陶都紫砂文化传承与推广”

品牌 LOGO 设计说明：

朱红色的圆环，代表火的热烈，祥云状的紫砂壶，包含水的灵动，2006 年，宜兴市丁蜀镇社区教育中心（丁蜀成人文化技术学校），立足地域特色，服务地方发展，紧扣一把穿越历史风云、见证时代变迁的紫砂壶，启动了“陶都紫砂文化传承与推广”项目，承前启后，继往开来，撑起陶都小镇富民梦想，开启乡村振兴发展新篇。此品牌标识，可解读为“陶冶”：经历熔炼，品质传扬；匠心塑造，恒久风尚；水火哲学，智慧闪光；陶铸成器，有为担当；不懈提升，日臻梦想；奋发超越，创造辉煌。

一、案例背景

中国宜兴，是千年陶都，宜兴丁蜀，是紫砂文化发源地。七千年窑火生生不息，五色土传奇代代相传，源远流长的陶都紫砂文化，哺育了一代又一代的丁蜀人。20 世纪 80 年代末，丁蜀镇近一半人口直接或间接从事着紫砂的设计、制作、宣传与销售。1988 年起，两年一届的中国宜兴国际陶瓷文化艺术节，又进一步打响宜兴陶器知名度，紫砂工艺陶更是远销海内外，成为行家收藏的珍宝。“世界只有一把紫砂壶，她的名字叫宜兴。”紫砂成为宜兴的超人气名片。在这片紫砂的热土上，如何用好用活独特的地域文化资源，使紫砂行业不仅成为富民工程，更能打造地域品牌，进而升华成精神标识，续写新时代中国陶都的新篇章？这成为宜兴市丁蜀镇社区教育中心（以下简称中心）的头号课题。经过全面调查与分析，2006 年，以首届手工大赛为起点，中心正式启动了“陶都紫砂文化传承与推广”项目，至今已 16 年。16 年励精图治，16 年薪火传承，16 年开拓创新，项目建设红红火火，受益群体不断壮大，品牌效应日渐彰显。

二、案例呈现

1. 传“壶”学“技”，指引技能培训方向

场景 1：春光明媚，全手工莲子壶初级制壶班在全新的社教中心实训工场开班，由高级工艺美术师朱旭庭老师授课。朱旭庭，高级工艺美术师，曾在丁蜀镇社教中心完成工艺美术类专、本科学业进修，2010 年起，到中心担任传统手工制壶导师。朱老师教学风格沉稳细腻，深受学生喜爱，至今已辅导学员 2 000 余名。

像这样的制壶培训班，中心每年要举办十几期，根据学员需求，定制器型，选聘业内手艺精湛、责任心强、口碑优秀的专家，精心设计课程，开设莲子壶、竹叶壶、梅桩壶、宫灯壶等班，并循序渐进，跨年度办好各器型的初级、中级、高级班。这样的办学方式，突破了长期以来紫砂手作父子相承、师徒相授的相对封闭的作坊模式，现代化院校根植传统、与时俱进的教学方式，揭开了紫砂行业的神秘面纱，向更多的紫砂爱好者打开一扇大门，使一大批手工艺人得到了系统的技能培训，迅速成长为紫砂行业的中坚力量。

中心的办班理念，也由最初“以创收类培训为主”向“服务类培训为主”转变，历年加大公益类培训力度，“继续心 · 公益情”“艺满陶乡”“爱的阳光 · 点燃心灯”等系列活动中，中心将培训资源通过多种渠道、多种形式送进社区、农村，开设好紫砂壶短训班，帮助居民习得一技之长，使更多的人成为知壶、爱壶、制壶、售壶、用壶、品壶队伍中的一员，点亮致富梦，推动创业行。

为更好地赓续传统，促进创新创业，中心以评促练，以赛促学，认真举办好每年一届的手工制陶大赛，至今已举办十六届。通过手工制陶大赛脱颖而出的选手，将代表江苏组团参加全国陶艺比赛，已有多名学员荣获佳绩，2020 年学员蒋菊芳更是过关斩将，一举夺魁。中心还多次承办中国陶瓷艺术大师实操考核，多次协办乡土人才、状元杯紫砂陶制作比赛。

诸多培训、赛事，为从业人员更好地搭建学习、展示、交流、提升的舞台，得老百姓的重视、认可，吸引更多的人关注、参与，提升了中心的影响力与口碑，为丁蜀特色小镇建设增光添彩，有力撬动政府协调杠杆，2019 年 6 月，市、镇两级合力推动，全新的丁蜀镇社区教育中心破土动工，及至 2021 年 3 月，全新亮相，硬件一流，软件升级，为现代化院校特色办学提供了强有力的支撑。

2. 抟“壶”向“艺”，提升匠人综合素养

场景 2：春风拂面，铭记党恩 宗匠陶钧——庆祝中国共产党成立 100 周年陶艺交流展演活动，在中心隆重举行，280 位紫砂艺人齐聚一堂，赓续技艺，向社会各界集中展示世界上独一无二的紫砂壶手工成型工艺和多姿多彩的陶刻陶塑、泥绘彩绘、均陶堆花等技艺。这是为丁蜀镇陶瓷产业提档升级培育优秀人才的重要举措之一。

走出“小庭院”式的闭门造“壶”，全面打造技艺提升的“大熔炉”，中心肩负培养技能型人才的教育使命，大力开展学历培训、技艺研修，依托清华大学、南京师范大学等七所高校，联办各专业层次的学历教育班，有效提升艺人综合素养，高质量地向全镇乃至全市输送大量专技人才。中心先后引进了汉风堂农民书画陶刻研究院，聘请了中国书法家协会会员周建明和 10 多位省美术家协会、省书法家协会会员作为兼职教师，对全镇有志从事书画陶刻行业的农民进行系统化的书法、绘画、篆刻方面的培训；由中国书法家协会会员何勇、无锡市篆刻专业委员会常务副主任查元

康担任主讲导师的课程也普遍反响良好，深受学员欢迎。与此同时，在促进下岗失业人员、失地农民、残疾人等弱势群体尽快解决就业问题方面，中心在原有每年专门组织劳动力转移和下岗失业人员进行培训的基础上，又加赠了规模化的 SYIB 创业培训，专门成立了创业培训领导小组，设置了创业咨询室、就业指导办公室等机构组织，集合各方力量为致力地方经济发展、助推陶瓷紫砂文化传扬、打响宜兴城市名片作出贡献。同时，中心全力协助省、市人社部门做好考工考级。教育、培训，双擎助力；函授、技培、考评、推广，四翼齐飞，助力艺人成长、成才、成家。

在中心，学员一手学技能，一手学文化，由“依葫芦画瓢”走向“知其然且知其所以然”，由“技人”走向“艺人”。

3. 铸“壶”问“道”，促进紫砂文化传扬

场景3：春花喧妍，二十几位陶艺家佩上导师胸牌，汇聚中心，反哺母校。他们，给一批批慕名而来的游学学员打开一扇神奇的大门，领略陶都五朵金花的魅力。自 2021 年 3 月 24 日茶陶文化研学项目启动以来，至 5 月 15 日，研学学员已突破 16 000 人，仅 4 月 24 日一天，就接待师生计 1 500 人。研学学员中，既有普通中小学生，也有本、专科院校师生和社会团体。陶韵悠然指尖绕，工艺玲珑岚烟罩。一袭褐彩传古今，绪风致学当年少。茶陶体验之旅，为研学学员认识与体验“紫砂”非遗文化搭建了一座金桥。

图片1　2021 年 5 月 16 日，高级工艺美术师孙明霞带领宜兴市城南实小六(2)班学生在丁蜀镇社区教育中心进行“茶陶文化研学”

走出“小格局”，中心以“壶”为媒，汇聚陶艺家力量，以做稳做好做精“紫砂壶”为突破口，致力于陶文化的推介、辐射与传扬，通过联合开展大学生实习实践、非遗传承研修班、传统文化讲座等方式，力图在更广的社会范围内增强本镇陶瓷文化艺术的知名度；定期举办专家教授参与的“人文紫砂”高端论坛，致力于紫砂研究型和创作型人才培育和进修；开展“品味陶都　茶陶之旅”研学项目，以传统工艺(紫砂、均陶、堆花等)为特色，实现年轻一代在体验中学习、在活动中求知；配合镇政府启动并持续出台形式多样的东坡文化推介项目，以东坡书院为文化阵地，与四川眉山三苏祠开展了深度对接文化传承活动，精心谋划、长远规划了《苏东坡与宜兴》口袋书的编辑出版工作和《东坡诗情》的文化艺术交流活动；开展全国作品巡展，在北京正阳门、北京大学、四川省艺术

院、四川眉山三苏祠、天津灵通贡院、云南云子棋院等 20 余地成功举办，以传扬宜兴紫砂市场美誉度和影响力……在此过程中，一批德艺双馨的陶艺家，成为终身学习领军人物，紫砂文化宣传大使。

中心高擎校园文化和手作精神旗帜，铸“壶”问“道”，由“陶”至“冶”，淬炼，开拓，继往开来。

三、案例成效

1. “技艺并行”，培育高素质乡土人才

以社区教育和技能培训为翼，丁蜀镇社区教育中心形成了富有地方特色的乡土人才培育模式，为地方经济文化发展和产业结构升级提供了大量素养高、技艺精、有情怀的产业工人和乡土陶艺名人名师。自项目开展以来，本镇接纳了无数来自全国各陶瓷主产区来无锡、宜兴的创业人员，2003 年至今，已开设技能培训、大中专学历班和配合做好工艺美术专业职称考评等累计超过 150 000 人次；中心开设大学生、妇女、下岗职工、失地农民等制陶技能培训班和面向社会招生的陶瓷手工成型工初、中、高级技工和二级技师 30 000 余人；采用送教下乡、送培入村的形式，对以制壶制陶为主要行业的紫砂、西望、洋渚村和新兴的尹家、双庙、施荡等紫砂专业发展村，累计培训村民 5 000 余人，助力村民创业致富。项目开展以来，中心年均陶艺受训人员超过 1 万人次，受益群体突破 20 万人次，助力乡村经济振兴发展。

2. “内外齐飞”，传播紫砂壶博大文化

秉承“将传统文化与现代文化相结合，将市场需求与人才培养相结合，将群众兴趣与文化育人相结合”的理念，中心充分挖掘丁蜀陶文化资源的丰富内涵和育人价值，将文化传承创新融入社区教育的全过程、各领域。每年接待来自上海、浙江、河南及江苏各市社区教育参观考察 1 000 余人。近 4 年每年通过大赛遴选 8 位选手，代表江苏省组团参加全国陶瓷职业技能竞赛。2020 年，学员蒋菊芳获“高岭杯”第六届全国陶瓷技业技能竞赛总决赛，陶瓷产品设计师第一名，学员范倩雯、许学军、周益芳分获“全国轻工技术能手”“全国陶瓷行业技术能手”称号，中心获“特别贡献奖”。2014 年协办全国农村成教工作调研会，2016 年承办了第三届中国陶瓷艺术大师实操考评，2018 年承接了省委组织部乡土人才培养考察团，每年接待国内外考察交流人员 1 000 余人次。新启动的“茶陶文化”研学之旅，受到了省内外大中小学校和各社会团体的青睐，纷纷预约，定制课程，年内研学学员预计将突破 10 万人次，有效地传播了紫砂文化。

3. “学做协同”，形成终身学习优品牌

全镇以全民终身学习活动周为契机，积极开展了“百姓学习之星”、“江苏省社区教育特色品牌项目”、“江苏省工人先锋号”等评选表彰活动，全镇各类获奖数量连续多年稳居全省前列，显现了“人人学、处处学、时时学”的新时代终身学习的崭新格局。2020 年，全国工艺美术大师顾绍培家庭被评为全国五好家庭，一家上下传承非物质文化遗产，无私授徒传播紫砂技艺，弘扬艺德家风；湖渎社区由一批批爱心陶艺人员参与接力的“行善聚爱 善行湖渎”品牌项目获全国奖。正高级工艺美术师顾涛女士，创办“蠡河涛声”文化创意有限公司，引领紫砂界终身学习，回报社会，被评为全国“事迹特别感人的百姓学习之星”，成为江苏省唯一的全国“十佳”；高级工艺美术师贺红梅女士获评省级“社区教育优秀志愿者”；书画陶刻高级教师钱卫中先生获评省级“社区教育先进工作者”……宜兴市丁蜀镇社区教育中心已成为宜兴市成人教育、社区教育的窗口学校。自建校以来，先后获得 11 项省市级以上荣誉，其中国家级项目、荣誉 6 个，省级基地 5 个。连续 3 年获

图片 2　2021 年 5 月 25 日，江苏省陶瓷制作技能竞赛“希望杯”暨第十六届手工制陶大赛于江苏省陶瓷实训基地及江苏省陶都中专两赛区同步鸣锣开赛

得“全国学习型社区示范街镇”“全国农村优秀学习型组织”“全国首批城乡社区教育特色学校”等荣誉称号。

四、案例体会

1. 以“壶”扶农，有利于开启乡土人才发展篇章

此项目深入贯彻落实国家乡村振兴战略以及《教育部等九部门关于进一步推进社区教育发展的意见》的要求，针对制陶行业特点和从业人员内在需求，致力于发展具有本地乡村特色的文化产业，通过送教下乡，送培进村，邀农进校，“以智扶弱，以人扶贫”，助力乡土人才的技能提升，对助推地方经济发展和长效推进富民工程有长远贡献。

2. 以“壶”为媒，有利于推动陶艺文化创新传承

此项目以“壶”为媒，承前启后，架构学历教育、陶艺培训、考工考级、巡展宣传的综合平台，严格规范组织管理，科学制定各类方案，深度挖掘学习资源，有效开展教育培训，从而强有力地推动着千年古镇以紫砂文化为核心的陶艺传承与创新。

3. 以“壶”助教，有利于绘制社区教育美好蓝图

以“做稳、做好、做精”陶文化为突破口，中心将社区教育与学历教育、陶艺培训、考工考级等项目有机贯通，进行实践探索，在有效提高乡土陶艺人才的培养数量和培养质量的同时，引导、促进了社区居民热爱学习、全民学习、终身学习的良好风尚，加快推进学习型社会建设，服务全面建成小康社会的战略要求。

五、反思与展望

16 年锲而不舍，用“心”做好世界唯一的紫砂壶，传承与推广非遗文化，中心孜孜以求，行稳

致远。项目做好做精的同时,中心自身也发生着巨大的变化,三易校址,欣欣向荣,现已建成全国一流校区,拥有高素质教师队伍、管理服务团队和志愿者队伍。专兼职教师由最先的3人增至86人,授牌陶艺志愿者160人。由此可见,项目建设有效激发了中心内涵发展的强劲动力,引导中心基于初心走出了一条可持续发展的道路。

未来,中心将继往开来,与时俱进,持续打造精品项目,深入推进陶文化的创新建设,追求"有内涵、有提升"的文化发展,对紫砂陶制作工艺的鉴赏与传承、外观专利制度的制订与完善、紫砂工艺作品的保护以及创作者、经营者品牌意识的增强等方面凝智聚力,互助共建,从而助推内涵式发展,续写古陶都新风。

执笔人:周　英

点评

一、工作特色

宜兴作为紫砂文化发源地，为陶都紫砂文化传承与推广提供了自然环境与人文条件。“陶都紫砂文化传承与推广”项目已有效运行16年，逐渐形成了项目的品牌效应，让越来越多的人参与到紫砂文化的传承与推广中，彰显了社区教育的本土性、群众性与实践性。宜兴市丁蜀镇社区教育中心用好用活独特的地域文化资源，凝练出本地的社区教育特色与模式，充分发挥出社区教育促进经济、社会、文化一体化协调发展的重要作用。

二、成功经验

项目建设围绕紫砂文化的特点，通过开设制壶培训班及各类赛事，传承制壶技艺，促进创新创业；依托高校联办各专业层次的学历教育班，提升艺人综合素养，培养大量专技人才；通过开展大学生实习实践、专家讲座、高端论坛、项目推介、青少年研学、作品巡展等方式，促进紫砂文化传扬，并使一些陶艺家成为终身学习的宣传者、实践者。

三、推广意义

宜兴市丁蜀镇社区教育中心将社区教育与学历教育、陶艺培训、考工考级等项目有机贯通，通过送教下乡，送培进村，邀农进校，助力乡土人才的技能提升，促进千年古镇以紫砂文化为核心的陶艺传承与创新，营造了全民终身学习的良好氛围，助推地方经济发展。这对其他地区特色文化的传承以及社区教育文化功能的发挥，都具有典型的借鉴、推广意义。

点评专家
姓　　名：仲红俐
单　　位：常州开放大学
职务/职称：副主任/副教授
联系电话：13776836329

◎ 无锡市梁溪区广益街道毛湾一社区

播撒绿色梦想　耕耘幸福之路

——记 2021 年省级社区教育品牌"'都市菜园'里耕出脱贫路"

品牌 LOGO 设计说明：

1. LOGO 以绿色的卡通人物菜头为主体，代表水培蔬菜，菜头的胸前是毛湾一社区的 logo，代表品牌项目以毛湾一社区为中心，辐射到周边的区域，吸引更多的居民参与进来。

2. 我们创新提出"COME ON"服务理念（一起来吧）。COME，代表增强居民间的交流，顺畅社会交往，和谐邻里关系，打造温暖的社区氛围，形成开放式的社区种植环境，打造居民与社区、企业、社会组织间伙伴式的支持网络，让居民为生活在毛湾而感到美好，由内而外的悦享生活；ON，代表服务居民永远在路上，构建一起共建美好家园的新理念。在水培蔬菜的推广中，我们始终把"COME ON"理念贯穿其中。

一、案例的背景

2013 年，习近平总书记在湖南湘西十八洞村考察调研时，首次提出"精准扶贫"理念。随着精准扶贫、精准脱贫方略的实施，脱贫攻坚各个战场上，激荡起摆脱贫困、共奔小康的磅礴力量。

无锡市梁溪区广益街道毛湾一社区是市新建的保障型小区，占地面积 0.2 平方公里，分 A、B、C、D、E 五块，规划总户数 9 777 户，人口超 3 万人，其中，低保近 600 户，低收入困难家庭占社区总户数的 10%以上。由于缺少工作技能、因病致贫等原因，他们再就业难度极大，脱贫困难重重。

如何帮助这些居民，让他们在发展路上不"掉队"，成为社区党总支多年来探索的课题。2018

年，在市慈善总会的资助下，“都市菜园”家庭农场项目正式落地，自此，社区耕出了一条精准帮扶的特色之路。

二、案例的呈现

（一）树立思想帮扶“新理念”

扶贫先扶志，只有帮助居民“扶”起脱贫的志气、挺起脱贫的“腰板”，才能真正激发出持久的动力。为了补齐居民精神短板，铲除“等靠要”思想，我们创新提出“COME ON”服务理念（一起来吧）。其中，C代表communication，即增强居民间的交流，顺畅社会交往，和谐邻里关系；O代表opening，即开放式的社区种植环境，温暖化的社区空间；M代表mate，打造居民与社区、企业、社会组织间伙伴式的支持网络；E代表enjoy，即最终目标是让居民为生活在毛湾而感到美好，由内而外的悦享生活；ON，代表服务居民永远在路上，构建一起共建美好家园的新理念。

（二）打造项目立业“梦工厂”

打造“都市菜园”水培蔬菜种植项目，让居民用最小的空间建立属于自己的“家庭农场”，每天只需在家进行简单的“田间管理”，就能实现增收目标。种植的品种包括豆苗、花生、麦苗、香椿等，销售方式施行五个统一，即统一培训、统一回收、统一检测、统一包装、统一销售。同时，与梁溪区市场监督管理局广益分局合作，开展精准扶贫结对计划，组建居民与社区、餐饮企业、检测部门、消费者之间的循环，探索建立以源头安全、流通安全、监管安全、食品安全、舌尖安全为一体的全要素、多方位的5S安全体系，实现全过程的溯源安全，构建低成本、便利化、开放式的家门口就业服务生态圈。目前共有固定签约商户6家，种植居民38户，还有55户居民处于第二梯队培训阶段，每户每月增收近500元。

图片1　居民在家中种植水培蔬菜

与此同时，发挥党建联盟优势，与无锡食品科技园、中国邮政集团无锡分公司、大世界影城等联盟单位多方联动，进一步开发“都市菜园”延伸品牌，打破从种植到直接销售这种单一的方式，往附加值更高的快消品、食品方面拓展，打造社区文创 IP，最终实现品味毛湾、品质毛湾、品牌毛湾联合的“三湾改编”，让社区精准帮扶工作既有准度，又有温度。

（三）完善公益反哺“生态圈”

建立社区“都市菜园”爱心基金，取名“来自 95 号楼的礼物”(95 号楼是社区远近闻名的一幢低保楼，集中居住了 102 户低保，由于人员的特殊性，小区其他居民对这栋楼存在一定的偏见，而这栋楼里的居民又都是我们精准帮扶的主要对象)，与签约种植的居民约定，每卖出一盆水培蔬菜捐出 0.5 元，注入爱心池，用以帮助辖区内其他突发困难的居民。让这些低保困难家庭在享受政府帮助的同时，懂得感恩与回馈，产生强烈的自我价值，同时，扭转其他居民的一些固化印象，融洽、密切、重构邻里关系。两个月以来，爱心池已累计善款 3 000 余元。

（四）织牢社区自治“能量网”

通过思想帮扶、项目立业、公益反哺初步形成了产业化帮扶混合发展模式，实现了满足需求、创造需求的过程，但社区自治的终极发展目标应该是引领需求，这也是党建引领社区自治的最终落脚点。为此，从“都市菜园”开始之初，我们就把自上而下理念要求与自下而上需求引领相结合，以全要素网格化管理为基础，实行“种植＋网格”“网格＋协商”“协商＋自治”的三轮驱动模式。通过“凉亭里议事”“阳台上议事”“移动办公桌”等传统“舌尖”“脚尖”议事形式和“事说毛湾”“百姓议员”等“指尖”协商模式相结合，让简单的种植成为社区自治的纽带，社区扮演观察者、引导者和增能者的角色，居民不做旁观者、跟随者，而是做参与者、引领者，用共同的行动打造社区梦想合伙人计划，营造社区信念共同体。

图片 2　社区与市场监督管理局结对共建

三、案例的成效

（一）可复制性强

作为一个家门口就业项目，“都市菜园”具有占地面积小（一个鞋柜的大小）、工作强度低（每天只需浇水）、时间弹性大（每月固定工作时间）、回报收入高（每月 500 元左右，后期销量增大后更高）的特点，目前，除毛湾社区外，本项目还在广益街道的其他两个社区进行了推广，成效显著，复制推广性较强。

（二）居民参与度高

目前，通过前期的个别试种、重点推广，形成了梯队发展、以点带面的良好示范带动效应，已经有 90 余户居民参与到项目中。由于项目准入门槛低，既能打破种植局限，变公共绿地种为自家阳台种，又能圆村改居居民的城市农耕梦，项目实施后甚至还有扬名街道、黄巷街道的居民慕名而来。未来，随着该项目的不断深入推进，参与种植的居民还会持续增加。

（三）社会影响力广

本项目获得了媒体的高度关注，在今年 1 月和 6 月分别在无锡日报 A2 进行了头条题为《都市菜园里“耕出”脱贫路，投入不多占地不大，困难家庭增收有保障》、《“都市菜园”打通完整生产销售链 下一步将与生鲜电商平台合作，进驻高档小区》的报道；江南晚报进行了整版的《阳台上种的菜卖进了饭店 毛湾社区困难家庭种植水培蔬菜增收》报道；扬子晚报《帮助困难居民增收，无锡广益街道打造都市菜园》、第一看点、无锡新闻、FM104、FM91.4 都对本项目进行了专题的报道，社会反响好。

四、案例的体会

（一）聚焦+聚力，创新帮扶模式

项目聚焦“精准扶贫”这一主题，聚力思路、路径和成效三个方面，实现了帮扶思路“志智职”，扶贫先扶志再扶智，通过“都市菜园”精准扶贫项目，为低收入群体开通“升职记”；帮扶路径“扶富服”，帮助居民既富口袋，又富脑袋，提升精神追求，引导参与自我服务；帮扶成效“新心馨”，让困难家庭走进新的社区，体会用心的服务，感受到温馨家的感觉三大转变，让帮扶成果直抵人心。

（二）精准+精心，激发内生动力

帮扶需要外界的推动，更需要内生的动力。本项目定位精准，符合社区实际，精心勾画了一条从培训、种植、销售、配送、开发为一体的全领域路线图，综合运用增能、赋权、优势挖掘等方法，激活内生潜能、提升外在技能、形成发展势能，通过自变、裂变、聚变，形成能量金字塔，延续项目生命力。

（三）激活＋激励，建立联结机制

建立产业发展与居民利益的联结机制，将形成水培蔬菜种植产业与发展种植梯队人才紧密结合，实施种植、管理、销售等全方位、全领域服务，解决种植居民的后顾之忧。找准项目创新与居民增收的结合点，鼓励居民大胆尝试、乐于去学、放手去种、创新去想，设立“都市菜园”种植能手奖、勤劳标兵奖、产品创新奖，对于种植能力高、示范效应好、增收成效明显的居民给予奖励激励，形成既有利于居民增加收入，又能促进项目持续发展的良性循环。

（四）嵌入＋融入，构建自治格局

项目运作一年来，孵化成立了“都市菜园”联盟队、“益挚580”志愿队等5支草根团队，延伸开展了“12公民轮值主席”送货团、“美美的阿姨”合唱团等微项目2个，制定出台了社区事务分级自治管理办法，明确了协商八则和议事四则，细分了社居委、楼栋联盟、社会组织自治的界限，探索构建了精准帮扶项目的嵌入、社区自治理念的融入、居民自治能力的渗入“三入”一体的链式社区自治运作体系，构建全新的社区治理格局。

五、案例的反思与展望

我们始终坚持每年创新工作方法、突破瓶颈桎梏，今年，都市菜园2.0版本“垂直农场——集梦增能行动”应运而生。

项目引入集装箱垂直农场的概念，解决了在前期的种植实践中出现的空间小、设备不齐全、产品水准参差不齐等问题；

通过提供种植场地，让之前家庭空间小，种植场地有限的居民参与进来，走进“绿色银行”，参与水培蔬菜种植产业链；

社区帮助家庭增收的同时也注重精神慰藉，通过开展形式多样的社区服务，促进服务对象走出家门，融入社区，让居民与心中的“梦想社区”更近一步，让居民的生活像水培蔬菜项目一样，越来越好。

执笔人：徐　斌

点评

一、工作特色

梁溪区广益街道毛湾一社区在建设“都市菜园”水培蔬菜种植项目中，创新性地让居民用最小的空间建立属于自己的“家庭农场”，每天只需在家进行简单的“田间管理”，就能实现增收目标，契合居民生活的实际需求。社区结合“精准扶贫”的理念，耕出了一条精准帮扶的特色之路，让社区教育真正融入居民的生活、工作中。

二、成功经验

项目建设中，梁溪区广益街道毛湾一社区以全要素网格化管理为基础，实行“种植＋网格”“网格＋协商”“协商＋自治”的三轮驱动模式，将“凉亭里议事”“阳台上议事”“移动办公桌”等传统“舌尖”“脚尖”议事形式和“事说毛湾”“百姓议员”等“指尖”协商模式相结合，让简单的种植成为社区建设的纽带，让居民成为社区治理的参与者，从而打造出和谐阳光、积极向上的社区学习共同体。

三、推广意义

习近平精准扶贫思想是中国政府当前和今后一个时期关于贫困治理的指导性思想。项目聚焦“精准扶贫”这一主题，为社区低收入群体与困难家庭提供就业平台，增加居民收入，提升居民种植技能，并在这种互助互学中形成社区治理新格局，凸显了社区教育促进就业创业、服务社区建设的作用。

点评专家
姓　　名：仲红俐
单　　位：常州开放大学
职务/职称：副主任/副教授
联系电话：13776836329

◎ 无锡市惠山区洛社镇政府

志愿服务“新风尚” 便民惠民“零距离”

——记 2021 年省级社区教育品牌“洛社幸福义工”

品牌 LOGO 设计说明：

整个标志以红心为主体，突出表现志愿者挚诚的爱心，以及无私的奉献精神和热情；红点与交汇的爱心体现的是一种志愿者之间的互助精神，它提倡“奉献、友爱、互助、进步”。

一、案例背景

2009 年，洛社镇获得了乡镇文明创建的最高荣誉——全国文明镇称号。2010 年，又被评为江苏省文明乡镇标兵。为打造文明镇品牌，提高文明创建的“含金量”，自 2009 年起，洛社镇开展了“幸福洛社文明行”主题系列活动，洛社社区教育中心校以此为契机，联手助力洛社镇志愿服务总站对志愿者队伍进行优化整合，组建起“洛社幸福义工”志愿服务团队，并开展了一系列专业化、个性化、常态化的志愿者服务活动，让文明创建在广大群众的共建共享中播撒芬芳、沁入人心。到洛社社教参加青少年宫活动的小朋友们、参加企业职工技能培训的青年们、丰富业余生活的老年人们，从老到少，洛社社教始终积极参与、宣传志愿精神、提供活动场地等一系列力所能及的人力与物力。

二、案例呈现

以真情奉献社会，用行动传递温暖。经努力，现已形成 1 个志愿总站、111 个各级志愿服务基地、27 个基层志愿者服务站的志愿服务网络。现有热血捐献、时政宣讲、明泰物业等 128 支专业志愿服务团队，关爱盲童、乐助夕阳、金牌小木匠、幸福绿生活、幸福公交微循环等百余个品牌公益项目，注册志愿者3万余名。

（一）提档升级，内涵发展

以服务幸福建设、激扬理论强音、弘扬志愿精神、倡树文明新风为己任，“洛社幸福义工”项目现有热血捐献、时政宣讲、巾帼助老等158支专业志愿服务团队，关爱盲童、乐助夕阳、幸福绿生活、幸福公交微循环等50个品牌公益项目。此外还有“七色星空 心心点灯”视障青少年关爱项目、“幸福义工成长园”志愿者能力提升项目、美丽洛社·绿心环保小屋建设志愿服务项目、“候鸟益＋”新市民子女城市融入志愿服务项目、洛社镇“幸福360公益集市”志愿服务项目、乐助夕阳为老项目、“幸福蒲公英”亲子悦读计划、“同心筑爱 共享阳光”残障者关爱项目等100余个品牌志愿服务项目。

每年举办各类志愿服务活动约1 800余次，参与志愿者超80 000人次。至2018年底，全镇有星级志愿者290名，志愿星家庭28户。2016年起，幸福义工志愿团先后携“七色星空 心心点灯”视障青少年关爱项目，“幸福义工成长园”志愿者能力提升项目，“40年记忆”缪家军志愿消防项目、美丽洛社·绿心环保小屋建设志愿服务项目，“候鸟益＋”新市民子女城市融入志愿服务项目、“360幸福集市”志愿服务项目参加第一、第二、第三、第四届江苏志愿服务展示交流会，“候鸟益＋”项目获第四届江苏志交会银奖，得到省市区各级领导高度认可与肯定。

（二）条件硬核，助力发展

1. 目标明确，幸福花开

“奉献，互助，进步，友爱”，是新的时代赋予雷锋精神的新的内涵，也是新时代的志愿服务精神，更是“洛社幸福义工”行动指南和发展目标。“洛社幸福义工”鼓舞大家在“不忘初心，牢记使命”这一号召的鼓舞下，奋不顾身地投身到志愿服务的浪潮中，“奉献”自己。凭借“互助”精神，“洛社幸福义工”志愿行动唤醒了许多人内心的仁爱和慈善，使他们付出所余，持之以恒地真心奉献。践行服务的路上，“进步”既推动着志愿者们己身的进步，同时又帮助着他人踏出困境。志愿者之爱跨越了职业和贫富差距，没有文化差异，没有收入高低之分，为这个社会增添一抹温暖的“友爱”。

敬老院里、乡间村小、大街小巷、抗疫路上……处处闪现“洛社幸福义工”志愿者身影，他们无私无畏，有一分热就发一分光；他们暖心帮扶，用点滴善意谱写大爱无疆。近年，通过“1位星级志愿者＋1位服务对象”的精准志愿帮扶模式，推动洛社镇志愿服务“飞入寻常百姓家”，全镇掀起一股“暖心帮扶”的志愿浪潮，让幸福之花常开，幸福之花开遍。

2. 保障有力，管理规范

建章立制，规范幸福阵地。“洛社幸福义工”志愿团不断探索专业化、制度化、大众化的建设道路，先后出台《洛社镇幸福义工管理办法》、《洛社镇道德模范和志愿者礼遇十条》等文件，成立专项志愿资金（幸福基金），落实、完善志愿者礼遇回馈机制。

洛社镇志愿服务总站创新设立志愿服务工作月例会制度，通过“一月一主题”工作，研讨推动基层志愿服务工作交流考核常态化、工作指导专业化，有效增强基层志愿服务活动实效。同时，加强星级志愿者管理，深化志愿服务管理体系，制定星级志愿者礼遇细则、志愿服务时间认定细则等，实现志愿者的价值回馈，营造“人人参与，人人受益”的志愿服务氛围，形成爱的双向流动和循环往复，促进志愿服务活动良性发展。2019 年 4 月 8 日起，幸福义工志愿服务总站实行执勤制度，招募志愿者每天值勤，负责志愿者日常接待注册、幸福义庄运行、物品整理等事宜，共同管理幸福义工大家庭。

(三) 特色引路，创新发展

1. 以幸福的名义建队组团，更高层次上赋予志愿者活动时代感

幸福是人类的美好向往和永恒追求。根据志愿者队伍现状和社会热点需求，围绕让洛社群众更加幸福、更有尊严的工作核心，该镇成立了由巾帼助老、成长护航、法律先锋、欢乐文体等 12 支队伍、1 000 名注册社区志愿者“幸福义工”组成的志愿服务团，并把志愿者队伍冠名为“幸福义工”，让志愿者叫响我是一名“幸福义工”，赋予志愿者活动更高层次的主题和追求。2010 年 3 月，还隆重举行了“幸福义工”志愿服务活动启动仪式，营造声势，招募义工，现场服务，让“幸福在你眼前，义工在你身边”的口号成为洛社镇全体干群的共鸣和感动。洛社镇把“幸福义工”志愿服务活动的落脚点放在广大群众对文明创建的齐心齐力、共建共享上，提高活动的社会影响力。

2. 以精品志愿服务项目，更大程度上扩大幸福义工品牌影响力

2019 年 7 月 13—14 日，洛社镇携“候鸟益＋”新市民子女城市融入志愿服务项目、“幸福 360 公益集市”志愿服务项目第四次亮相省志交会。无锡市洛社镇“候鸟益＋”新市民子女城市融入志愿服务项目获评第四届江苏志愿服务展示交流会银奖。“候鸟益＋”新市民子女城市融入志愿服务项目通过候鸟驿站公益课堂、“阅亮幸福桥”亲子悦读、书香洛社·少年风采展示、小营员成长记等特色化“益＋”服务，打造新时代文明实践动力圈，让孩子们有效融入幸福洛社大家庭，沐浴文明滋养，投入文明实践，享受较好的教育、生活环境。同时，凝聚起全社会合力助力关爱新市民子女文明实践活动，实现了从嘘寒问暖大众满足 1.0 版本到入脑入心精准服务 2.0 版本的突破。洛社镇“幸福 360 公益集市”志愿服务项目通过集聚特色志愿团队力量，每月 1 次在各村(社区)轮流举办，把文明新风送到百姓家门口，内容涵盖乡村振兴、移风易俗等宣传和法律援助、健康义诊等便民服务，创新性地在乡村振兴中引入志愿服务，通过调动起志愿者参与社会公共服务

图片 1　2019 年 5 月 13 日无锡市惠山区洛社镇大型公益集市“2019 幸福洛社文明星”

的积极性，更好地加强社会各阶层的融合，促进社会和谐，助推幸福洛社高质量发展。2019 年“幸福 360 公益集市”已开展 14 场，现场特开辟“新时代文明实践达人面对面”活动：“中国好人”文化达人强银娣、献血达人苏大伟、环保达人杨钧卿、理论达人秦肇荣；“江苏好人”消防达人缪梅清分别开设“运河文化、志愿服务、生态环保、先锋歌者、安全课堂”等讲座，以标杆形象开展文明实践宣讲，推动新时代文明实践深入民心。新闻稿《洛社幸福义工让文明成为最美的风景》登上学习强国学习平台。

3. 以专业的角度优化服务，更细分工上体现志愿者活动人性化

志愿者活动要紧贴群众的迫切需求。该镇依托工会、团委、妇联等群众性团体组织，根据志愿者的特长和优势，细分出 12 支拥有专业服务技能的义工队伍，形成不同行业、不同领域、不同对象共同投身志愿服务事业的良好局面。如“成长护航”志愿服务队由老干部、老党员等“五老”同志为未成年人提供校外辅导等服务；“阳光康复”志愿服务队为癌症患者进行心理疏导；河道也成了志愿服务的对象，“河道卫士”志愿服务队每天为洛社“母亲河”的健康“把脉”。为确保志愿服务的专业高效，该镇在义工招募时合理设置“门槛”，并进行岗前“充电”。培训中有道德礼仪、责任意识的必修课，也有相关知识、服务技能的选修课，每一名义工必须参加完所有培训才能领到“上岗证”。各志愿服务队结合自身特点，开展有较强影响力的主题活动，带动更多群众甘当义工、奉献自我。

图片 2　无锡市惠山区洛社镇第五届青少年暑期“候鸟驿站”公益课堂

4. 以常态的活动助民帮民，更实成效上提升志愿者活动满意度

“洛社幸福义工”志愿服务活动克服了临时性、运动性、号召性的弊病，全力做到志愿服务活动的经常性、广泛性、自发性。一是开展常态活动，力求面上普及。各志愿服务队向服务对象发放了联系卡，方便群众咨询、求助。每年每名义工至少参与 5 次服务活动。法律先锋、职工维权等义工队伍还专门开设热线，为来电者答疑解惑。二是开展专项活动，力求点上提高。每年各志愿服务队做到开展活动有计划、有实效、有总结，实施了“一队一品”特色工程，每年开展不少于 1 次的社会反响良好、群众普遍欢迎的大型志愿服务活动。如“文明交通”志愿服务队开展“火红

的五月、激扬的青春”志愿服务活动，组织青年开展“为文明站岗”、“文明出行”等活动“欢乐文体”志愿服务队带头参加洛社镇“百姓歌会”的演出 50 多场，参演和观看的群众超过 1 万人……义工的身影伴随着洛社百姓的每一天。

三、案例成效

受益面广，示范性强。整个项目受益面广，总站以点带面，全覆盖洛社镇各个村、社区，每年的 7 月 1 日确定为“洛社幸福义工志愿者服务日”，并在张镇桥村、六龙社区设立了志愿者服务分站，把志愿服务向全镇各村、社区有效延伸。志愿者以一个人带动一个人，几个人带动一群人，一群人辐射周边人，把“奉献，互助，进步，友爱”的洛社幸福义工精神传扬、发展、推广。

“中国好人”苏大伟、杨钧卿、秦肇荣、强银娣都是洛社幸福义工的典型榜样人物，苏大伟家庭荣获全国第十一届“五好家庭”荣誉称号，引领社会文明风尚。洛社“幸福义工”获得 2016 年度无锡市最佳志愿服务组织，幸福义工志愿服务总站被评为江苏省巾帼志愿服务示范基地，其各类先进事迹在《无锡日报》《无锡新闻》《江南晚报》《扬子晚报》等各大媒体广泛宣传报道。

2010 年，“幸福义工”志愿服务活动被评为“无锡市志愿服务活动十大杰出先进集体”和“无锡市‘十佳’精神文明新人新事入围奖”，并在省委省政府召开的全省农村精神文明建设经验交流会作书面交流发言。人民网、新华网、江苏省文明网、无锡日报等中央、省市级媒体都曾专门报道。目前，“洛社幸福义工”和网上报名的志愿者超过 9 000 名。当义工、热公益、讲奉献，成为当前洛社镇群众投身文明创建的新时尚。

五、反思与展望

社区教育是从摇篮到拐杖的教育，社区教育的目的是要让人人可学、人人皆学、处处能学成为社会新时尚。把志愿服务融入社区教育中，从少到老，从做好身边事到帮助他人，通过一次次的活动，把志愿服务的精神感染渗透传播，把社区教育的内容延伸拓展创新。

“志愿服务，永远在路上。”鸭舌帽、红背心、暖心笑的身影遍布洛社镇各个村、社区，“洛社幸福义工”用心的呼唤，把“幸福义工”送到弱势群体身边，让他们不再孤单。用爱的温暖，让更多的洛社居民脸上绽放着微笑。以幸福的名义相约，以志愿的行动暖心，“洛社幸福义工”志愿服务活动如和煦春风唤醒大地，似玉兰绽放沁人心脾，走进洛社社区、走进大街小巷、走进千家万户，让洛社这座城有了更多的温情，温暖传遍洛社社区。幸福源于奉献，文明改变生活。“洛社幸福义工”志愿服务活动成为了洛社镇文明创建的新探索、新品牌。

执笔人：丁　君　陈　洁

点评

一、工作特色

志愿者队伍是社区教育队伍建设的重要力量。社区教育是一种全员参与的社会教育形式。社区教育的推展不仅需要政府的推动、社区教育教师和专职管理者的参与，还需要大量规范的、专业化的、高素质的志愿者。洛社镇社区教育中心对志愿者队伍进行优化整合，组建起“洛社幸福义工”志愿服务团队，开展了一系列专业化、个性化、常态化的志愿者服务活动。现已形成1个志愿总站、111个各级志愿服务基地、27个基层志愿者服务站的志愿服务网络，形成了一定的社区教育志愿服务规模效应。

二、成功经验

洛社镇社区教育中心大力宣传志愿精神、通过资源整合、平台搭建、项目创建等途径，将参加青少年宫活动的小朋友们、参加企业职工技能培训的青年们、丰富业余生活的老年人们等都纳入到社区教育志愿者队伍中，充实了志愿者队伍力量，丰富了志愿者队伍结构，为社区居民的幸福美好生活提供服务。

三、推广意义

在某种意义上说，公民参与是衡量一个学习型社会建设成功与否的重要标志之一。社区教育志愿者是公民自主性人格的体现，是社会成员主体性的反映，是开展社区教育最具生气的活力象征。洛社镇社区教育中心在推展社区教育的过程中，注重对社区教育志愿者队伍的建设和培育，充分发挥社会成员在参与社区教育中的主体作用和主观能动性，大力激发了社会活力，促进了社区教育的高质量发展。

点评专家
姓　　名:仲红俐
单　　位:常州开放大学
职务/职称:副主任/副教授
联系电话:13776836329

◎ 徐州市铜山区黄集镇社区教育中心

塑七彩生活　造健全人格

——记 2021 年省级社区教育品牌“黄集面塑”

黄集面塑 LOGO 设计说明：

1. 徐州市铜山区黄集镇是江苏省民间艺术面塑之乡，LOGO 中间的红色巨龙代表祖国龙腾盛世，也代表着“黄集面塑”由“只为谋生故，含泪走四方”的小玩意，发展成为响彻海内外、大江南北的大品牌。

2. 古体篆书“江苏徐州黄集面塑”表明“黄集面塑”有着 1 300 多年的历史，文化底蕴丰厚、人文气息浓郁。两条彩绸代表着“黄集面塑”既是中国传统文化的品牌，也是江苏省非物质文化遗产的代表。

3. 主体设计成绿色圆形图案，意味着徐州市铜山区黄集社区教育中心将扛起中国传统文化和非物质文化遗产两面大旗，一定会将“黄集面塑”打造成江苏省社区教育品牌乃至全国社区教育品牌，成为振兴黄集经济的支柱产业。

一、案例背景

黄集镇地处苏鲁豫皖四省交界，隶属徐州市铜山区，位于徐州西北 20 公里处，这里名人辈出，爱国志士孙凤鸣就是黄集镇人。全镇面积 90 平方公里，辖 18 个行政村，8 万亩耕地，6 万多人口，被省政府命为“面塑之乡”“建筑之乡”，被徐州市政府命为“绿色蔬菜之乡”“肉鸭养殖之乡”，是铜山区西北边陲的一颗璀璨的明珠。

“黄集面塑”起源于 20 世纪 30 年代，范楼村农民陈洪恩靠从小跟舅父郗朝品学来的面塑手艺，走村串户，以求温饱。周围群众纷纷拜他为师，学捏面塑以图有口饭吃。那时面塑只是人们讨生活的手艺。改革开放以来，农民的日子越过越好，面塑逐渐由讨饭的手艺转变为一门艺术，登上了大雅之堂。多年来，黄集镇党委、政府、领导高度重视民间面塑艺术。一直把它作为精神文明建设的一项重要内容来抓，制定了发展规划，成立了黄集面塑民间艺术协会，为面塑艺术提供了互相交流和学习的平台。经过 70 多年的发展，在面塑老艺人的带领下，黄集镇涌现了一大批民间面塑艺人，他们走南闯北，从繁华的大都市到宁静的乡村，依靠灵巧的双手，捏出了艺术作品，捏出了经济效益。可以说面塑已成为黄集一块响当当的金字招牌。每年都有大批海内外面塑爱好者来黄集拜师学艺，现在有近万名黄集面塑弟子活跃世界各地，面塑的作用日益彰显。

二、案例的呈现

1. 中国民间面塑艺术家——面塑大师陈兴民

陈兴民是“黄集面塑”的杰出代表，初中毕业后一直从事面塑艺术创作。曾拜全国著名的“面塑王”李方清先生为师，代表作品有《三国人物》《水浒 108 将》《红楼梦人物》等，作品造型独特、形象逼真。其中，《水浒 108 将》被日本民俗馆收藏。一尊尊面塑，栩栩如生，活灵活现，国际友人称赞黄集镇的面塑艺术是“中国绝活”。

图片 1　面塑大师陈兴民在面塑课上手把手教学面塑课程

陈兴民是江苏省乡土人才三带能手、徐州市拔尖人才。他的面塑作品曾多次参加国家、省、市民间工艺美术大展，并屡屡获奖。中央电视台等新闻媒体对他的面塑艺术给予了多次报道宣传。“黄集面塑”艺术被申报江苏省非物质文化遗产。国务院新闻办五洲传播中心影视部派人专程来到铜山黄集镇，将享有徐州“三绝活”之称其一的民间面塑艺人陈兴民的面塑生活，拍摄成了专题片。他作为徐州市民间艺术团成员之一，经常出访日本、澳大利亚、中国香港、中国澳门等国家和地区。每表演一场，观众都是掌声不断，拍手叫绝。人们最喜欢的还有《三国演义》《红楼梦》等中国经典文学中的人物形象。《五子闹佛》是他较为满意的作品之一，一尊高 20 厘米的弥勒佛，左手乾坤袋、右边聚宝盆，笑佛身上五位调皮可爱的小福娃形态各异，象征着增福增寿，五福具备，传递着生活幸福的美好信息。

2. 非物质文化遗产项目代表性传承人——裴洪艳老师

“黄集面塑”传承人裴洪艳老师是黄集实小的老师，跟从面塑大师陈兴民学习面塑制作，被徐州市铜山区确定为第四批区级非物质文化遗产项目代表性传承人。至今已能制作常见植物、动物、人物。裴洪艳老师把面塑技艺应用在生活中，如年轻人喜爱的动漫人物，桌子上的小摆件，各种挂件及在盘子上捏出的各种花鸟虫鱼。裴洪艳老师面塑作品造型独特、形神兼备、栩栩如生，跃然纸上，令人拍案叫绝。裴洪艳老师面塑作品曾多次参加市、区民间工艺美术大展，并屡屡获奖。徐州市、铜山区电视台等新闻媒体也对她的面塑艺术给予了多次报道宣传。

图片 2 “黄集面塑”非遗传承人裴洪艳在面塑展室指导学员

3. “黄集面塑”的进一步传承

国家的希望在教育，教育的希望在学生，同样面塑的传承也靠新的一代。黄集镇社区教育中心以传承面塑这一博大精深的中华文化为己任，以黄集镇面塑之乡为依托，以创建面塑特色品牌为阵地，积极开设面塑课程，让中小学生从小学习面塑技艺，打下坚实的童子功，为“黄集面塑”又好又快的发展尽自己一份微薄的力量。

“黄集面塑”是江苏省非物质文化遗产，随着时间的推移，这项文化遗产面临着失传的困境。徐州市铜山区黄集实验小学本着传承非遗，让非遗文化进校园的宗旨，开展了省级规划课题“非遗面塑文化与小学课程整合的实践研究”工作。非遗面塑文化与课程的整合应秉承既传承文化又提升学生的综合素养的理念，以有利于学生全面而主动的发展。因此我们充分挖掘面塑文化中的最高价值，根据不同年龄段的学生选择素材，寻找可利用的面塑资源，调动学生、家长、社会的积极性，邀请专家实地指导，秉承“开放性原则”，使实践逐步趋于常态化、序列化。

三、案例的成效

1. 打造江苏省面塑特色课程项目

我们整体规划面塑课程，编写面塑校本教材，针对一、二年级学生特点开展“七彩面塑、趣味识字”“七彩面塑、玩转说写”活动，三、四年级开展“七彩面塑、精深阅读”活动，五、六年级开展“七彩面塑、综合学习”活动。学校将课程融入每周的语文综合实践课，为开展一年一度的面塑文化节活动积极准备，以达到文化的传承和学科拓展的目的。在学习面塑制作的过程中，面塑作品的制作技法、制作材料、名称等蕴藏着大量的汉字，是学生识字的好机会。我们把这些汉字进行归类，并拓展同类别的字，编写《七彩面塑——趣味识字》，从儿童的视角出发，积极创设有趣的识字氛围，运用色彩鲜明的画面、实物，调动学生多种感官，让学生动手动脑，激发低年级学生识字的欲望。现在黄集实小已发展成为江苏省特色课程实验学校。

2. 黄集幼儿园校本课程

习近平总书记指出，一个国家、一个民族的强盛，总是以文化兴盛为支撑的。没有文明的继承和发展，没有文化的弘扬和繁荣，就没有中国梦的实现。为进一步弘扬中华民族优秀传统文化，认识和了解珍贵的家乡非物质文化遗产，让传统的民间艺术更好地得以传承，黄集镇幼儿园开展了“面塑文化进课堂”活动。活动特邀了徐州“三绝活”——面塑传承人陈兴民大师，他坚持每周三来园指导老师和孩子们学习面塑技艺。作为面塑传承人，陈兴民大师对“非遗”走进幼儿园课堂感到由衷的高兴，在陈兴民老师的指导下，一个个小小的面团经过孩子们的捏、搓、拉、揉、揿、塑形等工序，变成了惟妙惟肖的人物、动物造型。面塑艺术潜移默化地提升了孩子们的审美情趣，在锻炼动手能力的同时，培养了他们的专注力、想象力和创造力，促进了幼儿身心和谐发展，同时也让家乡民间艺术在孩子们之中得以传承。幼儿园是非遗文化传承的一片沃土，我们会努力让这项活动常态化、系列化。面塑校本课程也研究就绪，待开发利用。

3. 研究活动

2020 年黄集镇社区教育中心成功申报江苏省社会科学课题并获立项，《传统文化助推乡村振兴的实践与研究》这一课题挖掘了以黄集面塑为龙头的优秀传统文化内容，配合了乡村文明建设，加强对传统村落文化的研究。在研究中发现了黄集民间文化遗存和民俗内容非常丰富，通过课题研究、整理，我们编写一套三册的《黄集民间传说》。在结合黄集当地特色传统文化的同时，积极创新，迎合市场的需要，开发不少适合乡村发展的产业，并给当地村民提供工作机会。“十三五”徐州市规划课题《小学“面塑”与学科课程整合研究》经过三年的研究终于结题，参加结题鉴定会的省市区专家对课题予以肯定。课题主持人做了课题研究总结汇报，把这几年黄集小学在面塑这个课题中所做的课程设计、教师培训、学生活动开展以及在工作中遇到的困惑等各方面工作作了详细汇报。经过评议，专家代表鉴定小组做了鉴定发言，认为课题组所做工作扎实细致，成果显著，具备结题条件，准予结题。

4. 面塑社团活动

面塑社团活动可以激发学生的兴趣，放飞学生的想象力，让同学们在活动中学，并感受到捏塑的快乐。使学生玩中做，做中学，学中思，思中获，在潜移默化中提高学生的动手动脑能力；发展学生的观察、注意能力，培养学生的想象力和创造力；发展学生的动手能力，增强学生的自信心；培育学生的审美能力、审美情趣和语言表达能力。辅导员韩美娟，跟从面塑艺人陈兴民学习面塑制作，至今已能制作常见植物、动物、简单人物，2014 年在科技文化节辅导学生制作的面塑作品获县二等奖，并参加了市、省级面塑课教学，获领导好评。辅导员王红兰能独立制作出各种动植物以及一些卡通的人物形象。2014 年在县科技文化艺术节辅导学生制作的《守株待兔》情景面塑作品获得了二等奖，曾多次参加了省、市的面塑教学课，获得了一致好评。

5.“黄集面塑”的经济效益

面塑应该是有价值的，既有传统的文化价值也有现代的商业价值，将现代化元素融合进去才能让面塑技艺更好地传承。面塑不再是只能养家糊口的手艺，而是能发家致富奔小康的文化产业，世界各地有近万名面塑弟子，他们既传承着“黄集面塑”精湛技艺，又能为国家赚取外汇，也能充实自己的经济实力。当他们衣锦还乡的时候，的确让人刮目相看。“黄集面塑”已经成为振兴黄集经济的龙头项目，也是面塑艺人发家致富的主要经济来源。现在“黄集面塑”精美礼品供不应求，经济效益非常可观。

四、案例体会

1. 依靠组织、获取支持，让“黄集面塑”融入到经济建设中；勇于实践、不断探索，让“黄集面塑”扎根于飞速发展的社会中；注重科研、创建品牌，科研为“黄集面塑”的开发提供不竭的动力；品牌，让黄集经济迅速发展。

2. 在面塑作品展柜中，每个展柜里的作品都是由学生根据童话故事，或寓言故事塑造的一个场景。这样做，既能突显面塑特色，又能使面塑与学科相结合，既展示了面塑作品，又丰富了知识面。面塑中有故事，有寓言，有神话，有古文，看着面塑学生就能写话，就能作文，动手，动脑，动口，促进学生全面发展，展现面塑育人功能。

3. “黄集面塑”在精神文化层面上能体现塑生活、塑人生、塑未来的理念。中小学课堂教学范式多样，能与其他学科有效结合，达到“塑人”的效果。

4. “黄集面塑”特色课程建设成果丰硕，初具特色。课程设计层面注重了深度，课程开发层面突出了广度，课程建设的进度体现了梯度，主管部门的支持体现了力度。

5. 领导、专家对“黄集面塑”的评价：(1)领导管理有思想；(2)课程建设有抓手；(3)共建学校有优势；(4)学生成长有层次；(5)学校发展有规划；(6)财政支持有实效。

五、案例反思与展望

1. “黄集面塑”的发展理念、塑人的思路、振兴黄集经济的目标要更清晰。

2. “黄集面塑”传统文化特色，一定要充实丰满；传统文化从小抓起的办学理念一定要渗透到教师发展和学生的发展之中，让其融合得更加紧密。

3. “黄集面塑”系列特色教材要“民转公”，交教育主管部门正式推广发行。

4. 要做到班班有社团，人人参与社团；学校发展方向要定位，把“塑”具体化，变抽象为具象。

5. 让面塑搭台经济唱戏，打造面塑精品，通过政、校、行、企多方合作，将面塑基地聚力打造成集教学、实训、科研与服务为一体的实训研发中心，为做优做强江苏省社区教育品牌、振兴黄集经济、拉动群众增收致富作出应有的贡献。

执笔人：张开保　李凡林

点　评

一、工作特色

“黄集面塑”社会教育品牌项目，是旨在传承中国传统文化和非物质文化遗产项目的社会教育活动，开发了一系列关于“面塑”的校本课程，在青少年中广泛开展“面塑”的学习、创作活动，不仅锻炼了孩子们的动手能力，更是培养了他们的专注力、想象力和创造力，同时也让家乡民间艺术在孩子们之中得以传承。

二、成功经验

“黄集面塑”社会教育品牌项目，一是以黄集面塑民间艺术协会为依托，为面塑艺术提供了互相交流和学习的平台。二是以面塑大师、非物质文化遗产项目传承人为导师，集聚了大量的优质教师资源，为学习、创作提供了保障。三是以学校为阵地，让更多的孩子感受到中国传统文化和非物质文化遗的魅力，拓展了社会群体的参与面。

三、推广意义

江苏是中国古代文明的发祥地之一，据了解有国家级非物质文化遗产名录一百多项，省级近四百项，市、县级共四千多项。非物质文化遗产的传承有着广泛的民间基础，如何更好地开展非遗传承，“黄集面塑”社会教育品牌项目有着一定的借鉴作用。

点评专家
姓　　名：丁卫东
单　　位：镇江润州区社区培训学院
职务/职称：院长
联系电话：0511-80862501

◎ 徐州市邳州市港上镇社区教育中心

科技服务进农村　助力脱贫促增收

——记 2021 年省级社区教育品牌“邳州农村科技服务超市”

邳州农村科技服务超市 LOGO 设计说明：

1. LOGO 图标，两条流畅相交的弧线，是科技力量的象征，寓意科技改变生活。

2. 两条弧形，组成字母“K”字，是“科”字的字母变形。红白相间，简洁明了的中国印，是中国人的文化根源，两条相交的弧线，表达了“社区教育服务社区人民”的宗旨，一切服务为了人民。

3. 印章的大红色寓意着港上社区教育中心为人民开展的系列科技服务红红火火。

一、案例背景

江苏农村科技服务超市是江苏省适应地方经济特点和现代农业发展要求组织开展的科技服务模式创新，于 2008 年开始试点、2010 年全面启动建设。农村科技服务超市凭借现代商品超市理念，将技术、成果、信息和服务通通摆上“货架”，供农民选择。

邳州农村科技服务超市由江苏金港生物科技有限公司负责承担实施，由港上镇社区教育中心负责提供技术和组织教学、培训。农村科技服务超市成立于 2014 年 6 月，注册资金 1 000 万元。主要业务范围涵盖生物科学技术研究服务，果蔬苗木的种植、销售及进出口贸易。分店位于港上镇现代农业产业园内，交通便利，具备带动周边种植农户的优越条件，通过港上镇社区教育中心，与扬州大学、省农科院、南京农业大学、徐州生物工程学院、徐州蔬果研究所等多家单位建立长期合作关系，定期组织开展科技培训与科技服务。邳州农村科技服务超市分店主要服务前湖村、后湖村、王李村、半庄村、大范村等 380 余户。分设两个便利店，分别位于港上镇区及十房村各服务五个行政村，计280余户。

二、案例呈现

(一) 服务超市建设情况

自2014年建设以来，邳州市农村科技服务超市建筑面积1 200平方米，总投资380万元。店面统一设计，门头、展台展板、员工服装、胸牌、指示牌实现统一视觉效果。店堂整洁，商品、展品排放整齐合理，工作制度上墙，服务规范，标志明显，功能分区完备。2020年更新中心成果展示区120平方米，内设成果展示区、成果交易区、技术交易区、咨询服务区。三楼设有组培育苗中心150平方米，四楼培训室200平方米，技术检测中心100平方米，以及科技特派员工作站及其他办公辅助设施300平方米。港上社区教育中心常驻服务超市3人，组织技术指导和培训，安排科技特派员教学任务。

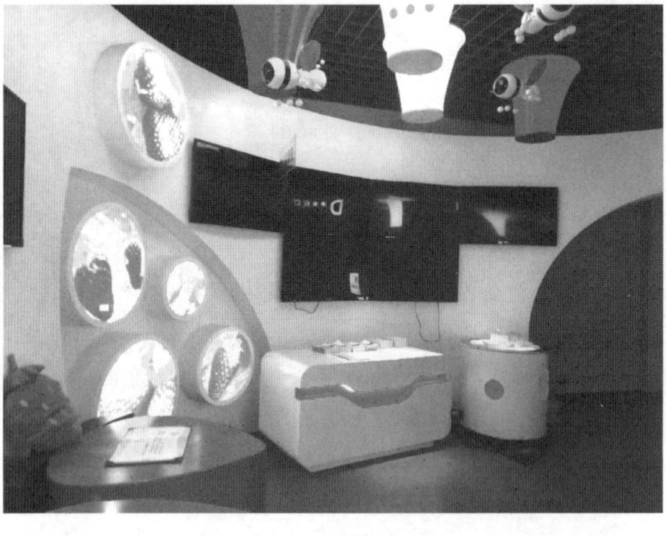

图片1　徐州市邳州市港上镇农村科技服务超市成果展示区

(二) 服务特色及理念

以港上镇草莓现代农业科技园区为依托，以打造邳州市草莓设施农业创新创业高地为目标，以"互联网＋农业产业＋金融资本"为主要模式，充分发挥省农村科技服务超市和科技特派员的作用，旨在营造良好的创新创业生态环境，加快实施创新驱动发展战略，激发基地群众创造活力，打造经济发展新引擎。邳州市农村科技服务超市下设星创之家、星创科普、星创农场、星创基金、星创在线、星创营销等6个部分，可为创业大众提供良好的工作空间、网络空间、社交空间和资源空间。其中星创科普由港上镇社区教育中心承担，利用公司与中科院植物研究所、扬州大学的技术力量和市镇科技特派员的技术力量，举办创业沙龙、创业大赛、创业主题演讲和创业网络课堂等形式，开展技术培训和现场指导创业培训和创业指导等。星创天地建设规模2万亩，核心区2 000亩，到2020年力争实现"百千万亿"星创目标，即孵化100个创新项目，培育1 000个星创农场，聚集 10 000 创新人才，新增 10 亿元创业产值。

（三）服务模式

依托港上镇现代农业科技园和省农村科技服务超市邳州市经济林果产业分店、便利店的资源优势、科技特派员优势，以“公司＋农户＋科技特派员”模式开展技术服务、创业培训、技术创新服务等。服务内容主要有：创业培训、技术培训投融资服务、专家课堂、草莓种植大赛、创业大赛、项目推介、产品销售、病虫害防治、团队建设、技术指导等服务。具体服务内容可以详述如下：一是产业技术服务。通过组建我市镇两级科技特派员团队在草莓基地建设一个草莓专家大院，在全镇乃至全市范围内广泛开展技术培训和现场指导，提升全市草莓产业的科技水平；二是创业培训服务。通过建设草莓文化室、创业工作室和老板体验室等物理空间，举办创业沙龙、创业大赛、创业主题演讲和创业网络课堂等形式，创业导师主要有合作院校的专家教授以及科技特派员组成，现有创业导师 12 人，其中扬州大学 2 人、中科院植物研究所 3 人、省农科院 2 人、南京农业大学 1 人、市农委 2 人、港上镇社区教育中心 3 人；三是技术创新服务。建立草莓新品种繁育体系；采用热处理＋微茎尖组培获取脱毒原种苗技术，同时采用合理密植、挡叶栽培、花果管理等先进卓莓生产技术；推广草莓挡叶栽培、合理密植、土壤消毒改良、生物农药等先进配套技术，创建邳州草莓品牌，建设邳州乃至徐州市草莓种苗繁育基地和生产基地。四是投融资服务。服务超市设立种子资金，扶持有意于草莓创业的创客，鼓励更多的创业者入驻，采用入股或者风险投资的方式扶持创客，设立星创种子资金 100 万元，扶持返乡农民工 20 万元、扶持合作社 50 万元。同时充分利用政府的扶持政策，与银行对接，吸引更多的风险投资资金扶持星创天地农村科技服务超市发展。此外还开展为区域内初创企业提供创意、规划设计、市场营销、法律、知识产权、财务、检验检测认证和技术转移等中介服务。

图片 2　港上镇开展农业技术培训

（四）创新创业服务平台建设

1. 创新平台建设

以草莓新品种培育为主线，建立以技术创新与集成示范为主体，产品创新、营销创新及金融创新相结合的创新服务平台。

2. 创业孵化平台建设

建设草莓展厅、创业工作室、创客公寓、老板体验办公室、创业培训室和特派员科技创业示范基地，接纳各类创新创业试验者和探索者，孵化新技术新产品、新企业，重点招引科技人员、大学生、返乡农民工及其他创业者。

3. 科技中介服务平台建设

发挥科技服务超市服务功能，投资组建科技中介服务机构，为区域内初创企业提供创意、规划设计、市场营销、法律、知识产权、财务、检验检测认证和技术转移等中介服务。

4. 网络服务平台建设

更新网站内容，星创之家、星创科普、星创农场、星创基金、星创在线、星创营销等 6 个部分。构建基于网络的创业培训、远程教学、成果推介、科普宣传、远程诊断、远程监管、产品营销及配套服务。

5. 科技金融服务平台建设

设立种子基金，为各种创业者及探索者提供科技创业融资、贷款等方式的金融服务。探索建立多元化、多层次、多渠道的科技投融资体系和利益共享、风险共担的科技担保体系。

三、案例成效

1. 服务效果显著

邳州市农村科技服务超市拥有完善的服务设施，现代化农业示范基地 1.1 万亩，带动相关农产品初加工企业 10 余家，辐射带动农户 1 000 人次。每年平均解决问题 120 个，2018 年推广新品种新技术 6 项，截止目前，累计发布农业新成果、新技术 40 个，手机信息 4 000 条，每年免费为农民资质各类技术人员培训 5 600 次，开展农产品检测服务 500 批次，服务农户及企业新增收入 1 200 万元，人均增收 960 元。科技服务超市服务面积很广，对象包括铁富镇、邹庄镇四户镇等乡镇的种植农户，服务方式主要包括技术培训与咨询、长期跟踪服务、人才培养、成果转让等。冯方磊、冯梅、丁桂明、冯遵争、冯仰信等十余家企业及个体在科技服务超市中收获成功。在这些群众中，以前湖村的农民冯遵争为例，技术培训和咨询让他对草莓种植时间、施肥种类以及施肥的用量等都有了深刻的认识，冯遵争对自己的 10 亩草莓有了清晰的规划和丰富的现代化种植技术。通过他的示范引领，以及地方政府的鼓励、支持和分店员工的带动帮助，广大村民种植、销售草莓，探索出一条轻松操作、快捷增收的全新致富路子，在全镇范围内都产生了积极的反响。

2. 服务质量优质

邳州市科技服务超市，始终坚持以农业增效、农民增收为目标，以公益性、非营利、不增加农民负担为原则，营造良好的创新创业生态环境，激发基地群众创造活力，加快了农民致富的步伐。邳州市科技服务超市采取多种形式开展技术服务、技术创新服务等，在全镇乃至全市范围内开展技术指导。社区教育中心组织科技特派员团队进村、进田间进行农村技术指导和推广工作，这一举措有力地促进了当地经济的发展。

3. 群众满意度高

邳州市科技服务超市创建省级品牌得到邳州市各单位以及广大农户和社会各界的好评。以港上镇草莓现代农业科技园为依托，打造邳州市草莓设施农业创业创新高地，构建“公司＋农户＋特派员”模式，组建市镇两级科技特派员团队开展技术培训，带领农户学习新技术，影响带动一大批农户参与其中，开拓出一条致富的康庄大道，深受农户的喜爱。农户的知晓率、认同感和满意度高。

四、案例体会

1. 模式创新，推动农村科技服务超市品牌工程

通过近几年的打造，邳州市农村科技服务超市成为了当地家喻户晓的品牌工程，深受广大群众的喜爱。邳州市科技服务超市以港上镇草莓现代农业科技员依托，建立了一支由高等院校教授、创业指导专家、投融资专家、法务专家等科技服务团队，提供作物栽培、综合种养、经营管理等农业科技服务，通过建设草莓文化室、创业工作室，举办创业沙龙、创业大赛等形式，并设立星创种子资金，扶持有益于创业的农户，鼓励更多创业者入户，不断创新模式，推动农村科技服务超市品牌工程的建设，帮助农户解难题、脱贫困，走上致富路。

2. 聚力推进，助力农户脱贫促增收

农村科技超市让农业新技术、新成果与农民进行了有效对接，又让自主科技创新成为农民致富的便捷途径。邳州农村科技服务超市拥有完善的服务设施，每年免费为农民提供各类技术人员培训 5 600 次，开展农产品检测服务 500 批次，服务农户及企业新增收入 1 200 万元，人均增收 960 元。邳州市将进一步加大政府主导、部门联动的作用，打造好“邳州农村科技服务超市”品牌，建立健全保障超市有效长久运行的相关制度，着力打造好服务能力强、绩效显著、农民信赖的科技示范店，给农民送技术、解难题，让农民实实在在地享受到科技服务带来的效益。

五、案例反思与展望

邳州市科技服务超市自建设以来，不断开展技术服务、创业培训、技术创新服务，以农业增效、农民增收为目标，以公益性、非营利、不增加农民负担为原则，有力地推进了农村生产力地发展，加快农民致富的步伐，取得显著成效。后期发展，我们将从以下几点来做：

1. 扩大宣传力度，加大科技服务超市的影响力

继续深入建设科技服务超市，不断加大宣传力度，可以通过运用网络 、电视 、新闻 、宣传标语等多种手段，提高科技服务超市的知名度，持续扩大科技服务受益人群。

2. 进一步加强专家队伍的建设

充分利用政府扶持政策，一方面，引进年轻技术人才，给科技技术团队注入新能源，加强团队力量。另一方面，加强现有科技特派员的培训工作，提高其业务水平，建设高水平高技术的科技团队。

3. 完善科技超市服务评价和反馈机制，促进服务质量提升

首先 ，要在实践的基础上针对总店、分店和便利店以及不同产业的科技超市设立相应的评

价标准。其次，通过对服务对象定期开展问卷调查，对科技超市的服务质量、服务成效进行随访调查，获取反馈信息。再通过反馈信息的分析研究，调整工作思路，不断改进工作方法，提升服务质量，努力建设让群众满意的科技服务超市。

4. 助力脱贫促增收

建设农村科技服务超市，积极开展各类培训服务，持续深入做好技术引进、示范，正确引导农户创新规范的种植模式，实现草莓种植的基地化、专业化、产业化。努力打造邳州设施果蔬品牌，加快农民致富的步伐。

建设邳州市科技服务超市，努力为百姓致富，为农村经济发展，为建设和谐邳州做出我们社区教育人应有的贡献！

执笔人：孙领军　石荣飞

点　评

一、工作特色

“邳州农村科技服务超市”社区教育品牌项目，以现代农业科技园区为依托，以打造邳州市草莓设施农业创新创业高地为目标，以“互联网＋农业产业＋金融资本”为主要模式，充分发挥了省农村科技服务超市和科技特派员的作用，旨在营造良好的创新创业生态环境，成为了加快实施创新驱动发展战略，激发基地群众创造活力，打造经济发展的新引擎。

二、成功经验

“邳州农村科技服务超市”社区教育品牌项目的成功经验是：一是建设草莓专家大院，集聚高水平的农业科技人员，形成草莓种植专家组，对当地种植户开展专业的技术培训。二是做好创新平台、创业孵化平台、科技中介服务平台、网络服务平台、科技金融服务5个平台建设。提升科技服务“三农”水平。

三、推广意义

江苏农村科技服务超市是江苏省适应地方经济特点和现代农业发展要求组织开展的科技服务模式的创新，为教育服务“三农”及高水平“三农”基地如何更好地服务当地农业发展、农民增收提供了借鉴作用。

点评专家
姓　　名：丁卫东
单　　位：镇江润州区社区培训学院
职务/职称：院长
联系电话：0511-80862501

◎ 常州市经济开发区社区培训学院

幸福夕阳　智学助老

——记 2021 年省级社区教育品牌“圩墩学堂老年学习在线”

品牌 LOGO 设计说明：

1. 图案外围为一朵金色的万寿菊。“万寿菊”代表着健康、长寿和祝福；“金色”为万寿菊的花色，寓意幸福的夕阳；六朵花瓣代表了六个乡镇(街道)。

2. 图案中部为一圈红色渐变光环。“红色”寓意火热的学习生活，“光环”代表圆满无缺，寓意学习辐射全区，服务覆盖全体。

3. 图案内部，上方为一位老年学员的“头像”，代表了老年学习群体；中部为一朵“祥云”，这既是对老年学习生活的最美好祝福，也是祝愿“圩墩学堂老年学习在线”这个云平台未来的发展将前程似锦；下方品牌名称“圩墩学堂”中的“圩墩”突出以圩墩文化为基础，经过数千年不断演化、发展而成的具有鲜明特色的地方文化。

一、案例背景

江苏常州经济开发区位于常州市东部，前身为江苏省常州戚墅堰经济开发区。其地域面积约 181 平方公里，常住人口约 42 万，其中 60 岁以上老年人口约 7.3 万。全区 6 个乡镇(街道)已全部建成江苏省标准化社区教育中心，其中全国社区教育示范街道 1 个。常州经开区社区培训学院的所在地戚墅堰街道是圩墩文化的起源地。早在 6 000 多年前的新石器时代，常州先民就在此劳动生息繁衍，辖区内圩墩村京杭大运河南侧的圩墩遗址是国内迄今发现的新石器时代颇具影响的典型遗址之一。

社区老年教育作为终身教育和终身学习理念下构建学习型社会的教育形态，其发展已经成为当今社会的关注焦点。过去常州经开区的老年教育面临着不少瓶颈，主要有社区老年教育覆盖面窄、实际参与率低、资源匮乏、教育内容形式单一、资金投入不足、师资力量匮乏等因素。

要加快发展区域老年教育，除了理顺管理体制、加大办学投入、加强队伍建设、合理设置课程等常规措施以外，加快数字化学习社区建设，以数字化学习带动社区老年教育现代化，是破解制约社区老年教育发展的难题，促进社区老年教育创新与变革的有效途径。自 2013 年起，常州经开区社区培训学院就依托区老年大学，提出数字化、网络化、智能化、多元化、协同化的发展思路，以数字化转型扩大老年教育资源供给，以网络化融合实现老年教育均衡普惠，以智能化创新提高老年教育供给质量，从“圩墩学堂老年学习在线”的建设入手，着力打造基于数字化学习的老年教育新模式。

二、案例呈现

（一）创新路径，打造智慧教育新格局

1. 建设数字平台：2013 年，随着国内视频分享网站的兴起与成熟，常州经开区社区培训学院利用国内网络视频行业的第一网站“优酷”，开设“圩墩学堂”自频道，引导老年人在数字化学习平台上开展自主学习。多年来，常州经开区老年教育数字化学习环境建设已初见成效。目前，“圩墩学堂老年学习在线”拥有自制学习视频 1 287 个，总时长近 6 000 分钟，总播放数近 13 万人次。

图片 1　优酷视频——我的自频道“圩墩学堂老年学习在线”

2. 营造文化氛围：老年人对数字化学习的接受是一个逐步认识的过程，学院高度重视数字化学习文化氛围的营造，通过在老年大学电脑班、手机班开展线上线下混合式教学试点，在街道、社区开展线上学习的宣传推广，在新冠肺炎疫情期间为老年人提供智学助老服务等手段，引导老年人逐渐接受并体验到教育信息化“人人皆学、处处能学、时时可学”的巨大优势。

3. 完善运行机制：学院用发展的眼光来完善、健全数字化学习制度，引导、规范、约束老年教育的管理者、教师和学习者的行为，通过开展课题研究、实施项目建设、举办专题沙龙、打造特色品牌等措施，积极统筹、协调、激励、推进区域老年教育数字化学习的整体构建。

（二）丰富资源，开发在线学习新课程

1. 充实课程资源：学院对全区老年人的数字化学习能力、数字化学习接受水平进行调研，分析并解决他们的学习障碍，自主开发能够满足大多数老年学员学习需求的课程资源。适其

所需，尽其所能，“圩墩学堂老年学习在线”已从起始阶段的电脑基础、电脑应用、图片处理、视频处理、手机基础、手机应用等信息技术类课程，逐步发展到折纸、草编等人文、非遗类社区教育微课程。未来，平台还将开发更多的老年教育资源以不断满足全区老年人日益增长的学习需求。

2. 培育人力资源：学院以“圩墩学堂老年学习在线”建设为契机，面向全区社区教育工作者开展为期三年的“数字化学习社区建设”专项培训。通过构建基于 E-Learning 的社区教育工作者学习共同体并运用慕课平台进行信息技术应用培训，积极打造一支高素质的区域社区教育数字化学习管理队伍、师资队伍和志愿者队伍，不断提升社区教育工作者的信息应用和指导能力，为全区老年教育现代化建设奠定了坚实的人力资源基础。

(三) 智学助教，引领老年教育新范式

1. 以“导”促“融”，唤醒学生内驱动力

老年人的记忆力以及反应能力较弱，创造力和思维能力也较低，自我效能感差，有畏难厌学心理，因此在课堂教学中采取线下为主、线上为辅，两者相互融合的混合式教学模式，可以更好地激活学生的学习“内动力”，引导他们逐步接受数字化学习的方式。同时，老年人具有丰富的阅历和经验，求知欲望强烈，学习的需求主要源于生活与娱乐，开展以智能技术应用为主的新型教育活动既可以满足他们的学习需求，又能够帮助他们跨越“数字鸿沟”，提升生活质量。

图片 2　老年大学学员在教室中开展线上线下混合式学习

2. 以“人”为“本”，树立学生主体地位

线上学习的开放性，学习资源的丰富性，学习需求的多样性，认知情感的成熟性，都要求在数字化学习过程中要充分尊重学习者的主体地位。在老年教育中开展数字化学习，首先要着重培养老年人的信息素养，使其具有使用数字化技术、软件以及信息的习惯与熟练掌握智能设备的应用能力；其次，在课堂教学中，教师要以学生为中心，通过采取个人自主学习、小组合作学习和班级探究学习等学习模式，逐步把传统课堂讲授转变为线上线下相融合的混合式教学；最后，要能够有效指导老年群体在课堂外自主开展线上学习，引导他们通过建构获得知识，实现自我主动学习的认知、情感和个性协同发展。

3. 以“评”促“学”，鼓励学生积极发展

通过信息化手段对学习者在线上学习过程中的学习情况进行记录管理与过程控制，以便掌握他们的学习状态，及时给予学习者反馈与评价。对于表现优秀的学习者，给予荣誉和物质奖励，以此提升他们的学习效率，促进他们积极发展。

三、案例成效

（一）以实践研究促进区域社区教育的内涵发展

在“圩墩学堂老年学习在线”的建设过程中，学院开展了《常州市老年教育现状分析与对策》（2014—2015）、《基于 E-Learning 的社区教育工作者学习共同体创建的实践研究》（2016—2018）、《区域社区教育工作者专业成长路径的创新研究》（2017—2019）、《共建共享——区域社区教育资源整合的实践研究》（2018—2020）等课题的研究。其中，2015 年 12 月，课题《常州市老年教育现状分析与对策》荣获常州市终身教育学会社区教育科研课题一等奖；2020 年 10 月，项目《区域社区教育工作者学习共同体构建的研究》荣获第二届“江苏省社会教育（教学）成果奖”一等奖。

以实践研究为引领，把握老年教育信息化中存在的问题及根源，通过构建区域社区教育工作者学习共同体，推动社区教育工作者掌握数字化学习社区建设的专业知识和科学方法，明确社区教育课程的发展方向，提高数字化学习资源开发的能力，从而推动社区教育工作者不断丰富社区教育内涵，提升社区服务水平。

（二）以资源建设推动区域老年教育的特色发展

老年教育数字化学习资源的建设与开发是社区老年人多样化需求和终身发展的需要。把本地特色与优势融入老年教育的课程资源中，不仅可以丰富学习内容，提高文化品位，更能立足“本土”，彰显“特色”，推动区域老年教育的特色发展。在“圩墩学堂老年学习在线”的课程资源建设中，数字化学习资源建设团队因地制宜，根据各地产业、文化、生态特色，开发出一大批老年教育特色课程资源，推动区域老年教育的特色发展。

2014 年至今，《老年人免费旅游是馅饼还是陷阱？》《股市诚可贵 生活价更高》《漫漫圩墩 灼灼其华》《草编意趣》《钟灵毓秀白龙观》《智慧养老 给天猫精灵安个窝》等微课荣获历年常州市优秀社区教育微课程评比一、二、三等奖。

（三）以品牌打造扩大区域老年教育的社会影响

“圩墩学堂老年学习在线”这个特色品牌的打造，使传统意义上的课堂正不断向“第二课堂”“第三课堂”延伸，推动老年教育深度融入社会，在提升老年人美化生命体验的同时，不断实现老年教育的社会价值。2020 年疫情期间和 2021 年学院老年大学校庆 10 周年期间，武进日报分别刊登《老年大学 让老年人“继续学习”》和《养教结合让“大龄学生”学有所乐》两篇文章，详细介绍了经开区“互联网＋老年教育”的经验与启示。

良好的社会声誉和广泛的教育影响，不仅增强了社会对经开区老年教育的参与感、认同感和获得感，也正在用实际行动向广大居民宣传“人人皆学、处处能学、时时可学”的全民终身学习的理念，成为完善区域终身教育体系的黏合剂。九层之台起于垒土，千里之行始于足下，“圩墩学堂老年学习在线”的十年坚守，终得硕果。2014 年 12 月，学院成功创建“江苏省示范老年学校”；2020 年 9 月，学院被评为江苏省优秀成人继续教育院校；2020 年 12 月，学院被评为江苏省社会教育先进集体；2021 年，“圩墩学堂老年学习在线”获评 2021 年江苏省社区教育品牌。

四、案例体会

加快数字化学习社区建设，以数字化学习带动社区老年教育现代化，是破解制约社区老年教育发展的难题，促进社区老年教育创新与变革的有效途径。在政府为主导、市场为动力、各类社会组织积极参与的前提下，充分利用社区的数字化学习环境，整合共享各类教育学习资源，才能为每一位社区老年人提供适时、有效、灵活多样的泛在学习服务和数字化学习支持，才能满足他们的个性化学习和终身学习的需求。

（一）数字化学习环境下的区域老年教育更具活力

“圩墩学堂老年学习在线”的创建为整个经开区的老年教育提供了一个良好的数字化学习环境，这不仅能够提高各街道社区老年教育的软实力，拓展全区老年教育的广度、深度和高度，更能够极大地扩展区域老年教育的外延性，使得社区与社区之间能够进行人才与人才、资源与资源、居民与居民的交互和沟通，打破现实中各街道、社区之间老年教育的地域壁垒。

（二）数字化学习资源的共享使教育公共服务更均衡

“圩墩学堂老年学习在线”的建设有利于全区优质资源的集中和推广，使得区域社区老年教育公共服务更加均衡。在经开区老年教育实践中，由于各街道、社区发展不平衡，造成了老年教育资源的不均衡。“圩墩学堂老年学习在线”可以通过有效的优质教育资源共建共享机制和教育教学的质量保障措施，使得区域内的社区老年教育公共服务因为数字化学习资源的广泛共享而得到进一步均衡。

（三）数字化学习方式将使老年人学习认同感更强烈

“圩墩学堂老年学习在线”的应用，将真正做到学习以需求为中心，变“教”为“学”，提升老年人对老年教育的认同度和参与度。老年人记忆力差、反应迟钝、行动不便的生理特征严重制约了他们接受再教育的需求，数字化学习方式更加适合老年教育的特点，将老年人从传统的学校教育中解脱出来，使学习过程更加直观、明确、易理解，更容易受到老年学习者的认同和参与。

五、反思与展望

综观多年来“圩墩学堂老年学习在线”的使用情况，在平台应用、资源拓展、用户黏度等方面还有待加强。今后，将在以下几个方面加强工作：

（一）应用平台的多样化

基于优酷平台的“圩墩学堂老年学习在线”创建已有 8 个年头，从当时优酷的一网独大到现在微信公众号、视频号、抖音、B站等短视频网站的风起云涌，未来要充分利用微信公众号、视频号等应用平台发布学习资源，逐步实现数字化学习平台的多元化，以此满足不同用户的选择。

（二）拓展资源的多元化

“圩墩学堂老年学习在线”资源建设主要依托学院的数字化学习资源建设团队，资源开发效率低、进度慢、数量少，未来要充分挖掘老年大学的师资力量，带动和引领任课教师加入资源建设团队，开发更多更好的老年教育课程资源。

（三）学习用户的多维化

“圩墩学堂老年学习在线”的用户主要是区域内的老年学习者，未来要逐步改变单一的用户结构，逐步扩展到青少年群体、中年群体等不同年龄层次，将“圩墩学堂”打造成为经开区终身学习的大平台。

执笔人：陈啸峰

点评

一、工作特色

常州经济开发区社区培训学院，以“圩墩学堂”老年学习在线为平台，开展基于数字化学习的线上老年教育模式，该品牌项目通过建设数字化学习平台，营造学习氛围，完善项目运行机制，丰富网上课程资源，激发了老年人对数字化学习的兴趣。十年实践，总结出“互联网＋老年教育”的经验，取得了良好的社会声誉。

二、成功经验

“圩墩学堂”用完善的运行机制，适合老年人的线上学习课程和多渠道的学习方式实现了用智慧学习带动老年人融入到现代社会生活实际中，解决了老年教育覆盖面窄，资源匮乏、教育内容单一的基本问题。

三、推广价值

随着老年化社会程度越来越高，为了让老年人更好适应社会的发展，跟上社会生活的节奏，网络学习是最理想的途径。“圩墩学堂”为我们提供了一种数字化转型，网络化融合、智能化创新的老年网上学习的新模式。

点评专家
姓　　名：丁卫东
单　　位：镇江润州区社区培训学院
职务/职称：院长
联系电话：0511-80862501

◎ 常州市天宁区天安河滨社区教育中心

直播课堂述初心　红色教育进社区

——记 2021 年省级社区教育品牌“天安红色直播厅”

品牌 LOGO 设计说明：

LOGO 的设计以红色为基调，在党的引领下宣传红色教育，启动播放键开始现场直播，让每位有智能手机的居民在家就可以学习，让社区教育飞入寻常百姓家。

一、案例背景

天安红色直播厅成立于 2020 年 4 月，主旨是加强社区疫情防控宣传，以及将在抗击疫情中党员群众众志成城的事迹用直播方式展现给社区党员和居民，营造社区正能量氛围。经过一年多的成长，红色直播厅通过多方位、多层面活动常态化，赢得了党员居民的一致好评，并成为兰陵街道社区教育中心文化品牌的重要组成部分。

二、案例呈现

天安红色直播厅位于尤辉新媒体运营中心二楼，以身边人说身边事为核心，陆续邀请了身边好人、抗疫先锋、抗美援朝老战士、非遗文化传人、知名作家等做客红色直播厅，用直播方式向党员居民传播正能量。截至目前，共开展直播活动 32 期，直播平台点击收看人数达万余人次。

(一) 有效运用新兴载体，拓宽社区教育范围

“天安红色直播厅”和尤辉新媒体运营中心合作，采用当下居民喜闻乐见的网络直播形式，以讲好红色故事、传递红色能量、展现红色风采为目标，定期在“腾讯直播”“有播”等平台开展直播，方便广大居民随时随地收看、参与活动。此外，借助“腾讯直播”“有播”APP 回放功能，不能准时收看节目的在职居民也可以下班后收看回放，完成学习。直播不受地点时间人数的限制，只要居民有智能手机即可，每次直播主题确定后提前把链接发在居民群里，居民点开链接后即可观看学习，操作便捷，受众范围广，每次直播收看人数都在 400 人左右。

图片 1　天安社区开展法律援助网络授课活动

(二) 有效创新学习方式，打通服务居民“最后一公里”

结合社区自身工作，红色直播厅创新政务公开“直播”模式，在线解答丽宝第花苑在省宜居改造中，居民最为关心的改造内容，借助直播传播量广泛的特点，足不出户就可以让居民了解改造内容，通过直播互动环节，及时了解居民最想改造的环节，动员改造过程中居民积极配合事宜；其次加快民生工程老小区电梯加装，特邀资深电梯公司以及住建局相关办事人员现身说事，逐一解答居民对于加装手续、加装困难之处、相关政策解读等，让居民在加装过程中少走弯路、少花时间，做到服务群众零距离。此外，红色直播厅联合常州市司法局开展法制进社区系列直播，和天宁区人力资源和社会保障局开展居民保险等系列直播，搭建政府与群众沟通的桥梁，吸引群众参与社会治理，打造共建共治共享社会治理格局。

(三) 有效发掘本地资源，树立凡人凡事典型

“红色直播厅”致力于发掘本地的先锋模范，把他们邀请到“红色直播厅”，借助新媒体手段整合辖区资源，讲好中国好人、江苏省优秀共产党员尤辉、非遗文化传承人邢粮、红色作家庄深这些生动、鲜活的故事，真正把身边的正能量传递给更多的党员和居民。

(四) 有效开展“初心课堂”，党史教育入脑入心

深度挖掘红色资源，线上线下互动互通，实现“一人授课，全员受教”，线上持续提档“天安红

色直播厅”，邀请原连云港市委党史办公室副编审陈民丹老师进行为期 8 课时的百年党史宣讲，目前已经完成 6 课时，在线观看居民党员共 900 余人次。全新开设“党史故事我来说”系列节目，邀请社区党员、劳模、抗疫医护人员、民警、消防员、辖区企业代表等不同年龄层、不同职业的党员来到直播间，结合党史故事和自身工作，给居民和党员带来贴地气感兴趣的宣传教育。线下挖掘社区红色资源，充分发挥辖区单位共建优势，组织党员参观常州邮政“邮票上的党史”，组织老党员、青少年烈士陵园祭扫英烈，听三杰故事，让社区党员通过现场听、亲身悟、交流学，做到党史教育不流于形式。

图片 2　在“红色直播厅”开展“党史故事我来说”系列活动

三、案例成效

一是提高了居民教育质量。社区管辖范围广、居民人数多，社区会议室面积仅 80 平方米，以往每次开展活动，受场地、时间等限制，平均只有 60 多人参加。新冠肺炎疫情发生后，天安河滨社区率先将教育课程搬到线上，社区居民自己当起了主播，居民只要一部智能手机就可以完成线上学习，最多的一次是抗疫伉俪讲述“隔离点的故事”，有 487 名居民“围观”。直播时，他们积极互动留言，直播结束后，居民在微信群发表意见和建议，极大地满足了大家的参与感、互动感。

二是打响了红色直播品牌。自“天安红色直播厅”成立以来，以身边人说身边事的形式打造了社区“草根”网红，从梳篦大师邢粮到社情民意员杨维忠，从抗美援朝老战士到青年志愿者，这些平凡人不平凡的故事因“红色直播厅”被知晓，后相继被现代快报、常州日报以及常州电台报道宣传报道，营造了良好的宣讲氛围，在全区率先走出了“红色直播”品牌之路，2020 年荣获“常州市社会治理特色品牌”，2021 年被天宁区委组织部评为“初心阵地”先锋·堡垒。

三是创新了社区教育工作举措。天安河滨社区以不断完善全覆盖、多层次的社区教育为抓手，以打造具有街道特色教育品牌为目标，让“红色直播厅”成为社区理论教育的“高地”，社区教育宣讲队伍培育的“基地”，凝聚居民的“阵地”，提升社区教育工作的实效性，进一步提高社区的凝聚力、向心力和战斗力，不断推动社区教育工作走前头、作表率。

四、案例体会

一是载体要与时俱进。网络直播因其传播速度快、时效性强、互动性好等优势，在一定程度上已经起到了引导舆论的作用。因此开展社区教育工作也要与时俱进，抢占宣传教育新阵地，注重在学习载体上创新，让教育和广大居民喜闻乐见的社交娱乐载体相融合，才能让社区教育取得实效。

二是形式要更为多样。要提升居民学习热情，就需要创新社区教育的形式，要一改以往社区教育普遍存在的单向式、说教式的教育模式，多采用“互动式”交流方式，不仅开设理论学习专场，还开设嘉宾访谈、戏剧专场、运河文化音乐专场等等，让居民有焕然一新的感觉。

三是内容要贴近需求。直播的内容要贴近生活、贴近群众、贴近现实，把身边人身边事搬到直播间，讲居民感兴趣的话题和内容，结合社区自身工作，发挥党员群众的骨干榜样力量，才能吸引更多的党员和居民融入进去。

五、案例反思与展望

“天安红色直播厅”品牌项目仅仅走过一年多的品牌历程，但其作用越来越明显，品牌效应也逐步在凸显。通过各种不同类型直播，也进一步为党员居民提供学习交流的平台，充分发挥党总支堡垒作用，党员先锋模范作用，引领居民凝心聚力，共同为社区教育做贡献。

但是红色直播厅宣传的是思想，营造的是氛围，它不可能有量化的数据体现多少居民深受感染，社区教育是一种赋能，红色直播厅赋予居民不断提升，以点带面，不断扩大的作用。

执笔人：周　润

点评

一、工作特色

“天安红色直播厅”社区教育品牌项目是在当前抗击新冠肺炎疫情背景下，利用网路直播平台开展的线上社会教育活动。红色直播厅通过多方位、多层面活动常态化，赢得了社区居民的一致好评，并成为兰陵街道社区教育中心社区教育的品牌项目。

二、成功经验

“天安红色直播厅”社区教育品牌项目符合社会发展的要求，能通过回放功能方便社区居民随时学习，不受地点时间人数的限制，受众面广；通过政务公开“直播”模式，在线解社区居民最为关心的民生问题，改善了服务质量，群众满意度明显提升。通过挖掘红色资源，致力于身边优秀人物、优秀事迹宣讲，线上线下互动互通，做到“初心”教育入脑入心，提升了社区居民素养。

三、推广意义

“天安红色直播厅”社区教育品牌项目是线上学习的一种有益的尝试，网络直播因其传播速度快、时效性强、互动性好、受众面广等优势，一定会成为广大居民喜闻乐见的一种新型的线上学习模式。

点评专家
姓　　名：丁卫东
单　　位：镇江润州区社区培训学院
职务/职称：院长
联系电话：0511-80862501

◎ 常州市新北区龙虎塘街道社区教育中心

挖掘传统文化　传承魅力国艺

——记 2021 年省级社区教育品牌“走近非遗”

品牌 LOGO 设计说明：

1. 整个 LOGO 为中国红，象征着中国的文化图腾和信仰，中国传统非遗文化，彰显团结、奋进、强劲的民族文化。

2. 圆形 LOGO 设计意味着“循环，永不消失”，天圆地方表达着“极大的广阔性”，意味中国非物质文化源远流长，世代相传。

3. LOGO 圆形中心的龙虎携手，意取龙虎塘社区教育中心“凝聚合力、细心呵护、传承非遗文化、守护精神家园”的寓意。

一、案例背景和区域概况

龙虎塘街道位于江苏省常州市高新技术产业开发区，沪宁高速公路常州段出入口，与上海、南京等距相望，地处常州城市新中心、中轴新支点、产业新高地、智慧生态城的高铁新城，距常州民航机场 18 公里，距常州万吨级港口 10 公里，距常州铁路站 1 公里，街道占地面积 17.1 平方公里，下辖盘龙、腾龙、玲珑、祥龙、锦龙、吟龙 6 个社区，现有常住人口 7 万余人，规划践行“区域竞合支点、生态创智社区、活力站城一体、现代时尚江南”四大理念，谋划构筑“绿智优先、核心驱动、特色引领”的未来之城，奋力实现“高标准、高质量、新模式、新样板”的规划建设目标。

龙虎塘街道社区教育中心坐落于牡丹水岸国际 16-1（衡山路与辽河路交汇处），东临常州外国语学校，南近国家 3A 级景区江南环球港，北邻三江口公园，交通便捷，人口密集，教育资源丰富。中心面积 1 500 平方米，投 300 多万，设：“百家”文化共享空间、飞扬乒乓、跃动地带、长青乐园、龙韵书房、龙韵 e 家、龙娃驿站、韵舞之家、龙韵讲堂、墨韵课堂等多个功能区域，集“龙韵”理论宣讲、“诗意”润泽教育、“百家”文化传承、“英才”读书等服务平台于一体，并配备专门人员管理、服务，是党员干部教育、人口素质教育和是市民学习与培训的重要基地。

非物质文化遗产对传递民族文化、凝聚民族认同、重塑民族精神、增强文化自信具有重要意义，非物质文化遗产承载着历史的发展脉络。习近平总书记在十九大报告中提出要加强文物保护利用和文化遗产保护传承，并多次在地方考察调研时给非遗项目“点赞”。

龙虎塘社区教育中心坚持唯有让非遗“续”下去，才能够“活”起来的发展理念，自 2018 年来持续开展走近非遗系列活动，形成保护非遗文化的良好氛围，提高居民群众对非遗文化的认识和保护意识，努力挖掘非遗资源的文化内涵，开发和设计一批兼具新颖创意的非遗课程和活动，进一步为非遗文化的传承与保护注入持久的活力。

二、案例呈现与特色创新

2018 年初龙虎塘街道社区教育中心结合时代要求，努力实现传统文化的创造性转化、创新性发展，体验中华优秀传统文化的“根”和“魂”，将非物质文化遗产引进社区教育，通过整合各类资源、优化课程设置、创新课程供给等方式，尝试探索出一条非物质文化遗产在教育中心传承、行之有效的路子，围绕建设“光伏高地 传感之谷 幸福龙虎”，持续多年开展“传统文化小课堂——走近非遗”“走近非遗游学系列活动”“我是小小魔术师”“我是非遗小传人”“走近非遗公益课堂”“国艺荟萃”等非遗活动，让非遗项目焕发出时尚魅力，让传统的文化气息传承绵延，深入感受众多非遗传承人那份对传统技艺的坚守、那份“匠心”的坚持与执着！

（一）走近非遗　拓展非遗内容

以走近非遗项目为基础，设计丰富的非遗主题内容，依据学员的意愿，发放调查问卷，立足学员精选切入点，着眼发展突破口，满足各年龄层次学员。创造条件，拓展“非遗”项目活动，与“非遗”项目的传承人亲密接触，提高对非遗项目的理解。

通过非遗理念引领，社区教育中心依托校园传承、社区传播，借助社区小课堂、百姓讲堂等各类活动将魔术、梳篦、艺术皮影、刻纸、虎头鞋等多项非遗内容引入实施，以润物细无声潜移默化的方式将“非遗”文化慢慢植入。

（二）开发课程　挖掘非遗内涵

开发“魔术、常州吟诵、巧英编织、刻纸、面塑(图 1)、留青竹刻”非遗课程 6 门，制定非遗项目培训计划，聘请非遗传承人现场操作指导，拍摄非遗项目，制作微视频，观看民间艺人和非遗项目展示，对非遗领域进行更加深入的探究和有效传承。我们的节日——春节暨迎新春民俗文化庙会、传统节日元宵节、端午节、重阳节是感悟非物质文化的最佳时机，由非遗传承人、本土手工艺人现场展示的梳篦、乱针绣、麦秆画、掐丝珐琅、杨家兔灯、虎头鞋、叶莉莉梨膏糖、常州萝卜干等民间手工艺品让辖区居民大开眼界，感受到了民间手工艺的魅力，传承和发扬中华民族传统文化，辐射人群约 30 000 人次。通过春节庙会、元宵非遗嘉年华、端午非遗大放送、重阳节赏“非遗”文化等内涵活动，诠释非遗特色文化建设内涵，浸润传承民族优秀文化的情感，丰厚素养、滋养品性。

图片 1　2018 年 8 月 22 日“缤纷假日·多彩生活”暑期系列活动之走近非遗——面塑

(三) 传承非遗　建构非遗特色

1. “寻”人才

融合本土非开展“走近非遗”系列活动，点燃对“非遗”项目关注的热情。特聘非遗传承人——梳篦传承人邢粮、面塑传承人吕信芝、剪纸传承人周蕴华(图 2)、魔术传承人蔡秋华等省、市级非遗项目代表性传承人现场指导、授课，深层次接触非遗项目领域。

图片 2　2020 年 7 月 11 日走近非遗——周家剪纸

2. “觅”基地

挖掘课程实践基地，如：常州博物馆、青云阁“剪纸”工作室、“艺禾田园”、“叶莉莉梨膏糖”、蔡秋华“魔术”传习所等课程的“基地资源”，利用假期面向青少年开设走近非遗——邢粮梳篦、周家剪纸、叶莉莉梨膏糖等游学非遗体验活动，跟随非遗传承人体验传统手工技艺，体会个中所蕴含的匠心精神，原来即使是看似简单的手工艺，制作过程中也需要足够的耐心与细心，手工艺者也以其独特的匠心手艺，向他们传递着手工之美和对传统技艺的热爱与感悟，这正是中华传统文化的魅力所在，也让大家在轻松快乐的氛围里感受先辈们的聪明智慧，汲取他们精湛的传统技艺中所蕴含的丰富营养，强化非物质遗产保护，传承传统文化。

3. “建”习所

进一步加强非遗保护宣传工作力度，健全非遗保护传承机制，创建了龙虎塘本土魔术传承人——蔡秋华“魔术非遗传习所”，连续 3 年开展非遗传习活动，如：2019 年暑期开设“我是小小魔术师”非遗课程，2020 年“走近非遗：魔术公益课堂”，2021 年开设“国艺荟萃”系列课程，招募辖区 50 多位青少年学习非遗技艺，让非遗文化传承后继有人。

4. “办”活动

结合传统节日，开展特色非遗项目传承，如：我们的节日——春节暨民俗文化庙会，邀请龙虎塘街道书画协会会长徐小平及其成员现场为居民送上新春祝福，书写年味；以中秋佳节为载体，持续多年开展“声音的暖流”“秋天的问候”“畅想新时代・携手奔小康”等主题中秋诗会，吟风弄月，沉吟不决，品悟传统文化，传承民族精神；端午节开展“包粽子、编蛋兜”、重阳节“非遗重阳糕制作”、中秋节“月饼制作”活动形式多样，受到广大群众的一致好评，通过丰富的活动领略传统文化，传承艺术瑰宝，弘扬优秀传统文化。

5. “进”校园

开展非物质文化遗产进校园活动，让全学龄段的学生们在接触非遗文化的同时，感受其魅力，宣扬民族精神、传播民族特色、推广民族文脉。如“魔术、常州吟诵、刻纸”等，多次走进校园，对学生传统文化教育，汲取传统文化中的艺术精华、精神积淀、审美情趣，培养中华优秀传统文化的继承者和弘扬者，推动文化传承创新，通过努力，辖区龙虎塘实验小学成为常州市首所“常州吟诵传承基地”，在非遗文化的滋养中，提升本民族的文化自信，激发广大青少年爱国爱家乡的热情，为传承、弘扬非遗文化培养一批高质量的后备人才。

三、案例成效和品牌创建

“走近非遗”文化项目实施三年多来，龙虎塘街道社区教育中心举办了形式多样、覆盖力广、辐射力强的各类“走近非遗”系列活动，包括：“社区小课堂——走近非遗”“我是小小魔术师”“我是非遗小传人”“走近非遗游学系列活动”“常州吟诵”“国艺荟萃”6 类近 120 次活动。通过魔术、梳篦、艺术皮影、刻纸、虎头鞋等多项非遗项目实施，借助各类项目感悟非物质文化遗产之美，增强广大非遗传承人的自豪感，让非遗技艺生生不息的力量之源走进现代的美好生活，激发全社会传承发展中华优秀传统文化的文化自信和文化自觉。

龙虎塘街道社区教育中心通过充分挖掘资源优势与特色，取得了较好的社会效应，“走近非遗文化”在 2019 年度获“常州市社区教育特色品牌项目二等奖”，“蔡老师教您变魔术”获“常州市社区教育微课评比二等奖”。

四、案例体会和未来展望

龙虎塘街道社区教育中心“走近非遗”特色品牌项目建设，活动的基调与出发点力求将每个开发、建设、实施的非遗项目能实现三个目标：追求“学员获得”、提倡“走向合作”、浸润“情感体验”。朝着这样的方向掌舵，挖掘与实施“走近非遗”项目，为辖区学员、群众打开了一扇神奇的窗户，他们的感悟、他们的情感、他们的思考都将如飞上蓝天的鸟儿一样，自由而开阔。

龙虎塘街道社区教育中心将在贯彻落实非物质文化遗产保护法的基础上，深入学习十九大精神，进一步拓展和丰富学习活动的形式与内容，精心组织具有地域特色的“走近非遗”系列活动，将全民学习、终身学习的理念融入优秀文化的传承和发展中，继承和弘扬优秀传统文化，传承非物质文化遗产！

执笔人：许丽萍　陶云珠

点评

一、工作特色

常州市新北区龙虎塘街道社区教育中心利用本地区丰厚的“非遗”文化底蕴，通过“寻”人才、“觅”基地、“建”习所、“办”活动、“进”校园，在社区和青少年中广泛的开展非遗文化的传承教育活动，依托校园传承、社区传播，借助社区小课堂、百姓讲堂等各类活动将多项“非遗”内容引入实施，用“非遗”文化浸润了社区居民的心灵，提升了素养。

二、成功经验

“走近非遗”社区教育品牌项目。一是通过拓展“非遗”项目活动，与“非遗”项目的传承人亲密接触，提高对非遗项目的理解。二是开发“非遗”课程，挖掘特色文化的建设内涵。三是通过实践基地、传习所等多种途径进行传承，四是通过丰富多彩的活动，弘扬优秀的传统文化。

三、推广意义

非物质文化遗产的传承是社会教育活动的一项重要的内容，新北区龙虎塘街道社区教育中心将本地区的“非遗”文化引进社区教育，通过各类资源的整合、优化“非遗”课程的设置、供给等方式，尝试探索出了一套非物质文化遗产在社区传承的行之有效的方式。

点评专家
姓　　名：丁卫东
单　　位：镇江润州区社区培训学院
职务/职称：院长
联系电话：0511-80862501

◎ 苏州市张家港保税区社区教育中心

教育惠民“小项目”　撬动社区“大教育”

——记 2021 年省级社区教育品牌“享学保税区　惠民项目化”

品牌 LOGO 设计说明：

最上面是房子造型，又是象形的人字，象征着全体居民；中间为正在翻动的书本，寓意知识，象征终身学习；托起的手掌寓意广纳群众参与，辐射全社区，服务居民全覆盖。最下面一行是品牌名称，享学有推崇和享受学习的意思。整个标识以红黄色为主，寓意项目扎根基层，服务群众。该标识方案简洁明了，弘扬享受学习的理念。品牌口号：教育惠民“小项目”，撬动社区“大教育”。

一、案例背景

张家港保税区位于全国文明城市张家港市西部，是国内首家内河型保税区，辖 3 个街道办，44 个村(社区)，户籍人口 18 万，外来人口 17 万。2020 年，保税区(金港镇)位列全国千强镇第四名。区街经济发达，人文底蕴深厚，居民素质高，社区教育元素丰富，人们对创意好、品质优、参与度高的社区教育品牌活动有极大的需求和响应，扎实的群众基础，是这一品牌应运而生的原生动力。社区教育是构建和谐社会必不可少的重要手段。随着社会的发展，原有的社区教育模式已不能完全满足市民日益多样化的文化生活需求，如何搭建更加灵活多样、更为生动有效、更受群众欢迎的社区教育新载体，是我们一直思考的问题。由此，探索以社区为根，通过社区教育品牌建设，倡导人人学习的发展理念，营造享学保税区的人文环境，促进社区教育发展水平，办好居民家门口有特色的社区教育，这就成为品牌建设的初心。

二、案例呈现

社区教育项目化运作，就是把社区教育活动视为项目并进行项目设计，通过建立项目的计划、实施、监管、评估制度体系，整合多方人力、财力、物力、信息等资源，在一定时间内和经费保障等条件下，立足既定条件按时按质完成各项社区教育任务，来达到项目预定的目标，最终获得有质量的社区教育成果。具有组织架构灵活性、目标导向明确性、实施过程计划性等特征。是新时期创新社区教育工作理念和方法、转变发展方式的有益探索。

作为全国“社区教育示范乡镇”，张家港保税区不断营造全民学习氛围，精准对接居民学习需求，丰富“享学保税区”建设内涵，在实践中探索出一条“惠民项目化”建设的新路子。从2015年开始，我们将政府购买服务、社会组织参与的理念运用到实际工作中，试点开展了“享学保税区惠民项目化”品牌建设工作。通过项目化运作引领和带动区镇社区教育工作向新常态发展，逐渐走出一条项目化工作试点探索、典型示范、经验推广的社区教育工作科学化的新路子。

（一）紧扣需求，确保项目立项科学规范

在项目立项过程中，坚持树立“有所为有所不为”的理念，坚持“需求＋可能”的原则，充分把握党政领导高度关注、社会普遍关心、群众热切盼望的问题与社区教育工作的结合点，全面评估现有资源，通过广泛深入调研等形式，了解群众最关心、最直接、最现实的需求，同时综合考虑形势发展需要和群众现实需求，统筹兼顾当前建设与长远发展相统一，把推进社区教育事业持续协调发展作为工作的出发点和落脚点，提高社区教育工作服务群众的能力，真正使广大群众得到实实在在的好处。

图片1　聘请江苏省成人教育协会、江苏省社会教育服务指导中心专家为项目化提升工作室顾问

（二）落实责任，务求项目推进精准实效

要求做到“五个明确”，即明确预期目标、明确推进计划、明确责任人员、明确工作措施、明确

时限要求。定期召开工作推进会，交流项目实施过程中的建议和存在的问题，对具体项目进行现场指导。调动项目运行的每一个积极因素，形成项目推动合力，让项目更“接地气，有人气”。

（三）完善机制，促进项目建设常态长效

社区教育中心制定了项目化运作相关制度，先后下发社区教育项目化相关文件10余份，并不断修订增补。各个项目都按照方案步骤如期开展，年中对项目督导，年末对项目进行评审，发放相应的项目经费，并对项目实施过程中优秀个人进行了表彰，进一步激发了做好项目化工作的积极性。

（四）创新举措，强化项目打造品牌亮点

我们坚持一手抓项目实施，一手抓成果转化推广，按照“创经验、创典型、创品牌”的创建路径，努力打造有特色、有影响的社区教育品牌项目。真正实现“政府支持，专业团体管理、政府和公众监督、民间组织参与、居民百姓受益”。每个子项目都能结合各自实情，提炼打造各具特色的社区教育品牌。

三、案例成效

6年来，累计开展惠民项目318个，开展活动2 707场次，直接受益16.35万人，直接投入经费243.7万元，带动社会资本投入近150万元。如今该品牌活动每年已常态化开展，俨然成为张家港保税区社区教育工作的一张靓丽名片。

（一）量质并举，推动精准惠民落到实处

从2015年的15个到16年以后的全面普及，每年开展60个左右的子项目活动，活动内容丰富多彩，居民学习需求得到了极大满足。社区教育中心更多的起到了协调、服务、引领作用，将各项工作量化具体化，将“软”指标成为“硬”任务，把资源落实到项目，责任落实到人，把工作扎扎实实地落到了实处。

（二）多元共治，形成“社区大教育”格局

社区教育工作说到底是社会工作，业务面广、涉及环节多，做好社区教育工作不能仅靠社区教育部门“单打独斗”。社区教育项目化工作有效链接、吸纳和调动了各类社会资源为我所用，形成工作合力，人、财、物等资源得到有效利用，提高了运转效率。社区教育工作从行政领域走向社会领域，从行政推动走向社会互动，实现社会多元共治的理念，有效推进了社会治理，促进了学习型社会建设，形成了“社区大教育”工作格局。

（三）完善机制，实现可复制可推广模式

通过创新市场化、社会化、多元化、实事化的运作机制，形成一套可推广的项目运行管理机制，居民参与度、社会关注度和评价明显提升。目前已经在张家港全市推广并规范实施；承办苏州市级社区教育公益项目实践创新现场会，举办苏州市级项目化工作现场培训，在苏州市复制开展；多家兄弟单位前来学习取经，何忠益主任多次外出讲座，传授社区教育项目化工作经验，推动

了项目化工作在全省的推广。先后有新华日报、苏州日报、张家港日报、中国文明网、凤凰网等媒体对我镇社区教育公益项目惠民活动作了报道。2018 年 4 月 3 日出版的《中国教育报》以“项目化成为社区教育主菜”为题进行了专门报道，这是该项工作全省首次得到中央教育媒体的认可和推荐。

四、案例体会

（一）创新工作思路，以新发展理念引领项目化工作

社区教育项目化以实用化、人本化、案例化、可推广为着眼点，紧密结合年度重点工作，将“项目创新”与“工作创优”相结合、“夯实基础”与“重点突破”相结合、“循环提升”与“推广转化”相结合，不断完善社区教育公益项目管理方式，形成了一整套科学管理方法，推动社区教育机制创新。

（二）注重项目策划，形成项目化运作支持系统

每一个子项目都具有明确的目标和时间节点，但如果项目目标过高，离目标的实现就会有差距。把项目分解为多个子任务，细化阶段目标，同时充分发挥专家、志愿者、媒体等的作用，形成项目运作的支持系统，从而实现或超过项目的要求和期望。

（三）规范经费使用，充分调动各方的主动性和积极性

在惠民项目化实施过程中，严格规范经费使用。所有经费开支，一律实行预决算管理，即事前预算、事后决算。充分调动项目中所涉及的各方的主动性和积极性，为进一步向市场化运作、经费预算管理、经费规范使用等方面积累经验。

图片 2　开展“心灵之旅”——青少年园艺生活实践项目

(四) 项目分类管理，打造项目的系统化和品牌化

将项目进行科学分类，从时间上把项目分成长期、中期及短期项目，从实施对象上可分为青少年项目、老年人项目、特殊群体项目。不仅可以实现项目规范化运作，提高管理效率，同时也可以较快提升项目知名度，推动品牌化建设。

(五) 加强理论研究，是深化品牌内涵的重要手段

2018 年，成立了项目化品牌提升工作室，聘请了包括省成协、省社指中心、苏州市教育局等相关领导专家为工作室顾问，指导区镇惠民项目化工作品牌建设。用理论指导实践，深入开展实验项目和课题研究，实验项目《保税区(金港镇)社区教育项目化运作的实验》被评为苏州市精品实验项目，课题《项目化引领，推进社区教育机制创新的研究——以张家港保税区(金港镇)为例》获苏州市课题一等奖第一名。

五、案例的反思与展望

经过几年的发展，“享学保税区 惠民项目化”品牌建设日渐呈现出良好局面。社区教育得到党和政府的高度重视，经费投入有保障。创新项目不断呈现，宣传力度逐渐增强，项目队伍建设日益成熟。但是依然存在一些问题和不足，如项目组织统筹协调不够、项目资源建设创新力不足、对学习者缺乏动态管理等问题，在一定程度上限制该品牌项目的高质量和可持续发展。今后我们将在建立多方协作参与机制、特色课程开发、提高项目供给质量等方面加强研究和实践，通过制度引领，社会带动，全民参与，进一步满足人们多元化的、个性化的、更高层次的学习需求，通过建立健全全民学习体系，提升“享学保税区”品牌效应，让居民有更多获得感。

打造一个好的社区教育品牌，是一个长期而系统的打造、锤炼、具象的过程。从提出创意、目标制定、主题凝练、方案打磨、活动开展到品牌打造，规范化的引领与细节把握，都彰显出张家港保税区社区教育人的集体智慧。在几年的实践探索中，我们不断深耕内涵，每一年都积累项目成果，留存品牌生长全过程资料。在保证项目运作过程中的一致性、完整性的同时，从主体、内容、表现手法、覆盖人群等方面不断推陈出新、持续提升品牌公益价值和社会价值。经过六年时间的精心培育，该项目逐渐走出张家港，受到辖区内外居民的热烈反响，印证了这个品牌的强大生命力，值得继续探索和做精做强。在新时代，我们将通过品牌项目的建设推动学习型社会建设，丰富社区教育服务供给，打造多样化的全民学习和终身学习服务平台。进一步满足辖区居民终身学习需求，让居民有更多获得感。

执笔人：陆海荣

点 评

一、工作特色

“享学保税区 惠民项目化”是张家港保税区开展社区教育的有效途径，该项目具有鲜明的特色，制订了项目化运作的一系列相关制度，形成了项目化运作的模式，“政府支持、专业团队管理、公众监督、社会组织参与、百姓受益”，建立了市场化、社会化、多元化、事实化的项目运作机制。

二、成功经验

“享学保税区 惠民项目化”项目的经验在于社区教育工作的理念和方法的创新：一是将政府购买服务，社会组织参与的理念运用到了社区教育基层实践。二是将社区教育工作进行项目化运作，有效开展社区教育。三是对项目化运作的模式开展了深入的探索，取得了丰硕的成果。

三、推广意义

“享学保税区 惠民项目化”的推广价值在于：为有社区教育专项经费保障地区提供了开展社区教育工作有效可复制的方法，为社区教育项目化管理提出了制度保证和运行机制，为社区教育服务基层社区多元治理提出了有效路径。

点评专家
姓　　名：言俊
单　　位：常州市武进区洛阳镇成人教育中心学校
职务/职称：校长/高级讲师
联系电话：18912331268

◎ 苏州市吴中区长桥成人教育中心校

银龄乐学课堂　陪伴幸福晚年

——记2021年省级社区教育品牌“银龄乐学课堂”

品牌LOGO设计说明：

1. “银龄乐学课堂”LOGO是一个圆形图案，分白底圆心和蓝色边框等两部分。

2. 圆心内圆上半部分是金色的太阳，夕阳红，新希望。中间部分是一本书，博学健身。下半部分是蓝色的海洋，老年人在知识的海洋里畅游。

3. 内圆外围一圈上面是醒目的“银龄乐学课堂”字样，下面是麦穗，寓意辛勤耕耘，丰收在望。

一、案例背景

长桥街道位于苏州城南，现在是吴中区政府所在地，不仅是吴中区政治、经济、文化和社会活动中心，也是一个宜居宜业的现代化新城。下辖20个社区，有22.3万常驻人口，有60周岁及以上老年人口近4万，占全街道总人口的18%，已经进入老龄化社会。这里的居民几乎都是城镇居民，住在拆迁房或者商品房里，无需耕地劳作，经济状况佳，子女大部分孝顺，老人很多自己住，他们可以自由利用自己的时间，享受夕阳红。

随着老年人的不断增加，老年活动日益增多，老年人的精神生活需求越来越多。他们不局限于跳跳广场舞，打打小麻将，他们想用手机记录人生的美丽瞬间，想学电脑了解大千世界，想圆上大学的梦，想静下心来读点书，看点报，学习绘画，练习书法，唱唱歌跳跳舞，这样既可以陶冶情操，又可以博学健身，不仅使晚年生活丰富多彩，又能做到人老思想不老、精神不老、知识不老，还能更好地面向社会、发挥作用，实现新的人生价值。因此，老年教育引起了全社会的重视，各级政府也在想方设法，投入资金，支持发展老年教育事业。但由于资源有限，吴中区老年大学早已一票难求，苏州市老年大学又远在苏州古城区，想上学的老年人日益增多，供需矛盾突出，老年人想在家门口就近学习的愿望一时无法实现。

近年来学校开展社区教育，主要采用板块＋条线的模式，其中一个板块就是老年教育。但是由于种种原因，老年教育也停留在每年定期开开培训班、参与有关部门组织开展老年活动的水平上，形不成规模，成不了气候。2019 年 4 月学校迁入投资近亿元的长桥街道科文中心，学校决定抓住发展的新机遇，根据社区教育要做到教育惠民的要求，做大做强老年教育，高标准办好“银龄乐学课堂”，为教育惠民做好“最后一公里”工作。

二、案例呈现

(一) 提高认识，加大投入，高标准办好“银龄乐学课堂”

社区教育要与时俱进，社区教育工作者更要为人民对美好生活的向往来担当作为。老年教育是今后社区教育的工作重点，是机遇也是挑战，必须迎难而上，举全校之力。2019 年秋季起，学校决定启动老年教育板块，将老年教育列入年度工作计划，组织老师学习老年教育政策与重要性，认清现状，提高认识，为老年教育贡献力量。学校现有专职教师 11 人，其中 9 名党员，长期在第一线，都是社区教育的老兵，教育经验丰富。选派 1 名中层领导负责，安排 2 名教师担任班主任，参与班级管理，其他老师为老年教育志愿服务队队员，另外聘请 30 位兼职老师。学校现有办公室 4 个，专用教室 8 个，阅览室、会议室、名师工作室、舞蹈房、排练室、画室、书法室、电子钢琴教室一应具有。目前已投入 30 万元添置了 16 台电子钢琴、1 台大钢琴、30 个乐谱架、面点制作设备、文件架、小板凳、文房四宝等教辅材料，力求用一流设施、现代化办公条件高标准办好“银龄乐学课堂”。

(二) 精心准备，用心管理，创建内容丰富的老年教育

一是加强宣传，层层发动。老年教育得到了长桥街道政府、社会事业局领导的关心与支持，列入民生实事工程。社区书记、主任也利用会议、老人活动场所宣传老年教育对老百姓的好处。老年大学就在辖区内，周边都是安置小区、楼宇楼盘，就近入学，无后顾之忧。学校印发《招生简章》并通过“长桥发布”微信公众号等途径进行广泛宣传。二是创新方法，主动作为。老年教育工作看似简单，实际上需要花时间去思考。根据老年人的文化程度、喜好、年龄层设置不同的课程。在教学过程中创设有爱的环境，尊重老人，关心爱护老人，让学员在快乐的环境中学习和享受生活。形式上可以采用上课、作讲座、组织外出采风、现场教学等。每学期召开 1～2 次教学研讨会，邀请领导、专家、老师、班长、学员代表参加，共同探讨老年教育问题，及时解决。做好老学员的续学工作，将原来的基础班升级为提高班。每学期新开设几个专业班，让老学员用他们的切身体会去宣传，不仅完成招生指标，有的热门班还爆满。

(三) 悉心谋划，不断创新，打造特色鲜明的老年教育

1. 探索老年教育工作，设立“银龄乐学课堂”。2017 年下半年学校根据长桥街道老年化的特

点，开始谋划学校老年教育工作，设立“银龄乐学课堂”，从健康讲座、文艺演出、摄影爱好者、老年书场、免费电影、蛋糕DIY、手工制作、我们的节日、志愿行动等方面进行老年教育。活动简单易学，让老年人体会到了学习体验的乐趣。2018年结合长桥街道实施的大讲堂项目，学校开设了“百姓摄影大讲堂”，在老年大学中开设老年人专场，取名“银发摄影大讲堂”，受到越来越多老年人的欢迎，培训老年摄影爱好者2 000多人次。他们学习认真，收获满满，觉得学习了摄影，时间过得很快，生活很充实，家庭幸福，身体健康。摄影大讲堂得到了长桥街道老年人的普遍认可，名气也越来越响亮，到长桥街道老年大学学习摄影已经成为一种新时尚。学员们也自觉用图片来宣传家乡日新月异的变化，讴歌这个新时代。

2. 启动老年教育工作，夯实“银龄乐学课堂”。2019年学校完成改建扩容，老年教育迎来了新的发展机遇。学校精心准备，悉心施教，用心管理，根据老年人的文化程度、喜好、年龄层设置不同的课程。在教学过程中，创设有爱的环境，尊重老人，关心爱护，让学员在快乐的环境中学习和享受生活。现在，每天有超过一百位老人来学习知识、体验快乐。老年教育得到了长桥街道老百姓的普遍认可，名气也越来越响亮，到“银龄乐学课堂”学习已经成为一种新时尚。2020年面对突如其来的疫情，学校立即开通老年教育网上课堂，在“乐学长桥”微信公众号上开通老年教育专栏，组织老师视频授课。同时，在做好疫情防控的同时，有条件地开展一些线下教学实践活动，以班级为单位，组建学习团队，每月返校一到二次，参加学习交流活动。为贯彻落实《国务院办公厅印发关于切实解决老年人运用智能技术困难的实施方案的通知》，学校积极响应，想在前、做在先、早动手，从2020年年底开始就启动“智学手机，乐享生活”老年人智能手机学习教学活动项目。通过深入社区、居民服务点开展调查问卷，掌握一手资料，成立项目领导小组，制定活动方案，及时发布活动信息，然后依托社区教育网络，成立社区教育志愿服务队，深入社区和居民学习点，开展常态化社区巡回教学活动，来帮助老年人解决运用智能技术困难问题，跨越数字鸿沟。项目首期实施时间为2021年3月至6月，目前已经先后组织社区教育工作者、志愿者开展送教上门活动15次，服务600多位老年人。同时在“乐学长桥”微信公众号网上课堂开始“智能手机使用”和“微信使用技巧”课程，方便老人网上学习。

图片1 “智学手机，乐享生活”送社区

3. 创新老年教育工作，做强“银龄乐学课堂”。2021 年下半年学校根据发展规划与招生情况，决定秋季开设 31 个班级，聘请 25 位兼职教师，招收学员 650 余人次。热门专业课人气依旧爆棚，摄影、素描基础、气功、广场舞、电子钢琴、古筝、面点制作等班级早早地就满额了。为保证通知到位，老师不厌其烦地拨打学员电话。为了做好疫情防控，学校添置了必要的防疫物资与教学设备，建立“吴中区长桥街道老年大学师生员工个人健康卡”，要求学员进校门戴口罩、测体温、出示苏康码。9 月 27 日是开学的第一天，老年学员们戴着口罩早早地来到学校，在大厅里排队测温、展示苏康码、主动登记信息。进入班级上交健康卡、建立微信群、选出新班长，一系列操作整齐有序，速度之快、热情之高、素质之好，让年轻人都叹为观止。新批次的古筝基础班，因其音色优美，易学，易演奏，深受学员们喜爱；面点班上，学员们专注地看着老师发面、揉面、整形、烘烤，尝到美味的同时也想把这手艺学回家做给自己的家人品尝；太极扇班的学员们被老师那稳健的功架所吸引，纷纷昂首挺胸跟着老师舞起扇子来……

图片 2　老年大学学员弹古筝

三、案例成效

1. 近几年来，学校抓住社区教育发展的新机遇，根据教育惠民的要求，以老年教育为突破口，集中精力，做大做强老年教育，高标准办好“银龄乐学课堂”，为教育惠民做好“最后一公里”工作。老年教育得到了长桥街道政府、社会事业局领导的关心与支持，列入民生实事工程。每天有超过一、二百位老人来学习知识、体验快乐。老年教育得到了长桥街道老百姓的普遍认可，名气也越来越响亮，到吴中区长桥街道“银龄乐学课堂”学习已经成为一种新时尚。

2. 通过近几年的努力，学校的老年教育从无到有、从有到优，口碑好，受欢迎，已成为学校开展社区教育的一个品牌，一张名片。2018 年老年大学参与的“长桥街道百姓摄影大讲堂”名列江苏省社区教育特色品牌项目。2019 年 9 月成为吴中区老年大学协会理事单位。2019 年 10 月因老年教育成绩突出，学校被评为苏州市“创建优秀学习型街(镇)先进单位”。2020 年 9 月分管老年大学的黄龙兴老师获得苏州市优秀教育工作者。2020 年 9 月黄龙兴老师因老年大学班主任工作突出，被评为吴中区优秀班主任。2021 年 3 月成为苏州市老年大学协会理事单位。2021 年 4 月老年大学校长乐菊泉被评为苏州市老年教育优秀工作者。2021 年 4 月 27 日江苏教育电视台头条新闻播出《党建引领、银龄乐学》，介绍我校开展老年教育情况。2021 年 7 月 5 日《苏州日报》刊登报道《“银龄乐学课堂”陪伴幸福晚年》，介绍了学校不断丰富老年教育实践的做法，主要有：针对老龄化现状策划老年教育服务，深入一线调研开发丰富多彩课程，紧随时代呼唤为老年人做实事出成效等。

四、案例体会

1. “银龄乐学课堂”开设以来，近千名老年学员参加学习培训，学到了知识，培养了兴趣，锻炼了身体，提高了素养。社区教育为群众办了一件大好事，教育惠民得到真正体现，也增强了我们办好社区教育的信心。

2. “银龄乐学课堂”为学校开展社区教育的一个板块，红红火火，能否带动其他板块，如婴幼儿早期教育、青少年校外辅导、新市民技能培训、成人学历教育和党员教育等？

3. “银龄乐学课堂”在我们这种社区教育中心校到底发展到什么规模，是不断壮大还是小班化精品教育？

4. “银龄乐学课堂”的教学需要一定的专用教室，如舞蹈房、排练室、古筝教室、电子钢琴教室、瑜伽房、面点制作教室等，目前我们只能与文体中心、天星培训机构等进行资源共享，老年教育的发展还是有一定的瓶颈。

5. “银龄乐学课堂”的教育教学日常管理要跟上，既要人性化，持开放、包容性的态度，又要严格管理，严进宽出，培养合格学员。

五、案例展望

一是积极开发适合当代老年学员需求的专业课程，为他们提供内容丰富、门类较多、不同层次的课程，力争每学年增加 1～2 门具有老年特点和地方特色的文化课程或专业技能课程，形成特色课程与普及型专业并重的格局。二是培植精品课程，从本校实际出发，力争到 2022 年办成 3～5 个精品课程。三是重视教材建设，采取自编、选用等方法，精选适合老年人需要的教材，做到因材施教，因材而学。

“银龄乐学课堂”越办越红火，作为社区教育的一个重要板块，今后在办学规模上，每学期保持 20 个专业，600 名学员，每年投入 20 万元。逐渐形成教学阵地标准化、教学管理精细化、教师专业化、教学内容个性化、服务社会多元化的办学品牌。展望未来，老年教育前景可期，必将大有可为。对于老年教育，要始终抱有情怀，愿意倾注热情，虚心学习，真诚付出，为长桥街道辖区内的老年人办点实事，做点好事，让社区百姓的生活更丰富多彩，幸福指数不断提高。

执笔人：黄龙兴

点评

一、工作特色

“银龄乐学课堂”项目是长桥社区教育中心顺应老龄化社会发展需求，积极作为，为老年人更好地面向社会、融入社会举办的乐学课堂。课堂能充分利用中心教师和志愿者队伍为老年人提供内容丰富的老年教育，自 2017 年成立以来，从无到有，从有到每年逐步增加，深受老年人的喜爱，有近千名老年人受益，是社区教育的重要内容。

二、成功经验

“银龄乐学课堂”项目成功经验在于：一是社区教育发展必须适应社会发展需求，小康社会、老龄社会的到来，为社区教育满足老年人精神生活提供了广阔的舞台。二是有一支热心老年教育的专家和志愿者队伍和丰富的课程资源。三是注重资源的整合，借用文体中心、培训机构等的资源，满足教育的需求。

三、推广意义

随着我国进入老龄化社会，老年教育必将成为社区教育的重要内容。长桥“银龄乐学课堂”的经验做法值得肯定和推广。社区教育中心作为老年教育的重要阵地在师资、课程、管理等方面能进一步提升，更好地服务老年群体。

点评专家
姓　　名：言俊
单　　位：常州市武进区洛阳镇成人教育中心校
职务/职称：校长/高级讲师
联系电话：18912331268

◎ 苏州市吴中区甪直镇人民政府

沐浴书香　追逐梦想

——记 2021 年省级社区教育品牌“甪直镇全民读书节”

品牌 LOGO 设计说明：

“黄红蓝三个人形图案”代表少中老三代，寓意“全民参与”，“在书上奔跑”“绿色信鸽”寓意“读书追逐梦想”。

“甪直 · 2012”字样代表甪直镇第一届全民读书节启动。

一、案例背景

甪直镇全民读书节以“全民读书进机关、全民读书进村（社区）、全民读书进企业、全民读书进学校、全民读书进家庭”为目标，紧扣甪直地方特色和时代脉搏，组织开展形式多样、内容丰富的主题读书活动、竞赛和各类学习型组织的创建，着力提高全镇公民素养，建设和谐文化，培育文明风尚，以人为本，推进学习型甪直建设。

读书节主题鲜明、形式多样，政府主导、条线推动，层层落实、全民参与，品牌知名度高，社会影响深远。自 2012 年以来，甪直镇全民读书节已举办 10 届。

二、案例呈现

为确保读书节活动有效、规范、深入、有序地开展，甪直镇人民政府成立了由各办局、村（社区）等主要领导参加的活动组委会，组委会成员职责明确、分工细致，根据读书节活动方案，层层落实责任、分解任务，确保了每项读书节活动的顺利推进。

每一届全民读书节的启动，政府领导部门高度重视，广泛宣传，营造全民读书的良好氛围。

向各办局、各行政村（社区）、镇属企业及单位、市镇单位、群团部门印发角直镇全民读书节实施方案；利用本地网站、“角直发布”微信公众号，介绍、宣传和展示角直镇全民读书节，多方面引导广大居民积极投身到全民读书节活动中来。角直镇市民学习网为“处处能学、时时可学、人人皆学”的学习社会的构建提供了载体保证。网站现有课程 6 864 门，注册人数达 59 168 人，总学习次数达 2 497 136 次，总学分达 303 731 分。

角直镇全民读书节每年举办一届，每届均有独立的主题，彰显角直特色和时代气息。

第 1 届全民读书节：阅读伴我成长

第 2 届全民读书节：沐浴书香角直，追逐美丽梦想

第 3 届全民读书节：讲文明树新风 · 文明角直人

第 4 届全民读书节：培养依法依规意识，培育和践行社会主义核心价值观

第 5 届全民读书节：崇纪尊规，法治角直

第 6 届全民读书节：根植吴文化，书香满角直

第 7 届全民读书节：学十九大精神，书新角直辉煌

第 8 届全民读书节：学习强国，读书兴镇

第 9 届全民读书节：点燃读书激情，共建文明角直

第 10 届全民读书节：学史悟理，阅美角直

第 6 届（2017）全民读书节以“根植吴文化，书香满角直”为主题，组织开展形式多样、内容丰富的主题读书活动。“根植吴文化，书香满角直”主题读书征文，共收到 508 篇应征稿件，组委会邀请市、区专家进行了评审，评出了一、二、三等奖和鼓励奖。在“根植吴文化，书香满角直”演讲比赛中，参与人数达 292 人，征集到演讲稿 106 篇。在“作风效能永远在路上”主题活动中，全镇开展主题活动 39 次，参与人数达 4 021 人。在青少年读书乐活动中，参加青少年阅读比赛人数达 5 674 人，参加青少年阅读演讲比赛的人数达 182 人，参加青少年诗词竞赛人数达 217 人，评出读书型家庭 215 个。

第 8 届（2019）全民读书节围绕“学习强国，读书兴镇”的主题，着力推进建设和谐社会，培育文明风尚，提高居民综合素质，践行社会主义核心价值观，开展了形式多样、内容丰富的主题读书节活动。开展以“学习强国，读书兴镇”为主题的“阅读悦美”征文活动，共收到 242 篇应征稿件，组委会邀请市区专家进行了评审，评出了一、二、三等奖和鼓励奖。开展“强国使命　青年担当”五四青年节“学习强国”知识竞赛活动，通过预赛选取六个参赛队进行现场比赛，以检查使用“学习强国”平台的学习效果和各党支部开展学习的情况。“学习强国，书香校园”青少年读书乐活动中，参加青少年阅读演讲比赛人数达 152 人，参加青少年诗词竞赛人数达 187 人。在开展“学习型”家庭寻访活动，共评出 10 户学习型家庭。

2018 年 10 月 26 日—10 月 28 日，苏州市全民终身学习活动周在角直古镇江南文化园开幕。本届全民终身学习活动周的主题是“推动全民终身学习，服务苏州高质量发展”。开幕式上，联合国教科文组织为苏州市“城市社区学习中心（CLC）能力建设总项目组”揭牌，省教育厅授牌吴中区为“江苏省社区教育示范区”。

2021 年 4 月 23 日（第 26 个世界图书与版权日），“书香吴中 悦读越美”2021 年吴中区全民阅读节暨“学史悟理 阅美角直”角直镇第十届全民读书节在角直正式启动。本次全民读书节将开展以“学史悟理，阅美角直”为主题的主题读书征文活动；开展“学史悟理，薪火传承”主题活动；开展“学史悟理，卷说党史”主题活动；开展“学史悟理，入脑入心”主题活动；开展青年“学史明志 致

图片1 甪直镇第10届全民读书节开幕式

知励行"活动；开展"在甪直 读叶圣陶"青少年读书乐活动；开展"每天一诗"诵读活动及"每周一得"读书会；开展诗词阅读竞赛等形式多样、内容丰富的活动。

每年读书节甪直镇社区教育中心采购图书，赠送给18个村(社区)农家书屋，十年共计赠送两万余册。这批书籍既有诗集、小说等文学作品，也有有关心理健康、农作物种植等作品，希望能够帮助村民们增长知识，开拓视野。

三、案例成效

甪直镇近几年掀起全民读书高潮，在工厂车间、田间地头涌现出博克集团李君图、好特斯沈坚等2位江苏省百姓学习之星和澄湖村陆雷刚、江湾村张志平等2位吴中区学习之星。

(一) 主题鲜明、形式多样

甪直镇全民读书节主题取材于甪直地方传统文化和时代发展主线相结合，具有鲜明的地方特色和时代气息。读书节有读书征文、演讲(诵读)比赛、知识竞赛、宣卷、亲子阅读、主题沙龙、市民学习网网络学习、热爱读书好少年、全民学习好公民、学习型家庭评比等活动。形式丰富多样，内容精彩纷呈，深受社区居民的欢迎。

(二) 受众面广、影响深远

甪直镇全民读书节在甪直镇人民政府倡导下，工会、妇联、团委、社会事业局等各条线深入发动，均有独立的读书节活动计划；各镇属单位、中小学校、村(社区)、行业企业积极参与，形成了全社会全民参与阅读的良好风尚；甪直镇全民读书节活动覆盖全镇所有机关企事业单位和18个村(社区)，年均参与10余万人次；《扬子晚报》、中国江苏网、苏州文明网等媒体争相报道甪直镇全民读书节，读书节品牌理念深入人心，社会影响力和知名度不断提升。

（三）根植角直、彰显特色

角直镇全民读书节积极倡导居民终身学习，引导居民开卷有益，形成了“在角直，读叶圣陶”“传承宣卷文化，弘扬角直榜样”等独具江南文化特色的读书节品牌。各村（社区）农家书屋、角直光影墅、青年旅馆、作文基地等给居民及游客提供了广阔的公共阅读空间，进一步弘扬了角直传统文化，彰显了角直书香特色。

四、案例体会

角直镇社区教育中心在镇党委政府统筹领导下，充分挖掘和整合资源，继 2011 年建设开通角直镇市民终身学习网，开创性地引导市民数字化学习方式，2012 年又创新举办首届“角直镇全民读书节”活动，目标是推进全民阅读、满足广大群众日益增长的精神文化需求、为城市建设发展提供精神动力与智力支持的重要载体。

深入推进全民阅读，着力培育角直精神、丰富角直内涵、提升角直品味。引导广大市民在读书中体味人生、感悟生命；在读书中陶冶情操、健全人格，在读书中成人成才。实施过程中进一步统一思想，科学谋划，突出重点，积极创新工作载体，不断丰富学习内容和学习方式，努力营造“角直镇学习之乡，角直人读书人”的氛围，全面提高全民学习实效，深入推进学习型角直建设。

历经十载，角直镇全民读书节越办越红火，越办越专业，形成了政府主导、部门协调、多方落实、层层推进、全民参与的操作模式。近三年依托吴中区全民阅读节、苏州市全民终身学习活动周，不断创新举办方式，提升活动质量，展示学习成果，扩大社会影响，角直镇全民读书节逐步成为角直镇家喻户晓、江苏省极具影响力和知名度的社区教育品牌。

五、案例展望

角直镇全民读书节坚持与时俱进，年年举办年年不一样。从活动覆盖人群看，刚开始主要以中小学校学生为主，现今实现了企事业单位职工、农民、社区居民的全覆盖，今后更要覆盖到新市民、游客等流动性大的群体；从读书节组织形式看，从最初的室内会场开会布置任务表彰先进，到现在的室外搭台展示成果弘扬典型，让更多的居民得以直接参与和融入学习氛围，更具开放性和包容性；启动仪式也更注重呈现深厚的历史文化底蕴和鲜明的现代质感。

图片 2　特色活动：在角直　读叶圣陶

一是要积极打造读书节特色活动品牌。在原有“在角直，读叶圣陶”、“传承宣卷文化，弘扬角直榜样”等特色活动品牌基础上，通过发掘古镇资源，与镇团委、妇联、旅游公司等开展项目合作，努力培育“生生稻草香　秋意小确杏”亲子阅读、“光影墅”文艺青年等活动品牌。

二是要重视公共阅读空间建设，让阅读走进景区、书店、影院、产业园等公共场所，更好地激励和引导新市民、游客群体爱读书、读好书、善读书。创建“市民学习苑”，根据苏州市社会教育服务指导中心学习苑建设标准，充分发挥社区教育职能，贴近百姓学习需求，服务广大市民，深入发掘整合资源，创新项目化运作模式，宣扬角直文化，建设学习型角直。

三是要重视社区教育成果展示。在全民读书节启动仪式上，利用展位、巡演等充分展示社区教育成果，弘扬学习之星，感召更多的角直居民为践行“争当表率、争做示范、走在前列”重大使命、开创“强富美高”新角直建设新局面书写出精彩的“角直篇章”。

执笔人：朱明龙

点评

一、工作特色

“角直镇全民读书节”项目是社区教育中心落实全民终身学习的一个重要抓手，具有以下特色：一是形成了良好的机制，政府主导，社区教育中心协调，多部门协同，全民参与。二是主题鲜明，有地方性、时代性，有生命力。三是形式多样，方式灵活，影响深远，成效显著。

二、成功经验

“角直镇全民读书节”的成功经验在于：一是社区教育发展要与时代发展大背景相融合，十六大提出全面建设小康社会宏伟目标时指出，要加强学习型社会建设，促进人的全面发展，社区教育中心倡导的这个项目必然会得到当地政府的大力支持。二是活动开展的持久性。任何一个好的项目，只要能坚持做，一定会取得成功。三是主题的特色性、内容的丰富性、形式的多样性是项目深入持久开展的源泉。

三、推广意义

“角直镇全民读书节”的推广价值，在于社区教育工作应紧扣时代主题，得到地方政府的重视和支持。社区教育工作要善于坚持，久久为功。社区教育工作要善于接地气，挖掘地方传统文化资源，彰显地方特色。

点评专家
姓　　名：言俊
单　　位：常州市武进区洛阳镇成人教育中心校
职务/职称：校长/高级讲师
联系电话：18912331268

◎ 苏州市昆山市周庄镇社区教育中心

打造“文化船娘”品牌　提升水乡旅游品位

——记 2021 年省级社区教育品牌“文化船娘”

品牌 LOGO 设计说明：

1. 主体图案为阳光下摇着橹唱着歌的水乡姑娘，体现周庄文化船娘青春靓丽、热情奔放、积极向上的美好形象与时代风貌。

2. 上角五彩弧形线条，为桥、为虹，亦可为水波，含文化世代传承、沟通心灵、美好情感之意，并突出水乡元素。

3. 下角汉字标识“文化船娘”及“周庄”点明品牌主题及地域。

4. 底部为“文化船娘”英文，体现周庄“文化船娘”名扬海外国际知名度。

一、案例背景

周庄历史悠久，文化厚重，因其灵秀的水乡风貌，独特的人文景观，质朴的民俗风情，成为江南水乡的典型代表，有着“中国第一水乡”、国家 5A 级景区的美誉。改革开放伊始，周庄凭借得天独厚的水乡古镇自然资源，大力发展旅游业，带动其他产业迅猛发展。在过去相当长的时间里，水乡旅游成为国内旅游的热潮。周庄旅游业凭借先天条件好、自然资源足、开发起步早等优势，在苏南地区几乎独享其利，旅游业很快成为周庄全镇的支柱产业，在地方经济发展中起到了举足轻重的作用。然而，随着周边乡镇相同类型的众多景区的不断开发崛起，特别是国内外旅游消费者对旅游内容要求的增加与提高，依靠传统自然资源的周庄“水乡旅游”受到越来越大的冲击，近几年开始出现客源分散，游人锐减，行业发展势头受到抑制。对此，周庄镇提出了“拓展旅游内涵，升级旅游服务，振兴旅游产业”的战略构想。根据地方政府的年度工作重点，结合周庄实际情况，周庄镇社区教育中心于2016年第二季度联合江苏水乡周庄旅游发展有限公司开展了打造“文化船娘”团队、提升水乡旅游品位、创建“文化船娘”社区教育品牌活动。

二、案例呈现

周庄是个典型的江南水乡，游客坐在船中沿河观赏两岸景致，最能领略水乡古镇独特的魅力，因此，水上游是前来周庄旅游的中外游客首选的内容。周庄古镇区目前拥有游船超过百条，游船从业者超过200人，其中女性从业者超过150人。游客把她们称作“船娘”。“船娘”的形象直接体现周庄旅游的形象，甚至影响到整个周庄的形象。有鉴于此，镇社区教育中心设想以“文化船娘”为桥梁，探寻周庄旅游经济转型升级之路，决定建设“文化船娘”社区教育品牌，把“打造‘文化船娘’团队，提升水乡旅游品位”作为一项实践，去探索、创新社区教育的新模式，更好地发挥社区教育提升居民素质、丰富居民精神生活需求，服务于地方经济建设的功能。

（一）创新活动形式，保障工作进程

周庄镇社区教育中心专门成立“文化船娘”品牌项目建设工作组，根据周庄地方教育资源特色，创新社区教育工作机制，以追求社区教育成效的最大化。

1. 坚持正确思想引导。坚持以党中央、国务院有关社区教育的一系列方针、政策、举措为指南开展社区教育工作，坚持以正确的社区教育思想与理念指导社区教育实践，坚持把外地的先进经验与本镇的地情、民情相结合的基本方针，积极配合学校开展本镇的社区教育工作。

2. 依靠组织机制保障。坚持以政府主导为基础、学校为龙头的社区教育三级网络体系，从制度建设、组织考核、经费来源、人力资源等方面保障本镇社区教育及各项实验研究的有序、稳步地发展。

3. 加强理论建设。积极配合中心的指导作用，依托社区教育三级网络体系，群策群力，优势互补共同开展社区教育的理论研究。坚持理论与实践相结合和自主创新的原则进行社区教育理论研究。

4. 注重协同作战。社区教育是一项大规模的长期的社会系统工程，因此既要分工明确，各司其职，又要注重与相关部门的协调与合作，充分发挥整体效应，确保实验顺利进行。为此，积极联合镇旅游公司开展“文化船娘”团队建设和“文化船娘”品牌打造。

5. 勇于探索创新。坚持深入民间调查研究。因地制宜、最大可能利用本地文化资源作为船娘培训的教材内容，大胆实践，创出水乡特色，打出周庄品牌。

（二）创新活动特色，扩大品牌影响

以打造“文化船娘”团队为抓手，创设“船娘山歌”与“游船吃讲茶”两大服务项目为品牌特色。

1. 以点带面展开实验

由于历史的原因，周庄船娘分为两种性质，一是原有的从事“船上作业”的居民，如渔民、小商贩、水上搬运工等，古镇旅游业伊始她们就开始摇船载客成为“船娘”，后来统一收编为公司临时工。二是旅游公司成立船队之后向社会公开招聘的女性正式员工。前者年龄都比较大，文化水

平较低;后者年轻,文化基础较好(初中以上)。工作组于 2016 年 4 月先从公司正式员工中选拔 25 名组成首批“文化船娘”进行培训,以此作为骨干,带动古镇全体船娘的转化。在试点取得成功的基础上,总结经验,进行普及推广,2016 年 10 月开始,对全体船娘进行培训,取得了预期效果。

2. 围绕“文化”进行培训

工作组以职业道德、文明礼仪、水乡历史、民俗精华为主要内容,围绕“文化”这一基点,对船娘展开有组织、有计划的培训。在提高船娘专业素质与技能的同时,提高他们的文化素养。特别是帮助她们了解、熟悉周庄古镇的发展历史、人文故事、民间习俗等水乡文化元素,一方面激发大家对家乡的自豪感,另一方面为游客提供更全面优质的服务。为此,工作组编写、发放了《文明礼仪》《周庄村落》《周庄山歌》《民俗周庄》等读本。

图片 1　文化船娘接受培训

3. 再现“船娘山歌”提升服务品位

周庄是个江南古镇,历史悠久,人文荟萃。水乡风貌得天独厚,民俗风情绚丽多彩,文化底蕴丰富厚重。斯土斯民,斯景斯情,滋生出丰富多彩的民间文艺争奇斗艳,周庄山歌便是其中一枝奇葩,历经千年风雨沧桑,至今依旧流芳飘香。周庄人喜欢听山歌,亦喜欢唱山歌。古镇街头,农家院落,街坊相约,邻人相聚,常有山歌唱响,欢声四起。随着古镇旅游事业的蓬勃发展,“中国第一水乡”的游船上,“周庄船娘”吴侬软语的山歌,听得中外游客如此如醉。为此,工作组深入民间调查收集民间“山歌”,在此基础上进行筛选,编写了《周庄山歌》读本供船娘使用。聘请专业人员辅导船娘学唱山歌及地方戏曲。

4. 创设“游船吃讲茶”丰富旅游内涵

“周庄吃讲茶”是周庄社区教育成功创建的一个国家级社区教育品牌,目前已经在全镇各社区、行政村建立起吃讲茶分会,定期开展“吃讲茶”活动。项目组通过旅游公司内部“吃讲茶”活动,一方面对船娘开展各类培训,另一方面将茶桌搬进船舱,与旅客在游船上“吃讲茶”,丰富了水乡旅游文化新内涵。

5. 参与文化精品打造扩大品牌影响

《四季周庄》是周庄镇聘请国家级专业团队精心打造的一出大型原生态情景剧，有专门的演出人员、固定的演出场所和演出时间，每晚观众超过 500 人次，在本镇居民及广大游客大众中影响巨大。项目组邵培兴老师参与该剧目的创新改编，将包括“文化船娘”在内的更多的水乡民俗文化的元素融入到剧情之中，使该旅游文化品牌精益求精，更具地方特色，也使“文化船娘”得到有效宣传，扩大了社会影响，受到剧目组及广大观众的肯定与好评。

三、案例成效

（一）成功打造了“文化船娘”团队

团队先后获得“昆山市文明示范窗口”“苏州市水上运输安全管理先进单位”“江苏省巾帼文明示范岗”“第十一届社会主义精神文明十佳新人新事提名奖”“国家级巾帼文明全国三八红旗集体”等多项荣誉。团队人员吴娟荣获江苏省“优秀共产党员”称号。“文化船娘”团队，目前已由江苏水乡周庄旅游发展有限公司申报为江苏省旅游优秀服务品牌。而如今，每逢节假日，这些表演团队活跃在街头巷尾和社区内的湖滨、草地，为社区居民和游人们增添无限的生活乐趣和文化色彩，成为古镇一道道亮丽的风景，深受社区居民及中外游客的欢迎与好评。

（二）创设了“船娘山歌”与“游船吃讲茶”两大服务项目

“船娘山歌”如今已成为周庄旅游新亮点，船娘们每天摇着小小的游船，载着中外游客，唱着悠悠小曲，穿梭在古镇的水巷之间，既成了热情周到的旅游工作者，同时又是美丽动人的水乡文化传播者。她们的代表吴娟应邀去到意大利参加米兰世博会，在同样是水乡的威尼斯，她在异国的游船上唱响的由周庄山歌改编的《周庄好风光》等水乡小曲，让无数人为之倾倒！人们称其为“周庄的文化船娘，水乡的文化大师”。“船娘山歌”的创新举措，有效地提升了水乡旅游服务的品位。不仅丰富了水乡旅游的文化内涵，有效提升了水乡旅游品位，而且拓展了社区居民文化活动

图片 2　吴娟在威尼斯展示船娘风采

的舞台，扩大了社区教育的影响。

通过旅游公司内部“吃讲茶”活动，一方面对船娘开展各类培训，另一方面将茶桌搬进船舱。中外游客置身小船之中，在观赏水乡美景的同时，喝一口香茗，品几种特产，听船娘吟唱优美的水乡山歌，或者讲述生动的故事传说，无不陶醉其中。“文化船娘”与旅客在游船上“吃讲茶”，与游客开展互动，在提供优质服务的同时，春雨润物一般传播着水乡文化，丰富了水乡旅游的新内涵，受到广大游客的欢迎。

（三）课程建设有成效

品牌建设过程中先后编印《文明礼仪》《周庄村落》《周庄山歌》《民俗周庄》等多个读本不仅为“文化船娘”培训提供了鲜活的教材，同时作为市民读本印发，丰富了居民的精神食粮，受到广泛好评。周庄镇社区教育中心摄制的微视频《船娘山歌水乡情》《我的水乡舞台》分别获得“传统文化进社区”微视频大赛全国一等奖和苏州市一等奖。项目组写作发表研究论文、案例等6篇。

（四）广受新闻媒体关注与报道

《光明日报》、《新华日报》、《昆山日报》、中央电视台、江苏电视台、东方电视台、昆山电视台等多家新闻媒体曾先后采访报道“周庄吃讲茶”“周庄船娘”相关活动；大量“文化船娘”的文字图片在互联网传播，名传中外。“文化船娘”这一社区教育品牌在苏南各乡镇形成了广泛影响，产生了较大的辐射效应，起到了一定的示范引领作用。

四、案例体会

“文化船娘”教育品牌的成功创建，给予我们最深刻的体会是民俗文化的继承创新和典型人物的示范引领是社区教育品牌建设的有效模式。

（一）民俗文化是得天独厚的社区教育资源

民俗文化是传统文化重要组成部分，因其来源于民间，历经时间的沉淀，独具地方特色、亲和力强，为百姓喜闻乐见，是得天独厚的社区教育资源。但传统民俗文化用于现代社区教育应当有所选择，弃其糟粕，取其精华，并加于形式和内涵的创新。“文化船娘”教育品牌最大的亮点在于“船娘山歌”与“游船吃讲茶”。两大特色的形成都来源于水乡传统民俗文化，从形式到内容都经过了发掘继承与整合创新，与时俱进，古为今用，从而受到了广大社区居民和游客的欢迎与好评，很好地起到了丰富水乡旅游文化内涵，提升水乡旅游品位的作用。

（二）典型人物示范引领

文化船娘中的吴娟先后获得省、苏州、昆山多项荣誉，她所在的“万船娘”船队获“全国巾帼文明示范岗”“全国三八红旗集体”等荣誉称号。团队建设她是标杆，品牌展示她是亮点，曾经以旅游大使的身份远赴威尼斯展示中国江南水乡“文化船娘”的美好形象，影响海外。以吴娟为周庄“文化船娘”杰出代表，引领周庄船娘积极向上共同打造品牌，在国内外都产生了知名度，扩大了品牌的社会影响。

五、案例展望

(一) 以品牌效应积极助推乡镇社区教育特色创新

社区教育品牌建设旨在挖掘传统文化资源,提高社区居民精神文化水平和素质,促进居民全面发展,形成一系列品牌效应,从而推动地方经济建设。在社区教育中聚焦品牌,渗透品牌理念,深化品牌内涵,提升品牌凝聚力,扩大品牌影响力。在建设社区教育品牌中,发挥社区教育在传承中华优秀文化、弘扬社会主义核心价值观、推动社会治理体系建设、服务人的全面发展等方面的作用。

(二) 以品牌发展全面促进乡镇社区教育内涵提升

"文化船娘"品牌需要不断发展完善,使其进一步扩大影响,发挥更大的品牌效益,为周庄社区教育水乡特色发光添彩。而古镇周庄水乡风貌灵秀,人文景观丰富,民俗风情独特,深入发掘周庄悠久厚重的历史文化资源,把优秀的水乡传统文化作为注入周庄学习型社区建设和周庄旅游发展的新能量,开发建设更多更好的社区教育新课程、新品牌,从而全面促进本镇社区教育内涵提升。

执笔人:邵培兴

点 评

一、工作特色

“文化船娘”是周庄社区教育中心结合本镇产业特点(周庄是一个旅游重镇，“文化船娘”是周庄旅游业的代言人)，联合旅游公司打造的服务团队，该项目特色鲜明：一是善于利用本地旅游资源。二是善于抓住社区教育发展机遇，2016 年后“水乡旅游”受影响，社区教育中心能围绕政府工作重点，实施“旅游业”转型升级战略，开展培训项目。三是善于抓住社区教育重点：文化培训。

二、成功经验

“文化船娘”紧扣地方党要政府的工作要点，整合多方资源，创新活动形式，彰显了社区教育服务地方经济发展，提高居民素质的功能，切合社区教育的发展规律。

三、推广意义

“文化船娘”的推广价值在于，社区教育工作，首先要与国家战略相适应，并紧紧围绕地方党委政府的重点工作，才能更好地体现其价值和作用，其次要充分挖掘本地社区教育资源，服务地方，成就自我。

点评专家
姓　　名：言俊
单　　位：常州市武进区洛阳镇成人教育中心校
职务/职称：校长/高级讲师
联系电话：18912331268

◎ 南通市如东县洋口镇社区教育中心

因地制宜，深度开展农民职业转移培训

——记2021年省级社区教育品牌“如东沿海园区学习中心”

品牌LOGO设计说明：

1. 如东县洋口镇地处南黄海之滨，位列长三角国家开发战略前沿。标识由鱼和浪花组成，象征着“如东沿海园区学习中心”品牌在如东沿海经济开发区（洋口镇）社会经济的发展之中如鱼得水。

2. 三条多彩的鱼间着三朵浪花，寓意着学习中心品牌项目首创的“社区教育中心、园区企业、对口专业高校——三位一体”的办学模式。

3. 三朵浪花也象征着学习中心品牌项目面向农民转业的新职工的“上岗技能培训＋专业学历培训＋文明实践活动”的三大条块的服务内容。我们的项目必将如南黄海的涌潮一样在乡村振兴、服务地方经济高质量发展中奏响欢快的乐章。

一、案例的背景

如东县洋口镇（沿海经济开发区）化学工业园区始建于2004年2月，地处国家战略长江三角洲区域一体化发展区域，“倚江傍海靠上海”是如东沿海经济开发区最大的区位优势。近年来，随着园区的不断发展，已入驻企业主要为农药、医药、化工中间体等传统精细化工企业100多家。2020年全区工业企业完成应税销售突破330亿元。

园区内现有职工3万多人，年龄20～45周岁占70%。企业员工主要来自以下几方面：一是搬迁企业原有职工；二是高等院校毕业生；三是本地农村富余劳动力；四是外来务工人员。其中

三、四两项就是我们开展农民职业转移培训的对象和主体。如东沿海园区学习中心是我们洋口镇社区教育中心为服务园区人才队伍建设而创新实施的一个特色项目，项目旨在通过镇社区教育中心牵头，整合各种办学力量和资源，对园区职工进行常规技能培训和专业学历培训，并组织开展职工文体活动等，凝聚园区职工的人心，提高员工队伍的整体素质，促进园区经济的可持续发展。

二、案例的呈现

1. 项目设立

通过深入调查研究园区各类人员的现状，根据企业里由传统农民（工）转岗过来的职工的培训的行业性、系统性和连续性现状，考虑到企业未来发展对人力资源的需求和专业农民自身发展的规划要求，从 2017 年开始，政府规划园区所有职工培训工作由镇社区教育中心统一负责，实现统一管理，统一计划，统一安排。按照企业需求，分专业类别、学历层次、生产安排、文体活动等，切实加强宏观管理，做到统筹规划，有序进行，确保企业职工培训任务分级分层分类地抓好、抓实、抓出成效。与此同时，将企业的职工培训等工作纳入园区对企业的考核指标体系之中，激发企业支持职工参与培训的内在动力。

开展农民职业转移培训，我们不停留于传统的办技术讲座、上岗技能培训的低级层面，转而进行中高等专业技术培训以及转业农民职工的中高等学历培训。一方面，园区坚持“走出去”和“请进来”，鼓励园区企业与高校院所开展产学研合作，大力招引高层次技术和管理人才；另一方面，社区教育中心不断探索提升企业管理层、企业职工能力和素质提升新途径。为此，社区教育中心与常州工程职业技术学院进行了深入探讨和交流，并在国家开放大学的支持下，成立了国家开放大学石油和化工学院如东沿海经济园区学习中心。园区学习中心的创立，有效解决了转业农民职工的个人素质能力提升需求与工作时间冲突的矛盾，得到全区企业和职工的广泛关注和热烈欢迎。

2. 项目实施

我们高水平定位学习中心的办学目标：立足园区，辐射苏南，服务化工企业转型升级，提升在职员工（转业了的农民）的专业素质，为绿色、安全化工提供人才支撑。我们明确学习中心的主要任务：开展招生、教学、辅导、考试、学生管理和特定课程开发等工作，为园区内外的学员提供学习支持服务，致力于园区化工人才队伍的建设，为园区高水平可持续发展提供技术保障和人才支撑。我们的口号是：打造一流的学习中心，深度开展农民转业培训，助力乡镇经济高质量发展。

为了建设管理好学习中心，我们成立了由沿海经济开发区管委会主任吴劲松为主任，开发区行政执法局张德军局长和常州工程职业技术学院的施福新副校长为副主任的中心管理委员会，学习中心由社区教育中心张红兵校长和常州工程职业技术学院的韩连权主任为首成立工作组，下设招生工作组、教学工作组、学生管理及支持服务工作组、课程资源维护及开发工作组。强有力的组织管理体系、科学务实的工作作风确保了园区学习中心首批招生工作的顺利进行。

3. 项目运行

由于学习中心的开办紧紧契合了园区发展对人才培养的实际需求，协办单位常州工程职业技术学院的管理和教学水平值得我们信赖，加之学习中心的招生工作得到了园区管理部门以及各大中企业的响应。

图片 1　2021 年 3 月 10 日如东园区学习中心在园区会议中心举办环保技术培训活动

2019 年 9 月 3 日，如东沿海园区学习中心正式挂牌，11 月 10 日举行了首届学历班的开学典礼；2010 年 5 月 9 日、11 月 9 日分别举行了春秋季的开学典礼（线上）；2021 年 4 月 24 日举行了春季开学典礼。目前，学习中心学历班共有四届 4 个大专班（工业分析技术专业）、4 个本科班（化学工程与工艺专业）共 715 名在读学员。学习中心每季招生前，举办招生推介会、新报名学员的培训会；开学典礼后，分班分组组织开展线上教学活动和线下培训，每年举行两次集中阶段性学业测试。学习中心将书面测试的学分和企业实际操作考评的学分综合起来，合格者方可取得毕业证书。

与此同时，学习中心利用园区职工活动中心的平台，组织开展（农民转业的）园区职工的安全操作、安全救护、环保技艺、相关法律法规等的培训；定期开展园区职工的党建、文明实践以及文体活动。

三、案例的成效

项目的实施极大地提升了园区发展的品质。如东园区学习中心实施集约化的培训项目，使得各企业原有的管理人员和职工的理论知识和操作技能更上一个新的台阶，更主要的是将历年招收的农民转业的职工和外来务工人员纳入重点服务对象，全方位地为他们的转岗、上岗提供培训服务，从基本的安全、环保等的基础培训，到高层次的学历提升培训；从理论技术层面的培训，到党建、文明创建、文体活动等意识形态层面的培训。我们称之为“现代农民专业培训的 2.0 工程”或者“对农村富余劳动力的深度培训”。学习中心目前在读学历班学员 700 多名，每年举办各类集中培训 20 多场次，参培职工 1 万人次以上；每年开展各级各类党建、创文及文体活动 10 多场次，参与职工也有 1 万人次以上。

以学习中心为龙头的现代农民专业培训为我们社区教育中心赢得了许多荣誉。2019 年获评南通市社区教育（特色）品牌项目，2019 年学习中心在“中国职业教育与石化产业高峰论坛”上做了题为《加强中心科学化管理，促进园区高水平发展》的经验介绍。经验文章《为长三角精细化工产业发展培养急需的化工人才》发表在《化工职业技术教育》2019 第 5 期上。2020 年学习中心获评国开石化学院优秀学习中心。

四、案例的体会

1. 摸索现代农民专业的深度培训的服务理念

社区教育服务社区、服务“三农”，是我们的宗旨。随着像如东洋口这样的新型工业化乡镇的兴起，我们的社区教育工作也要从传统的“服务三农”的狭义圈子中跳出来，树立更广义的“服务三农，助力乡村振兴”的理念。把专业的农民工组织起来，开展全方位的培训服务工作。这样，有利于农民转岗实现增收、园区企业从业人员素养提高带动企业的发展、乡镇经济的发展推动更多的社会事业的发展。

2. 探索“校—企—校”的合作办学途径

传统的企业职工培训都是“校企”合作的单一模式。由于校企之间的信息不畅，产生了合作形式单一、合作规模小、合作时间短等诸多制约企业职工培训的不利因素。我们在做好农村社区教育中心服务“三农”的基础上，创新“校—企—校”的合作办学途径，协调整合职工培训的课程（国开石化学院）、师资（常州工程职业技术学院）、教学场所（洋口社区教育中心）、操作场所（园区龙头企业标准化车间），借助学习中心的平台做好全面的质量管理。

3. 社区教育中心大有可为、大有作为

不少社区教育工作者抱怨乡镇社区教育不被社会重视，被边缘化。我们认为恰恰相反，我们社区教育工作在政府领导和社会各界的关心下，影响力是我们自己争取来的，做出来的。我们主动作为，深入农村村组和园区企业了解农民专业培训和企业职工培训的需求；在政府主管部门的帮助下，确立园区学习中心的项目，并与高校协作获得学习中心的项目资质。确立学习中心后我们从专业设置、招生、辅导、考试到（转业农民）企业职工的文体活动等的服务，这些无不倾注了我们社区教育工作者的大胆探索、辛勤劳动和真诚沟通。目前政府对项目的实施非常满意、企业对项目的实施热烈欢迎、职工对项目的热情逐步提高，这就是对我们的工作的最大肯定和褒奖。

图片2　2021年5月25日如东园区学习中心举行职工篮球联赛

五、案例的反思与展望

学习中心就是一所缩小版的地方大学。学习中心的创办是一项极其繁琐的工作，包括前期沟通、计划制定、培训实施、后期服务等，其中涉及与政府、企业、高校等许多部门的沟通、联系、协商。在项目之初，这些工作每一环都非常具有难度，但当项目顺利实施，形成一个较为完善的培训体系后，各相关部门和单位也就能紧密配合，顺顺利利地完成好培训工作，可以说只是万事开头难。现在我们学习中心的各项工作均处于全国 26 个学习中心的领先位置。

在项目的实施过程中，我们也看到，各界对学习中心的了解还不深入，对学习中心能不能为企业提供好的培训服务的认识还处于初始阶段，对学习中心普遍存在不很信任的现象，要让大家真正认识到学习中心的作用任重而道远。真正要实施好企业职工培训，要脚踏实地地去做，争取各界的支持，尤其是得到企业的认可，目前我们做得还远远不够。要把这种模式进行推广也有许多工作要做，更要加强与外部资源的合作。

随着如东园区学习中心项目的实施，园区管委会拟在园区内投资上千万元建设园区职工实训中心。学习中心项目也将立足园区，辐射周边，对更大区域内的转业农民提供更多的培训服务。

执笔人：缪卫民

点评

一、工作特色

“如东沿海园区学习中心”项目，紧密跟踪当地社会经济发展的需要，被园区政府赋权实施对人才培训的“统一负责，统一管理，统一计划，统一安排”，同时将企业的职工培训等工作纳入园区对企业的考核指标体系之中。项目运转的组织化程度高，培训服务适需结合，极大地提升了园区发展的品质。

二、成功经验

“如东沿海园区学习中心”项目，采用“社区教育中心＋园区企业＋对口专业高校”三位一体的办学模式，通过“上岗技能培训＋专业学历培训＋文明实践活动”的模块组合和清单服务，实现“立足园区，辐射苏南，服务企业转型升级，提升在职员工的专业素质，提供人才支撑”的目标。

三、推广意义

社区教育中心如何服务地方经济社会的发展，如何争取政府的支持和信任，如何通过高品质的培训提供可持续技术保障和人才支撑，“如东沿海园区学习中心”项目的实践，为我们做出了有益的尝试，值得推广学习。

点评专家
姓　　名：郑青
单　　位：江苏省成人教育协会
职务/职称：秘书长
联系电话：13851812637

◎ 南通市如东县曹埠镇社区教育中心

深耕家庭教育　助力乡村振兴

——记 2021 年省级社区教育品牌如东县曹埠镇“美华家长学吧”

品牌 LOGO 设计说明：

该标志由圆形、星星、手和人构成，干净利落的线条和形状，给人一种亲和力。

1. 圆形：代表圆满、圆润与和谐；圆环为“蓝色”，会让人联想起天空和海洋，它意味着信任、自信、才智和真理，并为人们带来心灵的和平与安宁。

2. 星星：一方面象征着人的智慧光芒，另一方面七颗星代表曹埠镇的七所学校，象征曹埠镇“美华家长学吧”携手辖区学校深耕家庭教育的美好发展前景。

3. 手：家长学吧和七所学校合力，犹如一双手，托起一个个家庭，传递了学吧对社会、对家庭、对孩子使命般的关爱情怀；手的颜色采用“绿色”，体现了学吧“以人为本、时尚学习、服务为核”的理念。

4. 人：是家长与孩子的组合，体现了融洽及和谐的关系，家长的人形巧妙组合又似英文字母“M”、孩子人形又似“H”，“M”和“H”正是“美华”的拼音首字母。图标以中间的人为中心(也可以说以两个字母为中心)，整个 LOGO 设计看起来非常平衡。

一、案例的背景

如东县曹埠镇位于风光旖旎、环境宜人、交通便捷的如东南大门，与南通市区接壤。全镇总面积 92.5 平方公里，总人口 4.691 万，农民人口 2.254 4 万，下辖 3 个居委会和 6 个行政村。国道 228 线横贯而过,“通洋高速”“海启高速”在此交会,曹埠镇直接融入上海 1.5 小时经济圈。多年来,曹埠镇十分重视教育发展,教育质量位于全县上游。特别是社区教育,在全县乃至市内、省内都有较大影响。曹埠社区教育中心作为创建教育强镇的一个重要组成部分,在推动曹埠教育事业向前发展和教育整体优质发展中成为一个亮点。

在曹埠社教工作中,对于青少年成长工作的关注和促进从来没有止步。2017 年,曹埠镇社教中心通过深入调研种种教育和社会现象,发现受父母或者其他监护人等家庭教育主体自身知识、能力等方面因素的限制,本地区的家庭教育问题极为棘手和紧迫,意识到强化家庭教育是弥补学校教育短板、强化未成年人综合教育的基础性教育工作。基于此,曹埠镇社区教育中心于 2017 年 10 月向镇妇联反映问题,提出建议,在镇妇联的指导、帮助下,在县教体局分管领导的关心、协调下,2018 年初,由该中心张美华老师牵头组织,镇中小学、幼儿园分管领导、优秀班主任或思政课骨干教师,镇妇联等机关或村企热心公益事业且有专长的人士共同创立了“美华家长学吧”。

该学吧积极探索政府、社区、学校、家庭等不同层面的家庭教育协作新模式,充分利用地域优势,将一些社会性的优质资源和力量引入到家庭教育活动中,通过为教育主体提供家庭教育的内容、方法等要素支持,增强其落实家庭教育责任的现实能力。同时,该学吧对社会性教育力量如何融入乡村家庭教育这一问题进行了系统性的梳理和针对性的分析,以乡村教育发展助力乡村全面振兴。

二、案例的呈现

在将近三年的家庭教育实践探索中,“美华家长学吧”重点开展了以下几方面的品牌特色建设工作。

1. 提升学吧工作业务水平

为了学吧优质高效的运行,提升学吧工作者的业务能力是关键。学吧成立之初,镇社教中心陈卫黄校长就带领学吧具体负责人张美华老师专程去南通向心理教育专家符晓斌学习取经,学习家庭教育和心理培训知识,提高学吧工作业务能力。2019 年 11 月,镇社教中心委派张美华老师到扬州参加了全国家风家训培训班,并获得合格证书。

学吧发展期间,也得到了多位领导以及社会知名人士的关心,市妇联家庭与儿童部部长蔡萍、县妇联主席吴晓莉、著名“艺博教育”名师梁丽华等曾给予学吧工作在理念、制度、阵地建设、资源利用等方面的具体指导。

2. 拓展家庭教育服务方式

“美华家长学吧”充分吸纳了 5 名热心家庭教育、具有专业知识的教师及其他社会工作者积极参与日常的工作,并借助职工之家场地,利用图书馆、排练厅、多功能厅等配套设施,定期面向家长开展教育讲座、亲子活动、阅读分享等活动,普及家教知识。同时,还设立学吧热线,协助家长解决家教问题,在社教中心长期设立咨询台,随时为前来咨询的家长答疑解惑。

3. 丰富教育融合实践活动

学吧工作注重融合推进,与家长学校活动相融合,与校外教育辅导站工作相融合,与关工委工作相融合。自成立以来,家长学吧与周边中小学幼儿园保持密切的联络,认真组织家长参与学校教育、卫生、安全活动,真正形成家校合力的模式,共同促进家庭教育工作的开展。在平时的融合实践活动中，家长学吧还会邀请学校资深教师、心理协会讲师做专题讲座，用专业的知识，解答家长心中疑惑，帮助家长科学育儿。同时，也会适时邀请有丰富家教经验的家长分享自己的家教理念和方法，使家长们受到启发，明确自己的职责，更加重视家庭教育。

从 2018 年至今，举行的融合活动列举部分如下：

联合饮泉幼儿园举办了“粽香沁人心，浓浓端午情”半日亲子活动；邀请县心理协会会长、县教师发展中心心理健康教育研训员秦亚飞为家长学吧的学生家长们做心理健康讲座；学吧与镇教育关工委在曹埠镇成人教育中心学校三楼为部分 10～16 岁的学生家长开设了专题讲座——“如何与处在逆反期的孩子更好地沟通”；与饮泉小学联合开展“小手拉大手，携手护环境”主题教育周活动；与曹埠小学联合开展了“心怀感恩，幸福成长”10 岁成长典礼活动；与孙窑幼儿园联合开展居家亲子阅读活动；与饮泉小学联合开展 2020 年知识产权宣传周活动；与饮泉幼儿园联合开展“我运动、我健康、我快乐”中小班主题亲子运动会；与饮泉小学联合举行“放飞梦想，幸福成长”10 岁成长仪式；与曹埠镇饮泉小学家长学校联合举行“梦想从这里起航”一年级新生入学仪式暨家长学校第一次授课活动。家长学吧还在全镇中小学幼儿园开展了《学做专业父母，培育优秀孩子，成就幸福家庭》巡回家教讲座。

图片 1　2020 年 11 月 19 日，学吧走进饮泉小学，举办“梦想从这里起航”系列活动

4. 聚合多方家庭教育力量

“美华家长学吧”注重聚合多方面的力量，坚持创特色、推精品、促融合，凝心聚力做好促进未成年人健康工作。

(1) 申请“曹埠社教”微信公众号，借力网络教育

由于新冠肺炎疫情影响，为了加强与家长的联系，解决家庭教育的难题，社教中心申请了“曹埠社教”微信公众号，与中成协农专委签订协议，在中国乡村振兴大课堂子栏目下设立了家庭教育子栏目，涉及幼儿教育至高中教育的全学段。“美华家长学吧”引导家长关注、浏览、学习该公众号推送的家庭教育系列文章或视频并参与讨论、交流，取得了不错的成效，社会反响、评价良好。

(2) 赢得社区(村居)干部的支持，扩大社会影响

学吧工作要深入开展，充分彰显社区教育中心的教育功能，离不开全社会的关注与支持。

"美华家长学吧"利用地域优势,发动社区、村居干部和志愿者力量一起参与学吧活动,居民参与率和满意度大大提升,学吧的影响力也大大增强。如,2020 年 8 月举行的"立德立行 · 扣好人生第一粒纽扣"暑期亲子阅读实践活动,就由学吧和曹埠镇上漫社区党委、居委会联合主办,上漫社区全体村干部、镇社教中心领导、镇老干部党总支支委、镇关工委领导、曹埠初中部分教师、镇中小学幼儿园的学生及家长代表参加活动。

(3) 与社会公益组织合作,放大品牌效应

"艺博教育"是专注于家庭教育的著名社会公益组织,2020 年 4 月,"美华家长学吧"特邀来自南通崇川、通州和如东的"艺博教育"成员代表 15 人,借座上漫社区居民学校开展公益读书会。上漫社区部分村干部包括大学生村干部,社区居民代表,县老年大学曹埠分校学员代表,共计 60 多人参加活动。2020 年 5 月,该学吧联合"如东艺善艺苑享读书会"举办了一场"感受母亲的爱,温暖母亲的心"家教主题分享活动,其间,"美华家长学吧"负责人张美华分享了镇社教中心创办学吧的心路历程,言语之间无不表露出"美华家长学吧"自始至终深耕家庭教育的理念和决心,感谢各界朋友关心支持学吧建设,合力打造学吧品牌。

图片 2　2021 年 5 月 9 日,学吧与"众和合"读书会联合举办母亲节特别活动,学吧负责人张美华倾情分享家庭教育感悟

三、案例的成效

曹埠镇"美华家长学吧"自成立以来,学吧队伍从一开始的一两人到后来的包括中小学老师和志愿者在内的近 20 人的团队,累计举办活动近 40 场,服务家长 3 500 多人,接待家长咨询近 100 人次,普及了家庭教育知识,帮助提高了广大家长素质,为孩子的健康成长营造了良好的社会氛围,促进了未成年人的健康快乐成长。

2021 年 9 月 30 日,如东县德育工作现场推进会在曹埠镇举行。会上,曹埠镇"美华家长学吧"通过专题片、展板、德育叙事等方式展示了该学吧自成立以来所做的大量的家庭教育、青少年

德育工作和取得的显著成绩，县教体局黄卫华副局长充分肯定了“美华家长学吧”的做法和成绩，认为该学吧为全县各镇区社教中心深耕家庭教育进行了率先开拓，提供了可供借鉴的路径和模式，起到了示范、引领作用。

自成立以来，“美华家长学吧”获得了各级政府以及家长、社会的普遍赞誉。2019 年 7 月，“美华家长学吧”通过南通市妇联的家长学吧验收，2020 年 6 月被南通市妇联评为“十佳示范性家长学吧”。2020 年 9 月，“美华家长学吧”通过市妇联的复检调研，得到市妇联领导、专家的充分肯定和高度评价。2020 年 12 月，家长学吧被南通市社区指导中心评定为市社区教育“一品一特”项目。

四、案例的体会

结合本地区的家庭教育实践来看，“美华家长学吧”的启示主要有以下两方面：

1. 家庭教育需要社会力量的参与

在实践中发现，虽然多数家长普遍觉得家庭教育很重要，是关乎孩子和家庭命运的大事，但在如何开展好家庭教育方面缺乏相应的认知，即不知道如何开展好家庭教育。显然，这是由家长自身的学历和教育经历等客观条件决定的。为弥补家长在家庭教育方面的这一短板，就需要有“美华家长学吧”这样的平台来整合非家庭性力量尤其是社会性力量的参与，将原本分散的教师、志愿者、企事业单位人员等精于家庭教育的人士吸纳、整合成为一支专业性的家庭教育力量，帮助家长开展好家庭教育活动。

2. 社会性家庭教育要以实践性为主

社会性家庭教育是面向家庭教育经历和知识薄弱的家长群体开展的，如果过多地开展理论性知识的培训，会明显限制家长参与的积极性，减弱活动的效果。因此，要重点开展以某一家庭教育需求或问题为主题的教育实践活动，让家长在参与活动的过程中充分理解“是什么”“为什么”和“怎么办”，是家长能够扎实地掌握家庭教育的方法，并顺利地贯穿到日常的家庭教育活动中。

五、案例的反思与展望

虽然在将近三年的实践中，“美华家长学吧”开展了较为丰富的社会家庭教育活动，提高了一部分家长的家庭教育能力，但从乡村家庭教育发展的整体上来看，学吧的发展仍然存在一定的问题，需要在实践中不断发展和完善。

1. “美华家长学吧”的反思

社会家庭教育活动开展要向“以需定供”方向转变。在以往的家庭教育服务活动中，“美华家长学吧”主要是结合已经掌握的家庭教育资源设计，开展相应的家庭教育服务活动，这种活动在满足家长真实的家庭教育需求方面的效果并不好，原因就在于活动的开展并不是根据家长的真正需求“定制”的。

2. “美华家长学吧”的展望

结合相关的实践活动来看，“美华家长学吧”的发展更多地还是要结合乡村地区家庭教育实践活动开展的实际情况，根据家庭教育、未成年人成长的实际需要，确定相应的服务内容和服务方式，使学吧能够真正成长为服务家庭教育、助力乡村发展的重要力量。当然，单单依靠学吧现有的资源可能无法满足所有家长的家庭教育需求，这就需要平台利用自身的品牌和影响力，深耕家庭教育，尽可能多地整合各种家庭教育服务力量，提高家庭教育服务的整体力量，真正解决家庭教育实践中的各类问题。

2021 年 10 月 23 日，《中华人民共和国家庭教育促进法》经十三届全国人大常委会第三十一次会议表决通过。法律规定，国家和社会为家庭教育提供指导、支持和服务。该法的第三十八条规定，居民委员会、村民委员会可以依托城乡社区公共服务设施，设立社区家长学校等家庭教育指导服务站点，配合家庭教育指导机构组织面向居民、村民的家庭教育知识宣传，为未成年人的父母或者其他监护人提供家庭教育指导服务。那么接下来，“美华家长学吧”将义不容辞地承担起推动本地区各村(居)家庭教育指导服务站点的建设，探索如何更好地整合社会性力量一起深耕家庭教育，促进乡村振兴战略的有力实施。

执笔人:高　玮

点评

一、工作特色

曹埠在社区教育工作中，将关注和促进青少年成长作为重要的组成部分。由社区教育中心牵头，成立"美华家长学吧"，努力探索政府、社区、学校、家庭等不同层面家庭教育的协作模式，积极实践社会力量融入乡村家庭教育的有效方法。

二、成功经验

"美华家长学吧"是结合当地家庭教育和青少年成长的需求应运而生的。它有深厚的群众基础，组织化程度高，共享区域教育资源，教育活动丰富多彩，在普及家庭教育知识、提高家长素质、营造良好的社会氛围、促进未成年人健康快乐成长等方面，取得了一定的成效。

三、推广意义

"美华家长学吧"在发挥社区教育中心的教育培训功能、深耕家庭教育和促进青少年成长方面，将乡村家庭教育作为促进乡村振兴战略的支持路径进行了积极实践，并取得一定的成效，值得推广。

点评专家
姓　　名：郑青
单　　位：江苏省成人教育协会
职务/职称：秘书长
联系电话：13851812637

◎ 南通市海安高新区社区教育中心

亲子阅读浸润心灵　书香催生文明之花

——记 2021 省级社区教育品牌“‘绘声慧色’亲子阅读课堂”

品牌 LOGO 设计说明：

该标识图文并茂，主题突出，色彩和谐。“绘”“声”“慧”“色”的文字，架设起亲子沟通的桥梁，亦如彩虹色棒棒糖，带领孩子们从长虹之脚，拾级而登，临虹款步，享受甜蜜的童年时光。

一、项目背景

文明，是一座城市的底蕴、气质和灵魂。2018 年 4 月，海安市开启了创建全国文明城市的新征程。全市深入开展新时代文明实践活动，推进城市精神文明建设，提升市民精神文明素养，奏响了新时代文明实践与文明城市创建的协奏曲。

海安高新区社区教育中心因时制宜、因势而动，发挥社区教育自身的优势，组织社区教育志愿者，开展幼儿亲子阅读文明实践活动，打造“‘绘声慧色’亲子阅读课堂”文明实践品牌，以阅读教育浇灌精神文明之花，用公益课堂滋润万千桃李争妍。

二、项目呈现

(一)“阅读十共建”

1. 携手社区，创设亲子阅读物理环境

英国文学大师艾登·钱伯斯在《打造儿童阅读环境》一书中指出：“阅读是需要场所的。”“泛书房”，慧源文化传播集团打造的海安市第一家文化综合体。“‘绘声慧色’亲子阅读课堂”携手慧源集团，选址“泛书房”二楼亲子绘本借阅区，柔和的灯光、缤纷的绘本、时尚的桌椅、葱郁的绿植、粲然的舞台，营造出充满童真气息的阅读氛围，让置身其中的亲子家庭共享温馨舒适的共读时光。

2. 携手家庭，创设亲子阅读心理环境

良好的亲子关系是阅读心理环境的构成要素。“绘声慧色”项目邀请一个个亲子家庭走进“泛书房”：孩子们或倚靠在父母的身边，或依偎在父母的怀里，在父母专注而亲密的陪伴下，享受着阅读和亲情的美好；家长们则化身为课堂的学习者、研究者，孩子的倾听者、合作者，与孩子们产生“共感”的同时，欣喜地聆听“花”开的声音，捕捉“花”开的瞬间。

（二）“阅读＋服务”

1. 明确亲子阅读服务宗旨

“‘绘声慧色’亲子阅读课堂”旨在“以绘本为媒介，进行体验式亲子阅读指导，帮助幼儿家长树立亲子共读的理念，习得亲子共读的方法，体验亲子共读的价值，点亮孩子的‘悦读’之路。用阅读启迪智慧，让书香飘进万家；提升家庭文明素养，助推城市文明创建”。

2. 组建亲子阅读服务队伍

“绘声慧色”项目的开展需要一批懂阅读、懂儿童、懂教育的阅读推广人。项目成立之初，社区教育中心便面向海安高新区 11 所幼儿园，招募亲子阅读指导志愿者，拉开了亲子阅读服务队伍建设的序幕。两年来，已有近百名幼教老师加入“绘声慧色”，成为亲子阅读志愿服务队的一员。

3. 制定亲子阅读服务计划

为切实做好亲子阅读服务工作，社区教育中心认真制定“‘绘声慧色’亲子阅读课堂”年度发展规划，规定活动时间，明确活动内容，组织活动实施，检验活动效果，组织优秀评选，高效保证了每周六下午由老师、家长、孩子共同打造的绘本阅读“饕餮盛宴”的如期举行。

（三）“阅读＋实践”

1. 甄选绘本，亲子阅读的“肥沃土壤”

“绘声慧色”根据幼儿年龄特点，选择经典绘本作为课堂教材。这些经受住时间考验甚至获得国际大奖的绘本，不但画风唯美、墨彩鲜艳，而且饱含哲理，装帧设计更是巧妙新奇。在老师们的纵情演绎下，孩子们徜徉其中，欣喜地成为被大师的灵感亲吻过的幸运儿。为了帮助家长解决选择亲子读物的困惑，老师们在授课的同时，定期向家长进行典型绘本书目推介，指导他们通过绘本的封面、封底、环衬、扉页，与孩子共同选择对味的绘本故事进行阅读。

2. 习得方法，亲子阅读的“灿烂阳光”

（1）绘：有序观察，描绘画面

绘本图文并茂。然而，许多孩子在描绘绘本的画面时却经常表现得“语无伦次”。所见即所讲，只有有序的观察，才能造就有序的讲述。基于此，“绘声慧色”的老师们从“讲清楚一幅画”着手，对亲子家庭进行有序观察的示范、引领，总结出画面描绘的步骤：找出画面的组合元素——明确元素间的逻辑关系——按顺序串联组合元素，形成对画面的有序描绘。

（2）声：变化声音，塑造角色

绘本角色丰富。弹性变化的声音，能够将绘本的角色表现得生动而立体，使它们具有鲜明的

图片 1 “‘绘声慧色’亲子阅读课堂”剪影

思想感情和个性特点。“绘声慧色”课堂注重引导家长进行“用不同的发声塑造不同的故事角色”的尝试。高与低、强与弱、快与慢、实与虚、明与暗的对比练声，在丰富着家长讲述故事的技巧的同时，也让孩子们拥有了美妙的视听感受。

(3) 慧：智慧提问，启发思考

绘本文简图丰。习惯了文字阅读的父母们，在亲子共读时，大都开启“自嗨”模式，将绘本一“读”到底，忽略了给予孩子思考的时间。“绘声慧色”创新运用美国心理学家布鲁姆的目标分类法，将记忆型提问、理解型提问、应用型提问、分析型提问、评价型提问、创新型提问等不同的提问类型以层层递进的方式示范运用于亲子阅读课堂，循序渐进、由浅入深地引导孩子们思考探讨，在一场场对话中披沙拣金。

(4) 色：角色扮演，融入生活

角色扮演，是最神奇的亲子阅读魔法，也是“绘声慧色”课堂最亮丽的风景线。师生之间、亲子之间的互动角色扮演，打破了阅读与游戏、表演的界限。无论是演绎整个绘本，或只是演绎绘本故事的一部分，抑或只是模仿绘本中的一句话、一个动作，都能使绘本与生活产生有趣的联结，经由观察、体会、思考，直达表演者的内心。

3. 品尝快乐，亲子阅读的“清新空气”

当亲子家庭“绘”“声”“慧”“色”地共读一本书时，快乐便成了一件水到渠成的事情。课堂上，欢声、笑声、掌声、谈论声、朗读声，此起彼伏。孩子的心浸润在爱的读本里，家长的情紧系在孩子的心里。这种由亲子阅读带来的幸福与快乐，如同阵阵馨香的空气，弥漫在课堂里，弥漫在亲子间。

4. 遇见美好，亲子阅读的“甘甜雨露”

“妈妈的手举得有多高，就有多爱你！”“妈妈，我跳得有多高，就有多爱你！”“花儿开得有多美，妈妈就有多爱你！”“妈妈，楼房有多高，我就有多爱你！”……“绘声慧色”的每一节课，仿若一段段亲子牵手去往故事王国的心灵之旅。旅途中，温暖的语言、动情的表达、纯真的情感，一切的美好都如期而至。

图片 2 “绘声慧色”亲子共读时光

“土壤”“阳光”“空气”“雨露”，共构“绘声慧色”亲子共读生态圈。一本本好书，如同一颗颗智慧的花种，撒落在孩子的心田，慢慢地发芽、悄悄地开花。

三、项目成效

1. 为文明城市创建奠基

2018 年 5 月至今，“‘绘生慧色’亲子阅读课堂”开课 90 多节，收集优秀课堂教学案例 78 个，文明实践服务时长 360 多小时，惠及近 1 000 个亲子家庭，绘本借阅量 130 000 余册次。“绘声慧色”恰如雨润树种，催生全民阅读生机一片；亦似星火燎原，推动书香社会全面建设。

2. 为优良家风建设助力

“欲高门第须为善，要好儿孙须读书。”读书，是最好的家风。“绘声慧色”亲子阅读，让家庭有了共同的话题，亲子关系更加融洽；使亲子有了共同的爱好，家庭氛围更加和谐。家长们更是从亲子阅读的细节中，邂逅到种种教育的机缘，积极引导孩子形成正确的价值观，帮助他们“扣好人生第一粒扣子”。

3. 为儿童成长发展赋能

“绘声慧色”，让家长成为才智焕发的父母，馈赠给孩子细致的观察、丰富的想象、生动的语言、睿智的思辨、高雅的审美，培养出让他们受益终生的学习力。亲子阅读，让孩子拥有幸福快乐的童年，感受到父母专心的陪伴、平等的交流、智慧的引导、诚挚的理解、长久的呵护，收获到能够滋养一生的温暖底色。

4. 为社区教育提升影响

近三年来，“绘声慧色”的开展得到了社会各界的广泛关注。中国文化传媒、搜狐新闻、中国学前教育网、美丽江苏网、江苏早新闻、南通教育网、海安教育信息网、海安微教育、海安文明网、海安幼教微家园、海安高新区教育网及高新区各幼教园地纷纷对该项目进行了报道。2019 年，“绘声慧色”获评“南通市第三届妇女儿童家庭公益服务项目”。得益于项目的深入开展，2020

年，慧源集团泛书房被江苏省妇联、江苏省全民阅读办评为“江苏省家庭亲子阅读体验基地”。项目理论成果丰硕，《积极开展绘本阅读，打造情感体验教学》等多篇项目论文发表或获奖；项目实践成果斐然，涌现出项爱娟、吴志华等“最美志愿者”以及明道幼儿园、青萍幼儿园等“优秀志愿团队”。

四、项目展望

1. 打造多维交互的阅读平台

面对后疫情时代阅读模式的更新迭代，“绘声慧色”将积极打造多维交互的阅读平台，利用微信公众号、腾讯课堂 APP 等移动客户端，积极创设“线上＋线下”融合发展的亲子阅读课堂，让亲子阅读走进更多的家庭，成就更好的家风。

2. 深化亲子活动的合作共建

“绘声慧色”将联合更多的社会资源，深化与妇联、幼儿园、小学的合作共建，做好亲子阅读文化服务，为孩子的成长提供更多优秀的资源，为倡导全民阅读、建设书香家庭和书香社会贡献力量。

3. 开展教育心理的系列分享

“绘声慧色”将邀请儿童心理专家开展儿童教育心理系列分享会，透视孩子学习和成长过程中出现的常态化问题的本质，带领孩子进入阅读和学习的良性循环，有效推动亲子互相促进，共同成长。

亲子阅读浸润心灵，书香催开文明之花。“绘声慧色”，成就悦读阅美；亲子共读，实践育人育心。

执笔人：陈　瑜

点评

一、工作特色

“‘绘声慧色’亲子阅读课堂”项目，是海安高新区社区教育中心因时制宜、因势而动，发挥社区教育自身的优势打造的。用阅读启迪智慧，通过“绘：有序观察，描绘画面；声：变化声音，塑造角色；慧：智慧提问，启发思考；色：角色扮演，融入生活”，让书香飘进万家，提升家庭文明素养，助推城市文明创建。

二、成功经验

“‘绘声慧色’亲子阅读课堂”项目的建设采用“三步走”的模式，以“阅读＋共建”的模式，进行硬件建设；以“阅读＋服务”的理念，进行内涵构建；以“阅读＋实践”的方式，推进项目展开。这种建设模式，具有可操作性和有效性。

三、推广意义

“‘绘声慧色’亲子阅读课堂”项目，将社区教育工作与文明城市创建结合起来，融入优良家风培育、儿童成长赋能等主题，拓展了社区教育工作的视野，提升了服务能力，具有推广价值。

点评专家
姓　　名：郑青
单　　位：江苏省成人教育协会
职务/职称：秘书长
联系电话：13851812637

◎ 连云港市赣榆区九里成教校

用心筑巢　绽放梦想

——记 2021 年省级社区教育品牌“海燕筑梦，情满家园”

品牌 LOGO 设计说明：

品牌 LOGO 由两部分组成：

1. 文字部分：“海燕爱心志愿者”是团队的名称，代表了该团队将以海燕勇敢顽强、不惧风浪的精神为榜样。

2. 图案部分：主体是由红色的海燕与波浪组成，寓意着志愿者们热烈、勇敢，面对困难无所畏惧、不屈不挠的精神；背景用灿烂的黄色，象征着志愿者们为了公益事业自觉自愿、无私奉献，敢于冲破一切阻力，克服一切困难，不断追求光明和希望的高贵品质。

一、案例背景

赣榆区石桥镇位于江苏最北部，东临黄海，204 国道穿镇而过。社区青壮年大都外出劳务，留下了众多“留守儿童”，隔代抚养现象十分突出。老人年老体弱又溺爱孩子，对眼下孩子的学习无所适从；家长大多忙于自己的海鲜生意，没有时间去管教孩子；一些年轻家长由于家庭教育经验缺乏，导致学生养成了不良习惯，学习能力较差，身心都存在着一些问题。

为了让留守家庭的孩子，具有积极、乐观、向上的精神面貌，弥补他们内心情感的缺失，激励他们不畏困难，学会自学、自理、自护、自强、自律，做生活的强者。“海燕”爱心志愿者们在周末和节假日到村里的爱心驿站，指导孩子们完成家庭作业，同时开展各种丰富多彩的活动，营造留守儿童健康成长的良好氛围，促进留守儿童身心全面健康发展；在每周五下午放学前一个小时的时间里，开展家庭教育讲座活动，指导学生家长学会科学地关爱、教育孩子，帮助自己的孩子快乐地成长；在各个村的老年学校，给老年朋友传授养生知识、指导锻炼身体的技巧，让农村社区的老年人也能有多姿多彩的晚年生活。“海燕”志愿者们用自己的行动为振兴乡村做出自己力所能及的奉献。

二、案例呈现

农村社区教育工作面广量大，仅仅靠几个人是无法将工作做好的，面对农村留守的儿童、妇女和老人，我们社区教育工作者要尽可能地给予他们在知识、健康、生存等方面的帮助，促进儿童健康成长，指导家长教育孩子，帮助老人幸福生活。为此，我们从队伍建设、活动阵地和活动开展方面进行了探索和实践。

（一）打造志愿者队伍

2017 年 2 月，石桥镇九里成教校根据我镇农村社区教育的需求，发起成立“海燕”爱心志愿者团队，这是一支是以石桥镇九里片区学校在职教师为主，“五老”以及社会志愿者为辅的爱心组织，目前该爱心组织拥有志愿者 40 余名。团队对辖区青少年儿童开展教育帮扶、心理疏导、技能培训、德育培养、国防、法制安全等系列教育活动；对在校学生家长开展家庭教育培训工作；对社区老年人开展养生知识和技能的培训。“海燕”团队自成立以来，开展的一系列教育培训和学习活动逐渐形成了特色品牌，有效提升了农村社区居民的幸福生活指数。

（二）建立开展活动的阵地

赣榆区石桥镇政府非常重视农村社区教育的资金投入，每个行政村的硬件设施都达到了较高的标准，为开展社区教育工作提供了平台。我们策划的关爱留守儿童、周五家庭教育讲座以及关爱老人活动，是“海燕”爱心志愿者团队在多年助学、帮困经验的基础之上进行的。

1. “爱心驿站”——留守儿童温馨的乐园。关爱留守儿童活动，以各个行政村的爱心驿站作为活动阵地，爱心驿站内配套设施齐全，有空调、图书、电脑等硬件设施。村里的领导非常支持关爱留守儿童活动，有的领导本人就是爱心志愿者。村委会大多位于村子中间位置，易于孩子们去参加活动。

2. “道德讲堂”——家长成长的家园。周五家庭教育讲座活动，以各个学校的道德讲堂作为活动阵地，这里环境优雅、现代化设施齐全。学校领导非常重视家庭教育，学生家长根据讲座的通知安排，提前一个小时到校就能参加家庭教育学习。讲座结束后，放学时就可以和孩子一起回家。

3. “老年学校”——老年人舒心的乐土。关爱老年人活动，以各行政村的老年学校为主阵地，行政村内的老年学校配套设施齐全，有空调、图书、电脑、音响等硬件设施。团队中的医生志愿者还定期为老年人免费体检，指导老年人做好个人保健。老年人可以在这儿打牌、看电影，吹拉弹唱，尽情地享受生活。

（三）落实好三项活动

1. 爱心驿站关爱留守儿童成长。首先，制定计划，确保活动开展。每学期团队都会召开一次总结培训会，制定切实可行的计划，将活动落实到具体的人、时间和地点。其次，精心准备，精彩活动促成长。团队的队员们会根据计划安排，周末放弃休息来到村子的爱心驿站里。他们指导孩子们学习，和孩子们一起谈心、做游戏，还给孩子们讲国防、法制安全方面的知识，讲革命传统故事，在潜移默化中培养孩子们的自理能力，自立、自强的品质，帮助他们在逆境中茁壮成长。每次活动结束告别时，孩子们都是依依不舍。为了开阔孩子们的视野，爱心志愿者们带领孩子们到茶园采茶，了解茶叶的生产过程，欣赏家乡的美丽景色；带孩子们到黄桃园采摘黄桃，品尝劳动的果实。开展学习雷锋专题月活动，品读《雷锋日记》，学唱《学习雷锋好榜样》歌曲，走进社区清理卫生死角，为家乡的美丽、整洁做力所能及的事情。清明节带领孩子们参观小沙东海战纪念碑，让王祥仁老人给孩子们讲海战故事，参观小沙东海战纪念室，观看小沙东海战纪录片。通过一系列的活动，让孩子们感受今天幸福生活的来之不易，树立远大理想。几年来"海燕"爱心志愿者团队关爱活动风雨无阻，受益留守儿童 4 800 多人次。

2. 周五讲堂提升家庭教育水平。志愿者团队面向农村家长开展家庭教育讲座。在实践中摸索出了在农村开展家庭教育的"4321"家庭教育法。即是建立"4 支家教队伍"，打造"3 个教育阵地"，拓宽"2 条巩固途径"，坚持"1 个原则"，让"周五家庭教育讲堂"焕发了生机。在开展讲座活动的过程中，志愿者们还安排了家长提问环节，家长们可以针对家庭教育中不明白的地方提出自己的疑问，教师和家长们交流看法，在互动中提高家长们开展家庭教育的自信心。他们将学到的家教知识，利用周末时间进行尝试实践，提高了家庭教育的实效性。"周五家庭教育讲堂"开讲以来，已经开课 60 余场次，受益学生家长 10 000 余人次，受到参训家长的热烈欢迎和一致好评，家教经验也在全区进行了交流汇报。家庭教育工作的逐步开展，促进了我镇农村家庭教育水平的提高，辖区学校的教育教学工作也取得了十分显著的成效。

3. 老年教育增彩晚年生活。农村老年人受传统习惯的影响，主动参与学习和养生保健的意识不强。团队成员深入社区宣传发动，通过反复耐心的劝导，让老年人由开始的走进老年学校，到逐渐地适应老年学校，到最后他们离不开老年学校(每次饭后不到老年学校去坐坐就觉得不习惯似的)。志愿者通过座谈了解老年人的需求，从农村老年人的现实需要出发，有针对性地开设养生保健、乐器演奏、家庭教育、文化娱乐等科目的讲座活动，使课程设置更加科学化、系统化、特色化。比如教老年人如何上网浏览新闻、如何使用智能手机等，满足了农村老年人多样性、多层次的需求。活动中老人们也会介绍自己有益的养生知识，传授自己教育孩子的经验……老年学校还结合传统节日，以喜闻乐见的形式开展丰富多彩的活动，不断吸引着更多的老年朋友加入进来。在社区逢集的时候，喜欢弹唱的老年朋友会将乐器搬到街上吹拉弹唱，歌唱现在美好幸福的生活，引来无数赶集人羡慕的眼光。

(四) 宣传扩大影响

志愿者团队认真对待每次活动，关注每次活动的过程，对每次活动都及时进行总结和反思，同时编辑通讯报道向"连云港网上家长学校""江苏学习在线""江苏少年网""中国火炬杂志社""学习强国"等新闻平台上传。发表后的稿件则转发到志愿者活动群、各学校和相关志愿者的单位群中供大家点击浏览，在扩大活动影响的同时，也让我们开展志愿活动的志愿者们增加成就感和自豪感。

三、教育成效

（一）爱心驿站成就留守梦想

通过爱心驿站关爱留守儿童活动，丰富了孩子们的校外生活，让孩子们能够有一个轻松的学习氛围，拓展了兴趣，例如学习武术、朗诵、绘画、制作等，让他们感受到学习的快乐，增加学习知识的渴望。同时关爱活动让他们感受到社会对他们的关注和帮助，感受到社会大家庭的温暖。各个节假日开展的爱国主义教育活动，培养了孩子们的家国意识，树立了他们为国读书的理想信念。亲子互动活动，让孩子们更加热爱自己的父母，理解了父母的辛苦。这些特色活动的开展，健全了孩子们的心理，帮助孩子们构建了正确的人生观，让他们懂得感恩，懂得回报社会。

图片1　志愿者在爱心驿站开展关爱留守儿童活动

留守儿童、困境学生是当前的一个社会问题，需要全社会的关爱。“海燕”爱心志愿者团队切实做好关爱“留守儿童”工作，开展好每一次活动，用爱心去筑巢织网，用真情去呵护滋润，让每一个留守儿童走出心灵的荒漠，走进亲情的绿洲，去扬帆起航，追逐人生的梦想。连云港市妇联、灌云县关工委、山东省临沂市兰山区关工委等先后来到我镇爱心驿站参观学习。“海燕”志愿者团队被市教育局、市妇联评为“海生草优秀志愿者团队”、区优秀青年志愿服务项目等。连云港市电视台“红帆船”栏目及赣榆电视台等还专门来到村爱心驿站采访，录制专题节目在新闻上播放。

（二）家庭教育提升农村家教水平

周五家庭教育讲座活动的开展，让家长懂得要全面了解自己的孩子，知晓家庭教育的重要性，共同提升学生、家长和教师的教育素质，促进学校教育与家庭教育的和谐发展。由于志愿者大多是在校教师，对于如何教育孩子有比较深的实践与理论基础，因此总是能有针对性地对家长开展家庭教育指导工作，拉近了学校与家长之间的距离，增强了学校与家长的沟通交流，促进了社区家长家庭教育水平的提高，对学校的教育教学工作和学生的良性发展起到了促进作用。

图片 2　志愿者在周五家教大讲堂开展家庭教育讲座

由于家庭教育工作开展得扎实有效，家庭教育经验在连云港市赣榆区进行交流，经验论文获连云港市一等奖，江苏省三等奖。2018 年，家庭教育公益大讲堂获“市教育系统关工委创新奖”“市、区家庭教育工作先进集体”。2019 年爱心志愿者团队被市妇联评为“巾帼文明岗”。2020 年被评为感动港城最美党员教师志愿者团队。

（三）老年教育夕阳绽放风采

近几年来，农村老年教育活动的有效开展，提高了老年人素质，提升了老年人生命质量，实现了老年人个人价值和社会价值。为实现“老有所学、老有所教、老有所乐、老有所为”探索出一条积极有效的途径，促进我镇社区老年人不断掌握新知识、新技能，不断丰富、充实了晚年生活。

九里成教校老年教育创新工作得到了赣榆区教育局的充分肯定。“海燕”志愿者团队的先进事迹先后在学习强国、中国县域经济报、江苏学习在线、今日头条等国家、省、市、区新闻媒体、网站上宣传。

四、案例体会

开展农村社区教育活动，需要科学整合区域内的合理资源，充分调动爱心人士的参与意识，形成社区大教育的合力，这样才能保障社区活动的开展。在开展活动前要做好调研，了解社区居民的参与意识和需求，使开展的活动有针对性。在开展活动的过程中，要注意不断挖掘、发现有利的教育资源，进行科学的运用，使教育活动绽放光彩。活动结束后，要及时地总结反思，不断提升活动开展的质量。

我们希望能通过活动构筑起一座爱的桥梁，让全社会能更多地关注留守孩子，让他们感受到理想并不那么地遥不可及，让他们感受到社会的温暖，同时也要让他们懂得感恩，懂得回报社会。对学生家长开展家庭教育培训工作，提高农村家长教育孩子的知识和能力，促进家校教育的融合。对老年人开展知识、技能等普及传授活动，提升农村老年人的现代生活意识，充实、丰富老年人的晚年生活。团队不断致力于完善、发展和提升活动的层次和服务的质量，用自己的担当，为新农村建设贡献自己的力量。

五、反思及展望

结合近几年本项目社区活动的开展情况，要让“海燕”志愿者团队更好地发挥筑巢功效，今后将继续完善这样几方面的工作：

1. 继续通过各行政村爱心驿站做好关爱留守儿童工作，同时扩大关爱留守儿童的覆盖面，将目前已经开展的 6 个行政村扩展到 8 个。不断丰富志愿活动的内容，使活动更加有利于留守儿童的健康成长。

2. 家庭教育在坚持开展讲座的基础上进一步加强理论研究，不断提高农村家庭教育的综合水平，做好适合本地农村家庭教育教材的编写工作。

3. 充实志愿者队伍，积极联系专业人才参与关爱农村老年人的活动，拓展在农村开展老年教育的途径，不断探索和积累经验，编写适合本地老年人学习的微教材，提升农村老年人的幸福指数。

执笔人：王晓兵　张广涛

点评

一、工作特色

石桥镇九里成教校根据当地农村社区教育的需求，发起组建了“海燕”爱心志愿者团队。“海燕”团队用爱心和汗水擦亮了“爱心驿站”——留守儿童温馨的乐园、“道德讲堂”——家长成长的家园、“老年学校”——老年人舒心的乐土等三大特色品牌，有效提升了农村社区居民的幸福生活指数。

二、成功经验

石桥镇九里成教校紧扣当地农村社区教育需求，科学整合区域内的教育资源，充分调动爱心人士的参与意识，形成社区大教育的合力，使开展的社区教育服务绽放光彩。“海燕”志愿者团队的先进事迹得到了社会的关注和赞扬。

三、推广意义

社区教育工作量大面广，石桥镇九里成教校挖掘、整合区域内有利的教育资源，组建志愿者队伍专注三项社区教育活动，做出了自己的特色品牌。该案例关于社区教育志愿者队伍建设的成功经验值得学习借鉴。

点评专家
姓　　名：章学军
单　　位：南京市建邺区社区培训学院
职务/职称：副院长/中学高级
联系电话：025-86606331，13801598521

◎ 连云港市连云区墟沟街道桃园社区

石榴花开籽紧抱　桃李芬芳香满园

——记 2021 年省级社区教育品牌“红石榴青年学习社”

品牌 LOGO 设计说明：

1. LOGO 标志形态采用石榴果实累累的俯视效果，表达红石榴的主题。

2. 标志色彩采用石榴红，表示学习活动红红火火、丰富多彩，学习效果蒸蒸日上，形成精品特色。

3. 标志外形为圆形，内部由石榴籽围合，突出社区教育像石榴果实绽开紧紧抱握，通过网格全覆盖，建设学习型社区，营造各族青年终身学习的良好氛围，倡导全民、全过程的终身教育，意为学习社果实累累。

红石榴青年学习社

一、案例背景

桃园社区面海靠山，位于连云港市连云区墟沟街道东南端。东起历史悠久的石门涧，西至海棠南路与黄海相望，南至云台山脉脚下，北与繁华靓丽的中山中路相连。辖区空气清新，自然风光秀美，人文底蕴丰厚，三月的桃园社区处处桃花盛开，桃红柳绿，风景如画，宛如山水之境的城中桃花源，是集青山绿水、天然奇石、城市高楼于一体的城市社区，誉有世外桃源之盛名。为做足幸福社区＋文章，以桃为媒，以松连心，实施桃源里寻巷计划，打造气质小巷＋文化小巷＋情感小巷，组建学习社团，用真心服务建设家庭和美、邻里和睦、社区和谐的幸福家园。

桃园社区于 2001 年成立，辖区面积 1.2 平方公里，常住人口 2 027 户，总人口 5 096 人，其中青年 1 863 人，满族、回族、朝鲜族、蒙古族、苗族、彝族 6 个民族 31 名少数民族同胞，下设 7 个网格，18 个居民小组，党员 285 人，13 个企事业单位，中小学各 1 所，幼儿园 2 所，老年大学 1 所，少数民族学习社 1 所，三和家风馆 1 个，2 支特色艺术团队、1 处民族特色广场和 1 处科普宣传长廊，家庭教育、健康、廉政、党建、少数民族、“桃源里七彩家风路”等 6 个特色主题小游园，成为居民文体活动、享受健康生活、普及党建理论、倡导文明新风、弘扬传统文化等学习交流的休闲场所。

红石榴青年学习社坐落于社区中心位置，面积 1 000 平方米。近年来，党委践行“党建引领、文化润泽、活动凝聚、服务暖心”的工作理念，以社区教育品牌为抓手，创新载体、丰富内容，擦亮“红石榴＋”品牌，通过“特色居民＋学习社团＋民族文化”聚青年“朋友圈”，建青年“连心桥”，共筑民族团结同心圆，打造“内外”双环境，实现教育理念与知识渗透的目标，开设“沉浸式”环境课程，为辖区少数民族同胞和青年群众搭建人员互动、多元包容的学习平台，使“民族团结一家亲”深入人心，造就“人人皆学、时时能学、处处可学”的终身学习良好氛围。创新注入“惠民 365”社区治理服务载体，实现党员管理、社会服务、志愿服务、商业服务、学习培训在社区的有效对接，享受家门口的便利服务，进一步延伸服务触角，丰富服务内涵，促进社区和谐健康发展，营造“推门可见、社区可感、家家参与”的社区教育宣传氛围，为学习型社区创建奠定了坚实基础。

二、案例呈现

2018 年，在各级政府强有力的支持下，桃园社区“红石榴青年学习社”正式创立，借助地域特色构建社区教育网，组建师资团队，制定品牌课程，绘制社区教育地图，打造社区教育楼道文化，内设“一馆、一社、三区、一长廊”，即科普体验馆，红石榴青年学习社，多功能活动区、社会组织服务区、红石榴成长阅读区，宣传教育长廊，推动“红石榴青年学习社”落地有声。创新学习形式，一系列的品牌特色，形成微公益项目，多方申报争取项目资金。3 年来，接待各级参观调研 500 余批次，获得连云港市民族团结教育基地、青年文明号、优秀基层团组织、全市“4＋1”工作创新案例、石榴家园志愿服务队“人气之星奖"等 10 多项荣誉。

(一) 建学习之家　凝聚服务力量

强化学习阵地建设，创新服务，打造学习家园。建成集学校、商圈、楼宇、企业等不同的群众聚集区域于一体的“红石榴青年学习社”，共同构筑在身边的学习“门店”体系。为提高“学习社”的吸引力，桃园社区以“红石榴・聚享学习”系列主题，推出“聚・领航，聚・成长，聚・联谊，聚・融合，聚・奉献”的五聚社区教育“朋友圈”品牌活动，以及“青年学堂”“创客孵化基地”“红色影院”“五色桃园”等 10 大活动项目，打造团结青年、服务居民、引领教育的有力抓手，其中“聚・领航”重点加强队伍建设，夯实基层党建基础；“聚・成长”重点服务就业创业和技能提升；“聚・联谊”重点组织联谊交友、放松身心；“聚・融合”结合辖区少数民族的特点，推动民族团结进步；“聚・奉献”重点引导群众参与志愿服务，贡献青春芳华。

(二) 听群众之声　强化思想引领

多样化利用“学习社”组织优势和职能，倾听青年心声，想群众所想，让学习有实感、有温度、接地气。以思想教育为抓手，广泛开展宣传、引导教育，深入群众当中，开展“读好书，唱好歌，看好片”等主题教育活动，组织辖区群众到“邓小平和人民在一起”群雕公园开展“寻爱国印记”主题教育活动，通过微信、宣传栏、展板等方式开展爱国主义、社会主义核心价值观教育等

图片 1 “红石榴青年学习社”情境沙盘课堂

活动，引领群众坚定理想信念、坚定制度自信，引导群众始终听党话、跟党走，提升群众的思想政治素质。以反映群众呼声、反映群众诉求、维护群众权益为宗旨，面向广大群众的各种困难主动施以援手。

图片 2 “红石榴青年学习社”制作学习实物海报

（三）创学习品牌 激发学习活力

常态化组织学习，通过明主题、学原文、悟经典、学榜样、话初心、励前行，开展“社区学堂”及“最绘画”活动，组织群众交流学习创作，持续为单身青年营造相识相知场景。目前，社区“红石榴青年学习社"成员从最初的14名发展到62名，每季度交流分享会由1期增加到2期，并且保持至少10次以上集体研讨，征集各类文章22篇和心得体会46篇。充分发挥学习社团职能作用，引导群众助力社区发展，针对做足"治污""添绿""留白"三篇文章，全面提升区域生态环境质量，助力社区发展，让"生态桃园"美得有形态、有韵味、有质感，绽放出新时代光彩。

三、案例成效

"红石榴青年学习社"品牌自创建以来，得到了各级领导和专家的支持与鼓励，受到广大青年、少数民族同胞、党员群众的欢迎和好评，相继在《新华日报》、学习强国等主流媒体争相报道，在社区教育各项工作中起到了示范引领作用，为各族群众提供各类学习资源和服务，促进终身学习和幸福生活的提升。

1. 创新机制，实现全覆盖。丰富社区教育品牌建设内容，创新模式，拓展学习形式，开办健康大讲堂走进学校、小区、单位，为青少年和居民普及健康生活方式，获得了居民一致好评。开展"洋雷锋"文化交流志愿服务，荣获省、市、区多项荣誉。打造社区教育阵地，组建"居民加油站"，开展全民阅读、技能培训、政策宣传等知识培训，品牌服务辐射面广。

2. 品牌建设，同做一件事。围绕构建"建设全民学习、终身学习的学习型社会"为目标，充分发挥区位集聚优势、人文优势和资源优势，加强队伍建设、制度建设和课程建设，坚持抓好管理者队伍、师资队伍、志愿者队伍三支队伍，建立教育人才信息档案库，不断提高队伍的整体素质和教育工作水平。截至目前，红石榴学习社有教育志愿者136名，专兼职老师33名，基层教育工作人员16名，品牌建设满意度高。

3. 志愿服务，温暖一群人。特色学习，打造亮点品牌。作为"学习社"的亮点品牌活动，依托新时代文明实践站，"红石榴家园"学习社项目，打造"五色桃园"社区教育志愿服务品牌，广泛开展"学雷锋"志愿活动，5支特色青年志愿服务队伍常态化开展志愿服务活动。截至目前，累计开展活动120余次，受益人群5 000余人。组建"桃支援"党员志愿服务队，组织党员、志愿者与社区空巢、孤老、困难家庭结对帮扶，开展以"红文化"为主题的志愿服务，涵盖公益、慈善、家政、文体、教育等多个领域，既服务了社区群众，也让他们获得成就感和满足感，助力创建文明社区；依托"桃小志"青年志愿服务队，以"绿希望"为主题，"花漾"守护儿童成长，相继开展环保、科普、法律、文化、敬老、助残等志愿服务活动；打造"桃邀邀"婆婆妈妈志愿服务队，以"金助老"为主题，开展结对帮扶、矛盾化解等志愿活动；通过"桃心愿"爱心志愿服务队，以"橙帮扶"为主题，建立健全"困难群众救助档案"，组织党员、志愿者与社区空巢、孤老、困难家庭结对帮扶；通过"红石榴"科普志愿服务队，教师学生志愿服务，开展"蓝活力"为主题，融入党员带头、少数民族群众共同参与的多元文化交流志愿活动，把民族文化与社区教育工作相结合，与群众需求相结合，与新时代文明实践相结合，不断推进社区教育志愿服务创新发展。

四、案例体会

通过搭"乐学"平台、建"学习"板块、做"真心"服务，打造"红石榴青年学习社"特色品牌，逐步培育各族群众交往交流交融的社区教育"青年学习社"阵地。

(一) 宣传发动，搭“乐学”平台

依托新时代文明实践站、桃源里邻里服务中心、桃香书画苑等阵地资源，打造集宣传教育、文体娱乐、社会救助、法律援助等志愿服务于一体的“红石榴家园”青年学习社项目，充分发挥“微”组织联盟，长期致力于助残扶弱，实现社区资源联享、精神文明联创、服务难题联解、公益事业联办、生活环境联建的新成效，为辖区少数民族同胞和群众搭建人员互动、多元包容的学习平台，激发社区志愿服务新动能，绽放出新时代光彩。

(二) 紧扣特色，建“学习”板块

积极创新社区教育路径，打通人生教育“最后一公里”，构建学校、社会、家庭“三合一”的教育网络，突出本土教育，精选学习主题、课程设置，以项目化、特色化、品牌化建设为重点，以基础能力建设为保障，以满足社区居民学习需求为根本，逐步形成主动适应居民需求，知晓度、参与度、美誉度高的社区教育基地，激发社区教育的创新活力，寻求“政、校、企、社(区)”合作的有效模式与机制，开展多样性的社区教育活动，有效提升了社会教育的服务能力。将民族元素与传统文化有机结合起来，起到了相互促进、相辅相成的效果。积极探索全民终身学习体系建设新路子，通过几年的努力，“红石榴青年学习社”这一品牌已成为桃园社区教育的一张精致名片。在全街掀起全民阅读热潮。“人人皆学、处处可学、时时能学”在桃园社区成为现实，办好人民满意的社区教育。

(三) 强化联动，做“真心”服务

广泛调动社会各界青年人士参与协商议事，唱响民族团结进步主旋律。注重发挥群众力量，在疫情防控阻击战中，发动群众成立 10 支突击队，成为战“疫”画卷中的一道亮丽风景线。坚持引领“出彩新青年”，像石榴籽一样紧紧抱在一起，组织动员志愿者参与帮贫助困、关爱社区少数民族同胞、投身社会公益、植绿护绿、抢险救灾、助力护学等拓展志愿者行动的服务领域，营造社区教育的浓厚氛围。

四、案例反思与展望

“红石榴青年学习社”社区教育品牌年受益群众 4 000 余人，影响力、覆盖率逐年提升，具有较高的满意度和较好的社会知名度。未来，将继续以创新机制为驱动，围绕社会实际需求，整合资源，充实队伍，完善体系，打造书香桃园，不断深化社区教育品牌内涵，通过品牌项目的建设推动学习型社区建设，丰富社区文化教育服务供给，打造多元化的全民学习和终身学习服务平台，进一步满足桃园社区群众多元化学习需求。桃李芬芳香满园，石榴花开籽紧抱，让我们在传承和创新中弘扬青春正能量，用勤奋和努力放飞青春梦想，画好社区教育同心圆。

执笔人：刘晶晶

点评

一、工作特色

“红石榴青年学习社”通过“特色居民＋学习社团＋民族文化”聚青年“朋友圈”，建青年“连心桥”，共筑民族团结同心圆，营造“内外”双环境，打造“沉浸式”环境课程，创新注入“惠民365”社区治理服务载体，实现党员管理、社会服务、志愿服务、商业服务、学习培训在社区的有效对接。使“民族团结一家亲”深入人心；努力营造“推门可见、社区可感、家家参与”的社区教育氛围，为创建学习型社区奠定了坚实基础。

二、成功经验

该品牌通过搭“乐学”平台、建“学习”板块、做“真心”服务，逐步培育各族群众交往、交流、交融的社区教育“青年学习社”阵地。充分发挥“微”组织联盟作用，实现社区资源联享、精神文明联创、服务难题联解、公益事业联办、生活环境联建的新成效，激发社区志愿服务新动能绽放出新时代光彩。

三、推广意义

“红石榴青年学习社”品牌创新“政、校、企、社(区)”合作的运行机制，展现了社区教育融入社区治理的成功案例，值得我们学习借鉴。

点评专家
姓　　名：章学军
单　　位：南京市建邺区社区培训学院
职务/职称：副院长/中学高级
联系电话：025-86606331，13801598521

◎ 连云港市赣榆区城东成教校

红纸翩飞　银剪闪耀

——记 2021 年省级社区教育品牌“非遗工作室，传承展风采”

品牌 LOGO 设计说明：

1. 标志整体采用圆形并加之以特有的花边形式，象征团圆圆满。

2. 以窗格为特色，加以祥云、鸽子装饰，寓意和平、积极向上。

3. 标志中间以“非遗”大写首字母“FY”加以艺术变形形成一把剪刀，体现了传统剪纸艺术工艺主体。

4. 标志整体具有中国传统特色又以现代气息加以点缀，突出了红纸翩飞、银剪闪耀的主体。

非遗工作室

一、案例背景

连云港市赣榆区青口镇行政区域面积 93.11 平方公里，其中耕地面积 36 064 亩，总人口 20.2 万人，辖 42 个社区居委会和 19 个行政村。贝雕画、草柳编、剪纸、黑陶、葫芦烙画、吕剧等艺术在青口镇好多社区根植多年，特别是贝雕画、草柳编工艺品次次参加广交会，出口国外。虽然青口镇剪纸等非遗艺术历史悠久，但在市场经济大潮的冲击下，剪(刻)纸艺术的发展前景不容乐观。为了给下一代留下宝贵的文化遗产，留下自己的根，2017 年青口镇党委、政府响应国务院办公厅颁发的《关于加强我国非物质文化遗产保护工作的意见》和《关于加强文化遗产保护的通知》的要求，成立青口镇“非物质文化遗产传承工作”领导小组，由分管文教卫工作的副镇长任组长，镇文化站和成教校负责人为副组长。2018 年 4 月，青口镇剪纸等传统艺术申报江苏省社会教育“非物质文化传承名师工作室”，社区教育中心负责人为领衔人。经过研讨，在青口镇文化站内成立了非遗文化传承基地，在学校、社区成立了“贝雕技艺工作站”“剪纸传承工作站”“面塑技艺工作站”“葫芦画技艺工作站”“黑陶技艺工作站”“社区民俗研究室”。非遗文化传承基地遵循社区教育的发展规律，重视发挥非遗文化传承人及传承骨干的示范、指导、辐射作用，特别是“赣榆剪纸传承名师工作站”在传承人王维良的带领下，按照“五个一工程”要求进行非遗文化保护与传承研究，成绩斐然，打造了社区教育品牌。2018 年 2 月 21 日，中央电视台播出的《新闻联播》画面中，王维良和孩子们围坐一起，正在教授传统剪纸技艺，红纸翩飞间银剪闪耀，为热闹的新春佳节增添了许多文化韵味；赣榆剪纸艺人王维良与孩子剪纸的图片登上 2020 年 1 月 21 日《人民日报》；2021 年，“非遗工作室　传承展风采”被评为江苏省社区教育品牌。

二、案例呈现

“赣榆剪纸传承工作站”在领衔人的带领下，依托“剪纸传承工作站”面向社区居民、中小学生、游客，推进文化遗产的传承工程，营造“人人就是传承者”的氛围，开展形式多样的活动，打造社会教育品牌，社会知名度不断升高。

(一) 分工明确　构建传承平台

“非遗文化传承名师工作室”制订切实可行的实施计划，在镇政府的支持下召开社区、学校等单位非遗文化传承会议，进行全面部署。镇政府负责非遗文化进社区、景区的协调和督查；中小学校负责本校非遗文化社团建设；名师工作室负责非遗文化传承的牵头工作；传承人负责教学计划的设计和教学活动的具体开展。

2018 年 12 月 13 日，“赣榆剪纸传承工作站”在新城实验小学揭牌成立了，剪纸传承人王维良被校方聘为工作站负责人，校方聘请王维良及他的几名徒弟为剪纸社团教师，按课表上课，按月发工资，解决他(她)们的后顾之忧，使他(她)们安心在校园进行创作和传承。随后，城南高中、青口小学、黄海路小学、赣榆初中、城南小学成立了“剪纸传承工作站”，“非遗传承名师工作室”为这些学校推荐张白鸽、王梅、刘永刚、王秀红为“剪纸工作站”专任教师，他们有重点地指导、培养一批师生，成绩突出，师生作品屡屡获奖，用他(她)们的辛勤汗水，浇灌了传统技艺的花朵，使之在赣榆的大地上绽放。

(二) 科研工作　探索传承新路

研究以“非遗文化进社区(校园)”活动为切入点，探寻传统文化与社区教育的结合点，研究传统文化助推乡村振兴，以传统文化传播的好途径、好方式并以教学、展示等多种活动为抓手，全面实施教科研工作。通过教科研研究寻找突破口，为传承非遗作出应有的贡献。每个研究周期区级以上社区教育立项课题不少于 1 个，并发表 3 篇论文。几年来，先后完成省级课题《传统文化助推乡村振兴的实践与研究》立项及结题研究；论文《依托名师工作室实现“非遗文化传承”进校园的思考和实践》《非遗文化进校园的实践研究途径》等在省级以上刊物发表。

(三) 校本课程　打造社区品牌

优秀社区教育读本为名师工作室课程保驾护航。在城南高级中学、新城实验小学、赣榆初中、海洋经济开发区小学的支持下，经过各个“非遗文化工作站”的努力，陆续编印了《小学生剪纸》《初中生剪纸》《高中生剪纸》《成人剪纸》等教材，分发社区，供居民学习。教材画面清晰、制作精致、可读性强，融知识性、趣味性和科学性为一体，学员愿学、乐学，学有所获。各位工作室成员制作微课、视频保障学员学习的直观性，如王维良工作站制作《赣榆剪纸技艺》36 集，每集 10 分钟，在《赣榆学习在线》及微信公众号上播放，并参加江苏省社会教育优秀课程评选；制作的微课《赣榆剪纸——填堂彩》参加第六届全国社区教育微课大赛。

图片 1　王维良节假日对学生进行剪纸培训

(四) 校社联动　扩大社会影响

推进“非物质文化遗产传承工作站”进社区、景区、校园活动，名师工作室所有成员在领衔人的带领下，每年按照计划进社区宣传“非遗文化”，开设培训(观摩)课，小班化面授，有利于教师手把手教，更容易让各类人群学懂、学会、学精。几年来，开设相关培训 40 场次，培训指导学员近 1 000 人。通过培训，好多成年人的作品线上销售，生意较为红火。

三、案例成效

带出一个团队：工作室聚集本地区非遗文化传承的能工巧匠，如“剪纸工作站”在剪纸非遗传承大师王维良的带领下，聚集团队成员有张白鸽、王梅、王秀红、刘永刚等人，他们按照传承授课计划进社区、校园、景区宣传“非遗文化”，开设培训(观摩)课，小班化面授，每次培训人数在 40～55 人，每年接受培训的达 1 500 人，工作室合着时代的节拍，以最优秀的作品在重要节日进行展示，吸引更多的人关注、学习非遗文化。在 2020 年赣榆区首届剪纸状元大赛上，参加比赛的工作站 10 名选手，用剪刀剪出多彩的作品，工作室成员张白鸽获得冠军，王梅、刘永刚分别获得二、三等奖，多名选手获优秀奖，“非遗文化传承名师工作室”获得优秀组织奖。

研究一批课题：“非遗文化传承工作室”注重教科研工作，领衔人具有较强的教科研意识和能力，2018 年工作站申请的课题《非物质文化遗产保护与传承教育的实践与探索》在区教育局教科室立项，2020 年 12 月此项课题已结题；2020 年 8 月，工作室申请的课题《传统文化助推乡村振兴的实践与研究》被江苏省成人教育协会立项，2021 年 11 月底结题。在 2018—2021 年度，工作室成员在省级刊物发表 6 篇有关非遗文化传承方面的论文。

做好一些展示：工作站按照计划在社区、校园、景区参加传承保护活动外，积极参加各级组织的“艺术节”“巡回展”，通过演示、制作、表演，把优秀的非遗作品展示出来，吸引市民、学生观看、学习。2018 年 5 月至今，“非遗文化传承与保护”工作室积极参与赣榆区一年一度的文化三下乡“非遗文化展示”活动，“赣榆剪纸传承工作站”参展的剪纸作品，引得参展的领导及市民驻足；同时，工作室核心成员张西月、王维良、徐进涛、孙连东的非遗作品在我国香港、澳门地区和其他国家、地区展示；中央电视台、江苏电视台、连云港电视台多次拍摄工作室成员非遗作品制作过程。

建成一个平台：工作室为了保护和传承本地的非遗文化，搭建了满足市民学习及宣传非遗文化的平台。在青口镇社区教育中心成立“非遗文化传承工作室”，在连云港市新城实验小学成立“王维良纸艺传承工作站”，在连云港市城南高级中学成立“怡美剪纸非遗文化传承工作室”，在青口镇景区“潜园”成立“非遗文化传承工作室”，定期开展活动；同时建立非遗文化微信公众号及时发布非遗文化传承信息；建立一个“非遗传承微信群”。剪纸传承人王维良开通了抖音，2019 年 8 月 4 日第二幅作品抖音播放量破 40 万，粉丝达 6 000，红星 3.5 万。

取得一批成果：“春风化雨花千树，硕果累累傲金秋。”工作室成员用心守望自己的“麦田”，合着时代的节拍，不断前行，取得丰硕成果。工作室先后开发了《小学生剪纸教材》《初中生剪纸教程》《高中生剪纸教程》《市民剪纸技法》等课程；制作《赣榆剪纸——填堂彩》视频参加第四届和第六届 NERC 杯全国社区优秀微课程评选，获得三等奖；工作室制作的《赣榆剪纸系列》36 集微视频完成江苏省老年教育学习资源库子库申报；工作室的《非遗工作室传承展风采》项目申报江苏省社区教育特色品牌项目。工作室成员积极参赛，获得突出成绩。王维良纸艺传承工作站的成员张白鸽的剪纸作品《徐福东渡（一、二）》被认定为 2019 年连云港市优秀版权作品，剪纸作品《百年历程》获得福建省民间文艺家协会等单位联合举办的“金剪献福颂党恩” 剪纸大赛二等奖；张白鸽等人的剪纸作品屡获国家级、省市级大奖。

图片 2　王维良在央视《丰收中国》中，成功挑战直径 20 米剪纸

四、案例体会

1. 领导重视，搭建传承平台

赣榆区青口镇党委、政府为了保护和传承“赣榆剪纸”这一非遗文化，对“赣榆剪纸传承名师工作站”予以经费、人力、场地等方面的支持与保障，每年制订剪纸传承计划，进社区宣传与培训。社区给予一定的经费，专门在镇文化站建了一个集培训、作品展示于一体的功能室，配备空调、电脑、打印机等设备，以镇文化站和社区教育中心作为沟通、联系居民的纽带，探索出了一套以“组建—拔尖—授徒”三步走的模式，即在中小学成立剪纸社团，从中选拔人才，在社区宣传培训，进行剪纸非遗传承保护研究，编写居民读本，针对不同层次要求进行传徒授艺的循环模式。

2. 名师引领，传递传承情怀

多年来剪纸传承人王维良对民间剪纸的艺术技艺追求丝毫没有改变，他把对生活、对自然的认识、感悟，通过灵巧的双手，临剪、画剪、重剪出《孔雀开屏》《中国心》《福文化》《蝶恋花》《百寿图》《民族少女》等既赏心悦目又有深刻寓意的诸多作品。他还负责传徒授艺，培养剪纸传承人才，培训过的学生多达 5 000 多人次。张白鸽、王梅、刘永刚等徒弟，如今已是江苏省乡土人才“三带”能手。民间传统剪纸艺术在王维良的追求、传承下，在故乡这片古老文明的热土中，犹如一株郁郁葱葱的长藤，古老而又常青。

3. 交流参赛，提升传承层次

春夏换季，秋冬易节，赣榆剪纸民间艺人不断推陈出新，通过参加民间传统文化竞赛、展览，激发了创作热情，锻炼了艺术本领，让众多传统艺术重新绽放出美丽的风采。从 2015 年至今，王维良的剪纸作品共获得了国家、省、市(区)级的金银铜奖 30 多项。2016 年斗彩作品《齐天大圣》荣获连云港市特等奖。在 2016 年连云港传统技艺大赛中，他本人获得了最高奖项特等奖，他的学生也获得了 1 个金奖、5 个银奖的骄人成绩。2020 年 11 月 8 日，“剪纸传承名师工作站”组织张白鸽、王梅、刘永刚、王秀红、韦静等 10 名选手参加赣榆首届技能状元大赛。比赛现场，选手个个巧手翻飞、技艺娴熟，将手中的纸剪出构思新颖、构图别致的新作品，令人赞叹非遗的艺术魅力。经过激烈的比拼，工作室的 4 名选手脱颖而出，张白鸽获得剪纸大赛状元，喜获 5 000 元奖金；王梅获得剪纸二等奖，喜获 3 000 元奖金；刘永刚获得剪纸三等奖，喜获 2 000 元奖金；王秀红获得剪纸优秀奖，工作室获得优秀组织奖。这次大赛工作室获奖人数、奖项名列参赛队伍前列，突显工作室的风采。

4. 宣传报道，提升传承知名度

为进一步强化非物质文化遗产的保护工作，展现非遗魅力，传承当地文化，名师工作室充分发挥作为宣传阵地的作用，加大非遗宣传工作力度，工作室专人负责宣传报道工作，利用微信公众号、非遗文化微信群、抖音等宣传报道非遗文化。在江苏学习在线、赣榆教育网以及人民网、《连云港日报》、《赣榆报》等发表宣传稿件。据统计，2018 年至今，工作室在微信公众号发表各类信息 107 条；2018 年各类媒体宣传报道工作室信息 22 条；2019 年各类媒体宣传报道工作室信息 18 条；2020 年各类媒体宣传报道工作室信息 39 条；2021 年各类媒体宣传报道工作室信息 9 条。

五、案例的反思与展望

虽然“赣榆剪纸”在传承和保护做了大量工作，取得了较多的成绩，但也存在一些不足之处：

一是品牌影响力还要继续强化；二是评价机制也要持续完善；三是工作室团体成员的素质要进一步优化；四是教学资源还需要深度开发。

1. 传承民间技艺必须坚持以人为本的原则。因此，对民间文化遗产保护首先要落实到对传承人的保护上，对有突出贡献的非遗传承人要有优惠政策。

2. 对于文化遗产的保护和传承，离不开社会的支持。因此，在争取政策支持、项目资金上需要多层面发力。

弘扬非物质文化遗产的魅力，做好“赣榆剪纸”项目传承，助力社区教育发展是我们的初衷，我们将不断擦亮“非遗工作室　传承展风采”这一社区教育品牌，为青口镇的各项事业助力。

执笔人：孙月坤

点评

一、工作特色

赣榆区青口镇“非遗文化传承名师工作室”遵循社区教育的发展规律，重视发挥非遗传承人的示范、指导、辐射作用，特别是“赣榆剪纸传承名师工作站”在传承人王维良的带领下，按照“五个一工程”要求进行非遗文化保护、传承及研究，依托“剪纸传承工作站”面向社区居民、中小学生、游客，开展形式多样的活动，营造“人人就是传承者”的氛围，成绩斐然，社会影响力不断提升。

二、成功经验

“赣榆剪纸”非遗项目传承是在镇政府的大力支持下，通过“非遗文化传承名师工作室”建设，在名师引领下，带出了一支团队，研究了一批课题，做好了一系列展示，取得了一批成果，充分体现了社区教育在传承中华优秀传统文化方面的作用。

三、推广意义

“非遗工作室，传承展风采”项目通过搭建非遗名师工作室平台，展现非物质文化遗产的魅力，为非遗技艺的传承、研究、创新、发展提供了成功的实践经验，同时也是社区教育名师工作室建设的一个成功案例。

点评专家
姓　　名：章学军
单　　位：南京市建邺区社区培训学院
职务/职称：副院长/中学高级
联系电话：025-86606331，13801598521

◎ 淮安市盱眙县马坝镇社区教育中心

培育乡村时代新风　谱写社区文化新篇

——记 2021 年省级社区教育品牌“马坝新时代新风教育”

品牌 LOGO 设计说明：

该 LOGO 中蓝色代表广大的社区居民；红色代表党和政府领导下开展的“马坝新时代新风教育”项目；舞动的“X”代表着日新月异、波澜壮阔的新时代；汉字“新”突出与时俱进的“新时代新风教育”。LOGO 的整体寓意是马坝镇社区教育中心紧跟新时代，围绕社区治理，依托“腊塘新风教育馆”，对广大的社区居民开展系统的新时代新风教育，助推移风易俗，扭转社会风气，为乡村振兴战略加油助力。

一、案例的背景

近年来，各地在革除农村陋习方面，取得了明显成效。但是，天价彩礼“娶不起”、豪华丧葬“死不起”、名目繁多的人情礼金“还不起”以及农村老人“老无所养”等问题还仍然存在。这些不良风气成为农民群众的家庭负担，也扭曲了乡村社会的价值观。为有效破除农村陈规陋习、树立文明新风，中央农村工作领导小组办公室、农业农村部、中央组织部、中央宣传部、中央文明办、教育部、民政部、司法部、文化和旅游部、共青团中央全国妇联等 11 个部门，印发了《关于进一步推进移风易俗 建设文明乡风的指导意见》。在国务院新闻办公室 2019 年 10 月 29 日举行的新闻发布会上，中央农办原副主任、农业农村部原副部长韩俊表示，争取通过 3 年到 5 年的努力，农村陈规陋习蔓延势头得到有效遏制，农民人情支出负担明显减轻。

“马坝新时代新风教育”，为盱眙县马坝镇社区教育中心在市县社指中心指导下，于 2018 年 6 月，为呼应全社会推进移风易俗、树立文明乡风、实施乡村振兴战略以及建设农村文化的大趋势而倡起的。起始阶段，镇社教中心联合马坝镇腊塘社区，打造了“腊塘新风教育馆”，在腊塘社区全面推行“腊八条”，为全镇的移风易俗工作树立了楷模。2019 年 6 月，该项目在全镇推广。

图片 1　马坝社教中心教师在教学点进行线下讲课

该项目运营 3 年来，在做好疫情防控的基础上，采用线上线下的方式，系统线下培训社区干部群众 30 次，培训人数达 3 464 人，线上培训覆盖全镇 19 个村(居)，2020 年被评为“淮安市级特色品牌”。

二、案例呈现

(一) 签订共建协议，聚力项目落实

马坝镇社区教育中心与腊塘社区“两委”签订共建协议，开启品牌项目共创共建合作新模式。根据合作协议，双方积极贯彻落实党和政府有关推进移风易俗、乡村振兴战略的决策部署，本着“需求引导、务求实效、优势互补、资源共享、共赢发展”原则，围绕去陋习、树新风，文明创建等文明乡村发展需求，共同搭建“马坝新时代新风教育”和“腊塘新风教育馆”共享平台，建立资源共享机制，实现社区教育和社区治理高度融合，实施乡风文明洗礼，整治陈规陋习，加大精神文明建设，振兴乡村文化；

(二) 编写培训读本，提供教学视频

马坝镇社区教育中心组织专业教师，针对项目内容，结合社区党员干部、居民实际，编写了 12 本“马坝镇新时代新风教育”培训读本，选择优秀课程设计进行录制，提供在线开放共享教学视频 20 余单元，利用“马坝社教”公众号平台、社区微信群，不定期播放并及时更新。

(三) 创新教学模式，实施项目推进

创建七个“一”教学模式：即“一堂课、一辆车、一支宣传队、一本书、一只杯、一舞台、一幢馆”。

“一堂课”：即社区党员干部、全体居民，至少接受社区教育中心举办的一轮（12 学时）培训教育；“一辆车”：安排流动宣传车，进村入户，定期专项宣传；“一支宣传队”：成立“新风宣传队”，年专题汇演 12 场；“一本书”：每次培训编写培训读本 1 册；“一只杯”：定制发放“移风易俗宣传杯”2 万余只；“一舞台”：搭建新风大舞台，每月一场，影响千家万户；“一幢馆”：完善“新风教育馆”，定期组织社区党员干部、居民观摩和参与教育培训，并接待外地来访党员干部和居民观摩交流。

（四）规范操作流程，完善项目管理

由镇社区教育中心牵头，镇政府分管部门、市县教育主管部门协调指导，腊塘社区“两委”协同实施，社区红白理事会、新时代社区文明实践志愿者共同实施。在这基础上，实施“五个一”工程，即在社区健全一个机构（社区红白理事会组织机构），制定一项制度（社区红白理事会工作制度），落实一套职责（社区红白理事会工作职责），规范一个流程（社区红白理事会工作流程），简化一系列手续（红白事务办理备案登记表）。

（五）建立新风劝导队，实现监管全覆盖

利用激励机制，每个社区从星级志愿者中选拔优秀志愿者 10 人，培训并组建“马坝新时代新风教育”劝导队（监督队）。在镇社教中心指导下和社区党组织领导下，协助社区红白理事会工作；划分区域责任到人，积极开展巡视、监督、劝导工作；使品牌项目在管理运营的全过程形成连贯性，解决了个别居民不申报、偷偷办事的现象，进一步夯实“马坝镇新时代新风教育”的宣传、监督、劝导工作。

（六）创建教育载体，实施乡风洗礼

“马坝新时代新风教育”以社区教育中心的线下教育为主体，同时依托腊塘社区，着力打造“一台一馆”教育载体。一“馆”指“腊塘新风教育馆”，一“台”指“移风易俗大舞台”。用通俗易懂的图片文字的展馆教育、喜闻乐见的舞台汇演，实施乡风文明洗礼，肃正乡土文化习俗，有效整治了陈规陋习，一定程度上扭转了社会风气，为乡村振兴提供了精神动力。

（七）推进“腊八条”，革除陈规陋习

社区通过走访问卷调查，列出群众在日常生活中最反感的八条陈规陋习：（1）红白喜事及婚庆寿宴讲究排场，大操大办，不加节制；（2）邻里亲友攀比成风，一味铺张浪费，不计成本；（3）婚姻演变成“买卖”，天价彩礼层出不穷；（4）赌博风气盛行，害人不浅，倾家荡产，妻离子散；（5）思想上仍有封建迷信，行为上仍有陈规陋习；（6）酒桌风气不良，劝酒甚至逼酒等陋习屡禁不止；（7）巧立名目滥办酒席，无故增加他人经济负担；（8）烟花爆竹使用频繁，制造噪音扰民，污染空气，浪费金钱。

社区广泛听取腊塘社区群众的意见建议，制定出针对性较强的移风易俗新八条，又称移风易俗“腊八条”：第一条，结婚喜事新式办，提倡文明节俭走新路；第二条，老人丧事简单办，提倡厚养薄葬简仪式；第三条，生日乔迁不再办，提倡小事缩减不跟风；第四条，打牌赌博不沾边，提倡健康娱乐多运动；第五条，烟花爆竹不乱放，提倡减少污染讲环保；第六条，上坟祭扫不迷信，提倡文明祭扫扬新俗；第七条，请客吃饭要节约，提倡热情好客不浪费；第八条，人情来往不攀比，提倡礼尚往来有节制。组织志愿者走村入户，广泛宣传，推动社会新风尚。

三、案例成效

(一) 遏制陈规陋习，推动社区新风尚

该项目通过3年来的扎实推进，有效遏制了农村铺张浪费、炫富攀比、天价彩礼、大操大办、薄养厚葬、封建迷信等陋习，切实把社区居民的负担减下来。据统计：每年社区群众年简办、廉办仪式增多，不办仪式的达50余家，居民年随礼支出同比减少60%，推动了乡风民风的好转。

(二) 社会关注助推广，各界支持赢赞誉

该项目自实施以来，受到了社会各界一致好评。2019年10月12日淮安市主题教育指导组一行视察新风教育馆时，听取了“马坝镇新时代新风教育”的项目运营情况汇报，相关领导和随行人员给予高度评价；10月14日，淮安市原市委常委、盱眙县原县委书记梁三元，视察“马坝镇新时代新风教育”项目和“腊塘新风教育馆”，并称赞该项目有特色，安排在全镇推行；2019年度腊塘社区红白理事会获淮安市“十优红白理事会”；《淮安日报》、《盱眙日报》、市红十字会网站、美丽江苏、搜狐网、中国网等多家报刊及网络媒体对该馆进行专项宣传报道；2021年7月，盱眙县教体局在马坝召开专项观摩推广会议，并向全县推广；该项目吸引周边乡镇和县级机关前来学习交流，3年来，该项目接待外镇及县机关的干部职工1 000余人，助推了全县的移风易俗和文明创建工作。

图片2　县教体局为“马坝新时代新风教育”举行推广仪式

四、案例体会

(一) 推动项目有序开展，促进社区教育与社区治理融合

该项目以“腊塘新风教育馆”为依托，以全体社区居民为对象，以提高社区居民整体素质为目

标，促进了教育社会化和社会教育化的统一。该项目把社区的移风易俗、文明创建等社区活动纳入社区教育重点内容，为新时代的社区治理造势，为革除社会陋习、树立文明新风擂鼓助威，从而实现社区教育与社区治理高度融合。

(二) 完善了社区治理机构，发挥了居民自我管理作用

该项目的主导者理所当然是镇社区教育中心，因此，镇社区教育中心要参与该项目的每个环节。社区红白理事会成员要选任村居两委中德高望重、能力强的人兼任。新时代社区志愿者，要选派善于沟通、责任心强的年轻人。不断完善社区红白理事会和新时代社区志愿者工作制度化、规范化、常态化，补齐了农村社区治理的短板，有效地形成农村婚事新办、丧事简办、文明理事的社会新风尚。

(三) 健全红黑榜奖惩制度，完善项目长效机制

为避免项目出现“一阵风”现象，必须完善项目的评价机制，不断评价，用真金白银的奖励，促进项目的持续开展。依据规章制度，每年度对在移风易俗红榜上的辖区居民，依规奖励；对在移风易俗黑榜上的辖区居民，依规惩处，并将结果录入电子档案，定期在社区大屏幕滚动播出；对上黑榜的居民，实行一年观察，两年内确有悔改的，可由本人申请，移出黑榜；对屡教不改的居民，除必要的经济处罚外，视情节轻重，对照个人信誉度失信等级报送政法委备案，参照对失信等级处罚标准，对失信人员乘高铁、飞机实行限乘。当然，该项目以真金白银奖励为主，配合名誉表彰、媒体宣传，以身边人身边事感化身边人，以此引领社会新风尚。

五、案例的展望

该项目通过未来3年的不断深入，使其达到“六化”，即社区教育、治理一体化，红白理事会规范化，文明户评比常态化，奖惩信息公开化，移风易俗信息化，场馆功能综合化：

(一) 社区教育、治理一体化

马坝镇社区教育以“腊塘新风教育馆”为依托，以全镇居民为对象，以提高全镇社区居民整体素质为目标，达到教育社会化和社会教育化的统一。结合全镇各村居发展和村居组织管理的发展趋势，推行镇社教中心和腊塘社区共创共建的重要管理模式，实现马坝镇社区教育与全镇各村居高度融合，从而促进振兴马坝镇社区教育的发展以及乡村文化上一个台阶。

(二) 红白理事会规范化

加大培训的覆盖面，全镇区域内推进腊塘社区模式，各村(居)、社区完善红白理事会运营机制、管理机制；镇社区教育中心协助各村(居)、社区的“两委”组织每年对各村(居)、社区红白理事会人员进行培训、考核。完善新风劝导队(监督队)监督机制；各村(居)、社区每年推选10名优秀志愿者，培训后充实新风劝导队(监督队)。全镇范围内实施《马坝镇社区移风易俗奖励办法(试行)》，推行对“移风易俗示范户”进行关爱和礼遇办法，简化办理程序。

（三）文明户评比常态化

在全镇辖区内，依据移风易俗“腊八条”、社区“村规民约”、《社区移风易俗奖励办法（试行）》，包括文明交通不乱穿马路，文明旅游不乱图画，文明上网不信谣、不传谣，文明餐桌使用公筷、公勺，倡导“光盘”，孝老爱亲，抵制迷信，抵制非法宗教和邪教，拒绝赌博等内容。统一评比办法，规范评比程序，每年评比一次。每个村（居）、社区每年评比出5～8户。对评比结果张榜公示后无异议的，给予现金奖励，使文明户评比常态化。

（四）奖惩信息公开化

安装电子大屏。全镇各村（居）、社区、街道人群密集区域，设立“新时代新风教育事务公示栏”“新时代新风红黑榜”，把社区居民办理红白事、孝老爱亲情况和文明户先进事迹滚动公示，将社区居民的奖惩信息及时公开，用先进典型推进新时代新风教育，规范操办婚丧喜庆事宜，积极引导社区居民建立文明、节俭、健康、科学的生活方式，形成崇尚勤俭节约、反对奢侈浪费的良好社会风尚。

（五）移风易俗信息化

将“马坝新时代新风教育”与网络对接，创建数字化新时代新风教育馆。开发马坝镇社区教育内容丰富、版面新颖的“马坝新时代新风教育”网站，同时开通运营“新时代新风教育”微信公众号。

（六）场馆功能综合化

有条件的社区，选择闲置社区房舍，改扩建社区“新风婚庆中心”。作为该中心“一台一馆”服务的延伸项目，用于婚庆家庭办酒席的场所。由理事会负责对接举办婚礼的家庭，从而控制宴请桌数、人数和用餐标准。有条件的社区选择僻静的地方，新建“新风丧仪中心”。该中心设“告别大厅”、酒席餐厅，由理事会负责控制宴请桌数、人数和用餐标准。

马坝新时代新风教育是一个系统工程，同时又是动态的系统工程，项目内容上要与时俱进。我们将结合时代要求，不断拓展项目的新内容，大力破除农村歪风陋习，培育良好的社风民风。

执笔人：李先云

点 评

一、工作特色

淮安市洪泽区马坝镇社区教育中心推出的“马坝新时代新风教育”项目，通过签订共建协议，聚力项目落实，编写培训读本，提供教学视频，创新教学模式，实施项目推进，规范操作流程，完善项目管理，建立新风劝导队，实现监管全覆盖，创建教育载体，实施乡风洗礼，推进“腊八条”，革除陈规陋习等举措，打造了“腊塘新风教育馆”，为全镇的移风易俗工作树立了榜样，促使该项目在全镇推广。

二、成功经验

马坝镇社区教育中心推动项目有序开展，促进社区教育与社区治理融合，完善社区治理机构，充分发挥了居民自我管理作用，通过健全红黑榜奖惩制度，完善项目长效机制，破除陈规陋习，推动社区新风尚，有效遏制了农村铺张浪费、炫富攀比、天价彩礼、大操大办、薄养厚葬、封建迷信等陋习，切实把社区居民的负担减下来，推动了乡风民风美起来。

三、推广意义

马坝镇社区教育中心“马坝新时代新风教育”项目实施以来，受到了社会各界一致好评。2019年度腊塘社区红白理事会获淮安市“十优红白理事会”；《淮安日报》、《盱眙日报》、市红十字会网站、美丽江苏、搜狐网、中国网等多家报刊及网络媒体对该馆进行专项宣传报道，2020年该馆被评为“淮安市级特色品牌”。2021年7月，盱眙县教体局在马坝召开专项观摩推广会议，并向全县推广，助推了全县的移风易俗和文明创建工作的深入开展。

点评专家
姓　　名：王少华
单　　位：南京秦淮开放大学
职务/职称：中学高级
联系电话：025-52234396

◎ 淮安市洪泽区共和社区教育中心

创建湖畔农家学苑　打造居民学习乐园

——记 2021 年省级社区教育品牌“湖畔共和农家学苑”

品牌 LOGO 设计说明：

LOGO 以麦穗、书籍、洪泽湖畔作为主要设计元素。

绿色环形代表着洪泽湖畔，生机盎然，带来希望。

麦穗作为农业最主要的代表元素之一，象征着洪泽湖畔的农民大丰收。

书籍象征着农民通过培训学习，技能得到提高，收入得到增长，获得学习的幸福感。

三种元素组合到一起代表着洪泽湖畔农家学习的乐园。

淮安市共和社区教育中心
HUAI'AN GONGHE COMMUNITY EDUCATION CENTER

一、案例背景

淮安市洪泽区三河镇共和社区西临洪泽湖，南靠入江水道，是紧临湖畔的鱼米之乡。共和社区教育中心从建校以来一直把农民培训工作作为学校工作的重点，从扫盲培训、技能培训、职业转型培训到新型职业农民培训等。培训项目内容能紧贴时代要求，符合当代社会发展的需要，并为居民带来实际效益。因此，社区居民乐于参与学校组织的培训活动。2014 年到 2017 年连续创建两个教育服务“三农”示范基地和省级“学习苑”，以“学习苑”和示范基地为依托，积极开展各级各类学习培训。近些年来，由于受城镇化浪潮的冲击以及大量青壮年农民进城务工，“三农”问题也日显突出。为此，党的十九大中央及时提出了乡村振兴战略。这对于农村社区教育机构来说，既提供了发挥作用的广阔舞台，又带来新的挑战。社区教育如何助力乡村振兴？怎样为“三农”服务？居民学习的需求是什么？要培训什么样的人才？这是目前社区教育面临的新课题。于是学校从2018年决定把“湖畔共和 农家学苑”项目作为学校的特色项目进行打造，对培训项目内容、方式进行科学规划，以便更好服务“三农”，助推乡村振兴。

二、案例呈现

“湖畔共和 农家学苑”以项目化、特色化、品牌化建设为目标，以基础能力提升为保障，以满足新型农村居民学习需求为重点，逐步形成主动适应居民需求，知晓度、参与度、美誉度高的社区培训阵地。预期每年针对居民培训人数不低于2 000人次，使培训学员学以致用，成为新农村建设的骨干，引领周边居民共同发展，为振兴乡村助力加油。

（一）项目建设保障

1. 资源保障。“湖畔共和 农家学苑”特色项目以共和社区教育中心为主阵地，下联各村居居民学校，并整合社区内各类社会教育资源，形成较为完善的社区教育网络。中心校与村居民学校均拥有可供正常教学活动的用房及配套设施，社区教育中心拥有全套专用电教设备。各村居民学校有能满足学员需求的一定量的图书资源，且与中心校图书室共享。实现网络全覆盖，具备远程学习的基础设施和较完善的数字化学习环境。共和社区教育中心还拥有两个省级高水平示范基地和一个省级“学习苑”建设项目。两个示范基地项目作为社区培训实践场所，积极发挥示范引领作用。

2. 组织保障。作为项目实施单位的共和社区教育中心，组织机构健全，拥有一支素质较高的管理人员和专兼职师资队伍，同时还拥有一支相对稳定、积极参与的社区教育志愿者队伍。社区教育管理人员和专职教师多年耕耘在社区教育工作岗位，具有一定的社区教育业务能力及丰富的工作经验。兼职教师包括社会教育讲师团成员、专技人员、培训讲师、业务导师等。项目有专人负责日常管理，在区教育局职社科、区开放大学和农广校专人指导、协调下，开展社区教育培训工作。社区教育中心教师还具有较高的教育科研能力，对职业农民教育颇有研究（省社会教育规划课题《三河镇社区职业农民教育研究》已经结题，发表了《职业农民教育现状及其对策》《职业农民教育需求情况思考》等论文），更有农广校和开放大学等合作共建单位为坚强后盾。

3. 经费保障。近年来，区教育局职社科实行按项目拨付社区教育经费的政策。共和社区教育中心因在项目实施中的突出成绩，得到一定的经费倾斜。“学习苑”建设单位的专项资金和示范基地奖励资金，按要求主要用于教育培训工作。社区教育中心还积极向社会和政府部门争取经费，这样项目实施就有了经费保障。

（二）项目建设活动

1. 合理设置课程资源。课程设置以助力实施乡村振兴战略、培育新型农民为目标，针对当前农业产业的现实情况和广大居民的实际需求而精心规划，为社区居民提供优质教育服务。学校认真整合各类学习资源，合理利用网络，组织或参与编写符合学员需要、具有本地文化特色的社区教育读本。共和社区教育中心一直把编写特色校本教材作为培训项目中的一项重要工作来落实，每年至少编写两本培训教材免费供学员使用，编印《共和科普》小报发放给居民阅读。

2. 大力开展教育活动。继承社区教育中心重视农民培训的传统，以培养适应乡村振兴战略的新型职业农民为主旨，兼顾农民体艺活动、智能生活、健康知识，大力开展农民教育培训活动。

不断创新教育方式，做到社区教育中心主阵地培训与下村培训服务相结合，自主办学与合作办学相结合，技术培训与学历提升相结合，理论学习与实践操作相结合。教学内容不仅重视农业专业知识与技能的培训，还重视新型农民基本素质和创新能力的培训。在开展个性化社区教育培训活动时，还积极参与农广校和江苏开放大学及市、区开放大学组织的各类教育活动和培训项目。鼓励学员充分利用网络资源自主学习，积极组织引导社区居民开展数字化学习活动。发挥示范基地优势，帮助需要的学员掌握养殖技术，推广良种，指导创业学员解决实际问题。积极开展优秀学员、优秀学习案例、创业标兵等评优评先活动，激发农民学员的学习热情。

3. 努力打造学习共同体。加强与当地成功的种养专业大户、特色涉农产业、农业合作组织、家庭农场的合作，以现有通过培训而取得创业成功的家庭农场、企业为基地资源，强化实践指导，尽快缩短学以致用的周期。建设周期内，重点开展适应新型农民需求的特色培训项目，不断完善、逐步打造直面公众的学习支持服务平台。

4. 规范管理机制。建立完善的学员学习基本信息管理制度，加强学员注册信息、学习成果记录的管理工作，积极探索学习情况数据分析等现代化、信息化管理途径和方法，积极探索学习成果的考核、奖励和转换、认证制度。严格规范项目资金使用，资金使用有计划、有实效。建立健全各项制度职责，并按章执行。

5. 落实保障措施。培训项目积极争取地方政府的支持，完善体系化运作机制，形成省、市、区项目共建，与教育部门及地方政府主管部门之间无缝对接、合力促进、共同服务的局面。在原有经费保障的情况下，积极争取省级项目经费和地方政府资金支持，保证一定的经费来源，确保项目顺利实施。

6. 加强科研与宣传。在项目实施的同时，社区教育中心大力开展学术研究，不断反思，总结经验教训。继续加强省社会教育规划课题《三河镇社区职业农民教育研究》的研究，形成更为成熟的新成果。2019 年 5 月《农村老年教育发展瓶颈及对策研究》也被省级终身教育研究会课题立项。重视对项目实施工作的宣传力度，对项目实施过程中的做法及亮点及时予以报道，增强项目的社会影响力。

三、案例成效

我校确立“湖畔共和 农家学苑”项目以来，取得良好的社会效益，受到广泛好评，取得了预期的成果。

(一) 强化新型职业农民培训，提高技能促增收

1. 提高服务意识，积极送教下村。为更好地服务农民，方便村居社区农民接受教育培训，共和社区教育中心与村委会合作，聘请农技、畜牧等行业专业人员利用村居学校场地资源开展实用技能下村培训，根据季节特点结合农民学习需求确定培训内容。区域内 10 个村居，每年巡回培训两轮，年均培训 1 000 余人。

2. 引进优质资源，丰富培训内容。其一，与区人社局合作举办技能培训班。先后开展职业技能培训 23 期，累计培训 1 829 人次，其中 90%以上获得等级证书，实现 100%就业。其二，与区农广校合作积极开展新型职业农民培训。2018 年、2019 年、2020 年每年都培训 600 人次以上。其三，利用自身资源自主开班培训。每年开班 40 余期，培训 2 000 多人次，学校每年各种培训总

图片1　2021年3月26日共和社区教育中心开展市级非遗"共和蒲草编织"技艺培训

数达到6 000人次以上。培训内容以新型实用种养技术为主，辅助以电子商务、家政、技术工种、文化艺术等内容，深受农民喜爱。一些学员多次参加培训，意犹未尽。几年来参加培训的学员大多数人能较好地掌握一两门实用技术，具有一技之长，成为当地农村发展的一支生力军。部分学员成为社区管理人员和地方创业带头人，社区90%种养殖大户、家庭农场主、专业合作社成员都参加了社区教育中心的多次培训。

图片2　2020年10月19日共和社区教育中心2019级中专班授课

3. 开展学历进修，提高农民素质。学校先后与南京大学社会学系、淮阴纺织学校、洪泽农广校合作，共开设大专、中专、成人高中班 20 多届，毕业学员 1 287 人，现在籍学员 71 人。自办成人高中班 14 期，毕业学员 341 人。学员以中青年农民为主要教育培训服务对象，着力培养新型职业农民。许多毕业学员成为建设农村的骨干力量，目前全镇村干部中 60%以上都具有经过社区教育中心培训获得的大、中专学历。

（二）加大投入力度，改善办学条件

学校在办公经费紧缺的情况下，积极争取资金，加大硬件与软件建设，尽可能为学员创设良好的学习环境。近 3 年学校新建一个计算机室，购置了 30 台台式电脑用于学员学习。添置了一台教师培训用笔记本电脑，一台高清投影，一套多功能移动音响。重新配置培训教室一间，建立一个电子阅览室。教学场所加装了空调 5 台，更新了部分图书。近 3 年用于硬件改善投入达 20 多万元。同时培训中用于学员交通补助、学员外出考察学习、优秀学员评比的资金达 10 万元。

（三）优化教学资源，提升教育质量

一直以来，学校对培训工作不断总结、反思，努力改进培训方式，让培训形式多样化。改过去单一的授课模式为老师讲授与现场互动、讨论交流、电脑自学、现场授课、实地观摩、动手操作等方式相结合的模式，增强学习效果，帮助学员更好地掌握知识并用于生产、生活实践。同时聘请高层次专家、学者来校授课，提高培训的知名度和含金量。优化课程结构，丰富课程资源，除统一配置的教材外，学校先后开发校本教材 10 余本，印发科普小报上百期，内容涉及种养加工生产技能、政策法规通俗解读、健身益智生活常识等多方面。除了这些课程资源，我们还培训学员利用网络资源进行学习。社区现有“江苏学习在线”注册学员 1 100 多人，有 152 人先后被学校评为“优秀学员”，还组织过两次“妇女网上行”学习活动。

（四）关注重点人群，增强培训实效

近年来土地流转范围越来越大，根据我们调查统计，留守在家的居民大多数是老年人，他们文化基础薄弱，如何针对这些人开展培训，培训如何确保符合他们的需求，以什么样形式开展培训学习活动，成为了我们近几年来研究的主要方向。为此我们开展各种各样的调查，针对他们的实际需求，积极开展健康生活知识、智能手机使用、网上购物、家庭教育等教育培训。关注残疾人，组织他们参加网商技能学习培训。帮助有文艺特长和兴趣爱好的居民组建海棠戏社和舞蹈队，做到学习娱乐相结合。两支队伍多次献艺社区群众，积极助力相关社区活动，并在省市区各级展演中多次获奖。

通过近几年来的项目建设，学校 2019 年被评为省级“成人继续教育培训机构（院校）”，电子阅览室被评为省级“优秀电子阅览室”，子项目“青年农民学历技能双提升”在 2020 年被评为市级品牌项目。

四、案例的体会

（一）项目定位准确

项目的设置始终以居民的实际需求为出发点，为居民的成长、发展解决实际需求。因此项目

获得居民的认可度、参与度都比较高，居民乐于参与学习活动。

（二）项目的延续性好

从项目发展过程看，不同时期体现不同的重点学习内容。每次内容调整都能紧跟国家的政策调整和社区具体情况的变化，是在居民遇到疑惑而需要帮助的时候，为居民提供帮助的"及时雨"。因此项目发展的可持续性较强。

（三）提升了居民的综合素质

通过项目持续不断的推进，使大批居民在创业、就业、学历、技能、文化、健康等方面整体素质提高很大，为教育服务地方发展发挥重要作用。

五、案例的反思与展望

"湖畔共和 农家学苑"项目经过几年的建设，已体现出农家学苑的特色，使更多的居民乐于参与学习。但在实施过程中我们也发现一些不足的地方。一是培训与学习红红火火，参与的人群积极性也较高，但是接受学习人群的普及面有待进一步拓展。尤其是残疾人、文化层次不高的人群参与度不高，而这批人现在成为了社区重点留守人群，这有待于进一步的努力。二是专业师资的缺乏对项目的发展有很大的制约，尤其是特殊专业领域的师资。需要进一步挖掘社会各方面的人才充实兼职教师或志愿者队伍，保证项目可持续发展。三是项目设施过程中经费短缺也是制约项目发展的因素。要努力争取项目资金和政府支持，才能让项目走得更高更远。

"湖畔共和 农家学苑"品牌项目建设到今天，我们始终坚持以服务居民、服务地方建设为宗旨。今后的工作中，我们将以习近平新时代中国特色社会主义思想为指导，在3年建设的基础上结合当前的农村现状，不断优化课程设置，积极利用网络资源与社区公众号等平台，不断改进教学方法，为居民提供切实需要的学习活动，使"湖畔共和，农家学苑"学员更多、效果更佳、影响更广，让品牌项目成为湖畔居民的学习乐园。

执笔人：钟志明

点评

一、工作特色

淮安市洪泽区三河镇共和社区教育中心着力打造“湖畔共和 农家学苑”特色品牌项目，一直把农民培训工作作为学校工作的重点，从扫盲培训、技能培训、职业转型培训到新型职业农民培训，以资源保障、组织保障、经费保障，通过合理设置课程资源、大力开展教育活动、努力打造学习共同体、规范管理机制、落实保障措施、加强科研与宣传等路径，已经呈现出农家学苑的特色，使更多的居民乐于参与学习。

二、成功经验

洪泽区三河镇共和社区教育中心确立“湖畔共和 农家学苑”项目以来，经过几年的建设，通过提高服务意识，积极送教下村，引进优质资源，丰富培训内容，优化教学资源，提升教育质量，开展学历进修，提高农民素质，关注重点人群，增强培训实效，取得良好的社会效益，受到广泛好评，取得了预期的成果。通过近几年来的项目建设，学校2019年被评为省级“成人继续教育培训机构(院校)”，电子阅览室被评为省级“优秀电子阅览室”，子项目“青年农民学历技能双提升”2020年评为市级品牌项目。

三、推广意义

淮安市洪泽区三河镇共和社区教育中心打造的“湖畔共和 农家学苑”以项目化、特色化、品牌化建设为目标，以基础能力提升为保障，以满足新型农村居民学习需求为重点，逐步形成主动适应居民需求，知晓度、参与度、美誉度高的社区培训阵地。每年针对居民培训人数不低于2 000人次，使培训学员学以致用，成为新农村建设的骨干，引领周边居民共同发展，为振兴乡村助力加油。

点评专家
姓　　名：王少华
单　　位：南京秦淮开放大学
职务/职称：中学高级
联系电话：025-52234396

◎ 淮安市洪泽区高良涧社区教育中心

拓展社区文化课堂　全面提升居民素质

——记 2021 年省级社区教育品牌“高良涧社区文化课堂”

品牌 LOGO 设计说明：

LOGO 由图案和字母组成，主体是人、小屋和书。绿色的房屋、人形和翻开的红色书籍寓意社区教育。书页以浪花的形态组成字母“GJ”（高涧），彰显洪泽湖水文化是高良涧社区文化课堂的核心元素。

一、案例背景

现代经济社会的高速发展，人们的世界观、价值观发生了较大变化，城区人口组成和居民收入状况随之发生了变化。一方面部分征地拆迁后的人一夜暴富即安，满足于现状，出现赌博等不良社会现象，败坏了社会风气；另一方面由于进城务工，子女到城区读书，农村人口向城市集聚，富余人员增多，有多样化的需求。物质条件的较大改善，使人们追求更高精神层次的需求愈发迫切。让丰富多彩的活动，充实居民业余生活；用富有文化特色的教育培训点亮他们内心世界。这是当下社区教育面临的问题。

针对居民对于精神文化生活的客观愿望和内在需求，从 2018 年起，我们利用城关街道区位和资源优势，开设高良涧社区文化课堂，面向社区居民开展文化教育和活动。为了进一步弘扬洪泽湖大湖文化“上善包容、务实苦干、和谐共生”的传统品质，深入发掘大湖和善文化的深厚底蕴，提升文化课堂影响力，今年我们对当地的教育资源进行有效整合和共享，面向居民送文化、送健康、送温暖、送培训、送技能、送服务，全面提高居民综合素质。

二、案例呈现

1. 开设专题文化讲座。开展洪泽湖文化、社区道德讲堂等系列讲座，开展古堰游学活动，引导居民了解洪泽湖文化历史，提升精神文明素养。2018 年以来，我们和洪泽湖书画院合作，聘请全国百姓学习之星、运河文化专家夏宝国开展了运河文化、水利文化、家风家训、洪泽湖红色历史文化教育专题讲座。

2. 组织各类教育培训。开展健身气功八段锦培训、防灾减灾培训、消防安全知识培训、应急救援知识培训、中国武术套路段位制培训、健康知识专题教育。协助开展数十场次的广场舞进社区、村培训。开展学生暑期校外辅导，进行课业辅导和爱国主义、法制等主题教育。

3. 开展专业技能培训。强化技能培训，为社区居民安居乐业提供帮助。针对农村劳动力和下岗转岗失业等重点人群开展了 27 期育婴师培训和 3 期社会养老护理员培训。学员结业后参加职业技能鉴定，领到职业资格证书走上社会，增强了市场就业竞争力，受到用人单位和雇主的欢迎。

图片 1　洪泽区高良涧社区教育中心开展送健康送技能进社区活动，为居民测血压，烹制龙虾和红烧肉

4. 开展丰富多彩活动。深入到社区、居民小区，组织健康体检、测血压血糖，组织烧龙虾、红烧肉烹制培训，八段锦教学进小区，组织慰问养老院老人，送健康、送技能、送温暖、送优质健身项目进社区，让社区居民居有所乐。组织中秋书法笔会、送文化进湖区，组织七一文艺汇演、“唱响中国梦·向党的百年华诞献礼”晚会、暑期纳凉文艺晚会，观看爱国主义电影和黄梅戏《江姐》演出。组织端午节包粽子比赛，武术进社区活动，吸引爱好者融入全民健身队伍。

开设水乡娃戏曲剧社，提升学生才艺。组织最美警察张圣龙法制教育宣讲进课堂。组织参观金堤永固廉政教育基地、周恩来纪念馆、洪泽烈士陵园，接受反腐倡廉和爱国主义教育。

5. 组织全民阅读活动。拓宽省级社区教育品牌“洪泽悦读阅美经典诵读”项目路径，营造

“多读书、读好书、善读书”良好的社会氛围。策划全民终身学习活动周，组织中华经典诵读；协助“我们的节日・悦读阅美经典诵读”活动走进洪渠社区、洪泽湖文化广场、惠民社区、欢乐广场。2021年5月30日，组织“童心向党儿童节阅读悦美”活动，诵读经典。

三、案例成效

1. 活动受训人数多。3年来，我们以高良涧社区文化课堂为载体，组织形式多样、内容丰富、群众喜闻乐见的教育培训和活动，受训人数超0.48万人次，参加活动人数超1.4万人次。

2. 教育品牌质量优。2018年项目启动以来，依托文化课堂，积极拓展全民阅读，成功申报2019年《洪泽悦读阅美经典诵读》、2021年《高良涧社区文化课堂》2个项目为江苏省社区教育品牌项目。

3. 学习创建成果丰。2018年，社区教育中心被表彰为全国优秀学习型部门。2018年全国百姓学习之星夏宝国、2019年全国百姓学习之星高锦潮受表彰，涌现了省级先进工作者、优秀志愿者、百姓学习之星10人，市、区及街道好人、先进个人多人，家政技能大赛23人次获奖。

4. 课程建设成效显。“陈式太极拳教学”课程在江苏省2021年度社区（老年）教育优秀数字化课程资源评选中获二等奖。组织编写了心肺复苏指南培训、八式太极拳等课程，老年人养护知识、老年生命教育、市民文明礼仪读本、抗震防灾科普知识、洪泽湖溯源及其传说、创业知识、无公害蔬菜种植、抗震救灾、食品安全、老年教育系列等16个读本，开发了陈式太极拳12式、洪泽湖红色历史文化、洪泽湖水文化、养老护理员培训、老年广场舞、快速学习单反摄影等课程并分享至微信公众号，向广大受众传播。

5. 品牌项目宣传广。项目在推进过程中，注重宣传跟进。文化课堂培训和活动资讯及时发布到江苏学习在线、搜狐、今日头条、江苏体育局、江苏广场舞官网、淮安城市网、高良涧社教公众号等媒体，百度可查，赢得良好的社会影响，在社区居民中有一定的知名度。

四、案例体会

1. 拓展各类培训是开办社区文化课堂的重要基础。以党的十九大报告提出的“要坚定文化自信，推动社会主义文化繁荣兴盛”为指导，建设高良涧社区文化课堂这个移动的课堂为学习载体和平台，立足群众需要，因地制宜，兼顾室内外各类教育培训，线上线下培训结合。针对不同人群开展各类教育，不断满足人民群众日益增长的精神文化生活需要。

2. 丰富多彩活动是开办社区文化课堂的重要前提。通过内容丰富、形式多样、群众喜闻乐见的文化主题教育活动，来激发和提高居民参与社区教育的积极性和主动性，变“要我参与”为“我要参与”，以鲜明的特色活动吸引居民广泛参与，主动介入，提高群众的参与率。

3. 拓宽教育渠道是开办社区文化课堂的重要保障。以点带面，示范辐射广大居民。文化课堂突出室内、室外教育相结合，由面上深入开展，辐射带动各村居依托党群服务中心，利用居民学校、道德讲堂、图书阅览室、健身舞蹈房等活动阵地，更加接地气地开展教育活动。

4. 强化宣传造势是开办社区文化课堂的重要抓手。品牌项目需要宣传推介，着力宣传社区文化课堂项目的培训、活动，弘扬社会主义核心价值观，推动精神文明建设，助力乡村振兴。利用多媒体多渠道多层次深入宣传，全面提升品牌影响力和项目知晓度。

图片 2　洪泽区高良涧社区教育中心举办洪泽湖水文化讲座

5. 资源共享共建是开办社区文化课堂的根本保障。利用高良涧街道区位和资源优势，抓好内引外联助推项目发展。与洪泽兴仁职业技术学校、区大运河（洪泽湖）研究会、区健身协会、区开放大学、区作协、街道 19 个村居等联合，明确合作单位职责分工，建立健全规章制度，全方位多渠道融合当地人文、教育资源，实现资源共享共建。

五、案例反思与展望

社区教育中心牵头组织的高良涧社区文化课堂项目，与合作单位资源共享合作共建。社区教育中心集中管理，合作单位参与实施项目。虽然取得了阶段性成效，但是在工作中还有许多需要完善和提高的方面。在组织协调、运行方式、活动开展、培训内容、扩大宣传、增强品牌影响力等方面下大力气提高，改进工作中的不足，提升社区文化课堂质效，让居民在文化课堂里，能各取所需，有所收获，提高自身综合素质。

（一）反思

1. 加强领导，进一步健全项目合作常态化活动联动机制。
2. 加大投入，进一步建立健全活动经费保障机制。
3. 加强管理，进一步提高活动的质量和效果。
4. 多措并举，进一步改进线下培训多线上培训不足的问题。
5. 宣传引导，进一步扩大品牌社会影响力和项目示范推广应用。

（二）展望

3 年来，我们与洪泽区兴仁职业培训学校联合开办“育婴员”“保育员”“养老护理员”培训，培养有一技之长的劳动者，打造职业技能提升课堂；与洪泽湖文化研究会合作共建了“洪泽湖红色文化史”“洪泽湖水文化”项目，让居民深入了解本土人文、历史知识，打造洪泽湖历史文化课堂；

与洪泽开放大学合作，开展古堰游学项目，拓展社区教育新模式新途径；与洪泽区健身协会协作，开展全民健身、应急救护、武术（太极拳）进社区培训，打造老年人健身活动课堂；与区作协合作开发“悦读阅美”经典诵读项目，扎实推进全民阅读活动，打造“悦读阅美”经典诵读课堂。

下一阶段，我们要巩固已经取得的成绩，进一步做优做强品牌，做出精品，做出特色。要加大组织力度，巩固拓展合作单位协作关系，增强与合作单位的联系和沟通，进一步明确各方职责和任务；多渠道加大经费投入，依托高良涧社区文化课堂品牌，努力打造各具特色的洪泽湖历史文化课堂、“悦读阅美”经典诵读课堂、职业技能提升课堂、老年人健身活动课堂，不断满足居民日益增长的多元文化教育需求。与时俱进，不断创新活动培训方式方法，丰富拓展教育内容，面向广大居民和重点人群，扩大教育覆盖面，提高教育的实用性和实效性，切实提升文化课堂质效。扩大高良涧社区文化课堂品牌的影响力和知名度，增强居民的获得感和幸福感，提升幸福生活指数。

执笔人：高正洪

点评

一、工作特色

淮安市洪泽区高良涧社区教育中心利用城关街道区位和资源优势，通过开设专题文化讲座、各类教育培训、专业技能培训、组织全民阅读活动等方式，弘扬洪泽湖大湖文化“上善包容、务实苦干、和谐共生”的传统品质，深入发掘大湖和善文化的深厚底蕴，提升文化课堂影响力，拓宽省级社区教育品牌“洪泽悦读阅美经典诵读”项目路径，营造了“多读书、读好书、善读书”的良好社会氛围。

二、成功经验

洪泽区高良涧社区教育中心通过对当地的教育资源进行有效整合和共享，面向居民送文化、送健康、送温暖、送培训、送技能、送服务，全面提高居民综合素质。编印社区教育读本达 16 本，活动受训人数超 1.4 万人次，2021 年“高良涧社区文化课堂”2 个项目为江苏省社区教育品牌项目，“陈式太极拳教学”课程在江苏省 2021 年度社区(老年)教育优秀数字化课程资源评选中获二等奖，赢得了良好的社会影响，在社区居民中有一定的知名度。

三、推广意义

洪泽区高良涧社区教育中心牵头组织的社区文化课堂项目，与合作单位资源共享合作共建。社区教育中心集中管理，合作单位参与实施项目，面向广大居民和重点人群，扩大教育覆盖面，提高教育的实用性和实效性，切实提升文化课堂质效。扩大高良涧社区文化课堂品牌的影响力和知名度，增强居民的获得感和幸福感，提升幸福生活指数。社区教育发展的关键在队伍建设。澄江街道正是抓住了社区教育发展之根本，选准社区教育工作，推动社区教育向高品位发展，具有现实推广意义。

点评专家
姓　　名：王少华
单　　位：南京秦淮开放大学
职务/职称：中学高级
联系电话：025-52234396

◎ 盐城市建湖县宝塔镇社区教育中心

人文行走　助力乡村文明振兴

——记 2021 年省级社区教育品牌“朦胧驿站—乡村游学”

品牌 LOGO 设计说明：

1. 图案中间是朦胧千年古塔，代表着我们优秀的古文化传承；塔身的丝带预示着我们不断开拓的人文行走之路，也预示着人们通过终身学习追求幸福美好生活之路，搭建“游学”这种社区教育体验式学习的服务供给方式，将更多更好的学习服务送到居民身边。

2. 游学的印章，表示我们在社区教育创新项目、塑造品牌的路上一步一印记；红色环形印记寓意社区教育人有“火”一般的热情，社教联盟、抱团取火、共同发展，从而助力全民终身学习体系的建构。

一、案例的背景

省教育厅葛道凯厅长提出要办人民“适合的教育”，要让人人皆学、处处能学、时时可学变成可能。江苏开放大学“学习苑”（宝塔点）创新工作要求，积极探索居民感兴趣的学习方式，开辟了一种全新的学习方式——“朦胧驿站—乡村游学”。游学的历史源远流长、过程历久弥新。“朦胧驿站—乡村游学”项目通过整合地方资源、挖掘教育元素、开展流程设计、创新宣传推广，创新居民学习方式，搭建农村社区教育新平台，助推多元化主体参与社区教育，为探索、研究社区教育、社会化教育创造可能。

居民乡村游学体验项目是在国家高度重视全民终身学习的背景下，依托建湖县建立生态文明城市的构想中逐步提出、形成并发展起来的新型的、独具建湖特色的社区教育体验模式，它将建湖特有的休闲文化与全民终身学习的要求巧妙地融合在一起，不仅仅是享受，更是一种感悟，一种人生的体验。丰富多彩的行程内容可以开阔人们的视野，增长见闻、开拓眼界、增强自信，锻炼人们面对环境改变的适应能力。

二、案例的呈现

5 年多的探索实践，"朦胧驿站—乡村游学"形成了一套"传统文化熏陶、原生态体验、新技能获取、好德行涵养"学习新模式。学习者寻找到学习的乐趣，获得了个性成长的机遇。

（一）发掘游学基地

朦胧驿站乡村游学项目，依托县域内自身优越的自然条件和独有的历史文化、非遗文化，首次提出了终身学习背景下的"游学"概念，开发出了朦胧古塔文化、陆秀夫纪念馆、大美湿地九龙口淮剧小镇 3 条游学路线。这种新型学习形式打破了传统的社区学习中教学地点固定的模式，拓展了学习的时间和空间，将学习的内容与过程融合到"游"之中，寓教于乐，提升了学习的情境性和趣味性。

1. 朦胧古塔文化体验基地

朦胧古塔位于江苏省建湖县宝塔镇境内射阳河、北塘河、西塘河等重点航道交界处，始建于唐朝武德三年（公元 620 年），系苏中、苏北地区目前唯一的原貌保存较好的千年古塔，历史文化底蕴相当丰厚，是江苏省文物保护单位之一。清代著名剧作家《桃花扇》作者孔尚任有遗诗《朦胧淤口有感》，盐民诗人吴嘉纪、"扬州八怪"郑板桥等名流均有佳作于此。居民通过参观朦胧古塔，可以深层次感悟古代厚重建筑文化底蕴和独特的古塔风俗民情。

2. 陆秀夫纪念馆爱国主义教育基地

陆秀夫纪念馆坐落在千年古镇——建阳，占地面积 6 666.67 平方米，建筑面积 4 850 平方米。陆秀夫纪念馆气派雄伟，古朴典雅，大厅陆秀夫的坐像栩栩如生，东展厅陈列"忠烈的足迹，报国的人生"事迹图说，西展厅为"忠烈的足印"纪念地巡礼，展橱里有《陆忠烈公全书》等各种版本的历史资料。

爱国是亘古不变的情怀，陆秀夫宁死不屈、负帝蹈海的精神气节气贯长虹，他的身上凝聚了中华民族世代传承的最美品德。居民通过参观陆秀夫纪念馆，可以从忠烈的人生轨迹中受到爱国主义的熏陶。

3. 九龙口原生态湿地体验基地

九龙口风景区风光绮丽、迷人。2017 年九龙口景区被评为 5A 级国家风景名胜区，是中国最大的潟湖湿地。她风光瑰丽，魅力独特，有"九楼倒影""荷港观鱼""绿波泛舟""晨雾轻纱"等胜景。"原生态、深体验、慢生活"是游学九龙口的最好写照。通过参观九龙口生态湿地激发青少年牢固树立保护环境、"绿水青山就是金山银山"的意识。风景区内新建成的淮剧小镇，更是体验国家级非遗物质遗产和淮剧传承的绝佳去处。

（二）夯实联盟基础

在古塔文化、淮剧非遗文化游学项目成效初显之际，建湖县社区教育主管部门认为这种终身学习的新型载体值得在全县拓展和推广，且可以在参与主体、学习领域和学习者群体上加大探索。于是，更多的游学点如乔冠华纪念馆、建阳县（中华人民共和国成立前原称）抗日民主政府盐阜地区第一个党小组(草堰口大塘村)参与到游学项目实践中来,游学联盟迅速扩大到6家,游学路线达到10余条。建湖县教育局每年为参加游学实验项目的社教中心提供起步经费,从2018年起,每月召开1～2次游学项目的现场推进研讨会,交流各条路线的经验做法,畅谈体会,共谋发展。整合了学习资源、人才资源、保障资源,为项目开展提供有力的保障。

图片1　2021年召开"朦胧驿站—乡村游学"项目建设专题研讨会

(三) 完善游学乐学模式

在影响力不断扩大、参与者日渐增多的情况下,对游学项目在机制上的统筹和深化成为重点。2018年3月,建湖县教育局下发了《建湖县游学项目管理办法(试行)》,从制度层面对项目的科学发展进行了规范。项目组制作游学专题宣传片;编印2版《建湖县游学路线指南》;组建游学路线设计研发的专家团队派往各游学分站点进行指导。所有游学信息均在朦胧驿站公众号上及时推送。

(四) 注重课程资源开发

把课程资源开发作为推进游学项目的有力抓手,3年来,编撰游学课程系列丛书——《走进朦胧宝塔》《传承红色基因　坚定理想信念》《水乡明珠》等16本乡土教材,《学做家乡菜》《恒济大鱼丸》《方言号子》等22本校本教材。促进了社区教育的规范化和本土化,提升了社区教育的影响力。

我们从游学的特点出发,围绕学习需求,学习资源开发与时俱进,联盟组针对淮剧这一独特的文化瑰宝,对涉及淮剧方面的历史传说、典故、优秀曲目分类汇编;对朦胧古塔的佛教文化、古塔文化、神话传说、风土人情、民风民俗重点挖掘;在陆秀夫纪念馆爱国主义教育基地,整理出陆秀夫成长历程、壮志滔海的英雄事迹。这些知识点的搜集,为课程开发提供了鲜活生动的学习内容。

(五) 强化教育内涵提升

建湖的朦胧驿站乡村游学项目是一个充满气质、充满乐趣的学习方式,融趣味性、知识性为一体，对于践行社会主义核心价值观、推动书香建湖建设，有重大意义。

图片 2　2019 年开展“朦胧驿站”游学活动

开展各种主题活动，满足群众不断增长的学习需求，为他们提供了高品质多元化的学习体验，“淮才可遇”“少年陆秀夫”“朦胧文化艺术节”等都是游学联盟点标志性活动内容。以“九龙暖流”“秋韵朦胧塔”等为主题的诗会、墨画成为百姓舞台，诗词雅韵化人心，情动于中形于言。乡村游学成了一个个流动的课堂。

几年来，朦胧驿站乡村游学项目召开学术研讨会 32 场；撰写论文、教育案例 62 篇；课题立项省级 2 个，县级 4 个；发表新闻稿件 728 篇；组建微信群 18 个，微信公众号一个；开设空中课堂 612 课。各项工作在有条不紊地推进，营造了最美的学习氛围。

（六）凸出特色品牌效应

几年来，朦胧驿站乡村游学项目坚持教与学、游与学的本质定位，追求高品质的育人效果，让不同层次的人群能够感受不同的教育。2018 年朦胧驿站乡村游学项目被县教育局确定为建湖县社区教育特色品牌，2020 年沿河镇社区教育中心选送的《建湖淮剧的传承与推广》被省教育厅确定为省级社区教育特色品牌项目，九龙口的淮剧小镇多次被中央、省、市新闻媒体报道宣传。

乡村游学项目有力促进了社区教育发展的新模式，项目的建设始终贯穿于游学教学的始终，优化教学点的内部管理、课程教学、队伍建设，拓展了社区教育的生存空间，实现全民终身学习的愿景与宗旨。

乡村游学项目贴近基层、贴近生活、贴近需求，品牌的塑造，打通社会教育的“最后一公里”。项目在建设过程中，不断创新学习模式，变“单个”成“集体”，变“课堂教”成“社会学”，持续激发和调动居民的学习热情。

三、案例的成效

“朦胧驿站—乡村游学”实施校际联盟，有效促进了联盟单位资源共建、成果共享、师资共建、内涵提升、效应共振，填补了短板空白、延伸了发展空间。“朦胧驿站—乡村游学”跳出了农村社区教育一直以来通过培训项目来提升当地农民素质的传统式样，发挥乡村在生态环境、食品安全、户外拓展、传统手艺方面的优势，吸引城市市民到乡村来体验学习，体现了城市与农村相互依存的关系，也提升了社区教育机构对当地社会经济发展大局的贡献度。

（一）助推了多元主体参与社区教育

2016年，教育部等九部门联合出台了《关于进一步推进社区教育发展的意见》，在主要任务中明确提出，鼓励相关行业企业参与社区教育，并且应当探索开放、可持续发展的资源共享模式，不断扩大社区学习资源供给。在各地推进学习型城市的探索实践中，政府部门、高校、中小学校建设学习型机关、学习型单位、学习型家庭和个人的案例并不缺乏，而长期以来，企业在参与一个地区社区教育、终身教育方面，除了给自己的员工开展一些继续教育培训外，很难有平台和渠道深度参与服务全社会的终身学习体系中来。而每一个企业，从内生动力来说，具有开展行业科普、建立品牌认同和提升公益形象等需求，因此“朦胧驿站—乡村游学”项目的开展，为企业找到一个入口联通到当地的全民学习服务体系构建当中。同时，“朦胧驿站—乡村游学”项目把一个城市中博物馆、美术馆、图书馆之类公共文化场馆之外的民间或民族文化资源挖掘呈现出来，比如“宝塔红石榴少数民族家园”成为少数民族文化游学路线中一个重要点位。

（二）开辟了社区教育服务地方经济的新路径

“朦胧驿站—乡村游学”项目紧密结合历史文化和智慧制造产业以及生态湿地等，在教育体验活动中宣传当地产品、增加当地农民就业机会，增加了农民对参与社区教育培训的积极性和主动性，促进了建湖地方经济社会发展。

（三）有力促进了学习型社会的建设

“朦胧驿站—乡村游学”项目打破了传统的学习模式，让游学者在领略大自然风光和健身娱乐的过程中边体验，边学习。通过享受“天然氧吧”的清新，体验智慧制造的神奇，感受高水平农科教基地的科技魅力，还从中学到很多知识，实现了在体验中享受，在享受中学习，在学习中提高。创新了居民学习的方式，激发了居民学习的热情，调动了当地农民参与社区教育培育的积极性和主动性，提高了新型职业农民的技能和素质，有效促进了全民终身学习活动的顺利开展。

四、案例的体会

1. 研究与实践证明，农村乡镇社区教育中心采取“强强联合”或“青蓝结对”的共享发展模式，“抱团取火”是可行的，“小创新”却有“大收获”，是符合农村社区教育现状的一条发展新路。

2. 实行校际联盟模式，可以极大地调动社区教育工作者参与社区教育的主动性、自觉性和积极性，有助于大家认识一致，目标统一，工作协调，功能互补。

3. 实现这个思路的前提是各联盟单位都要转变观念，统一认识，把共享、共赢看作是共同的职责，形成互参互管、互帮互促的良好习惯。一个符合实际并有利于社区教育全面发展的研究课题，必然会给乡镇社区教育中心的发展，带来巨大的推动作用。

五、案例的反思与展望

（一）反思

1. 教育元素欠突出。有的路线只是把学习者单纯地带到历史人文底蕴丰厚的文化场所或旅游景点走马观花游走一遍，没有明确的教育目标和教学设计，也不能给学习者切实而深刻的学习收获。有的在呈现方式上缺乏系统思考，有的缺乏具有专业讲解水平的游学导师，有的缺乏标准操作演示，有的只有展示而没有让学习者动手参与体验的环节，有的只停留在现场讲解而没有制作简易教材或折页单。在“朦胧驿站—乡村游学”实践中，对游学者进行的游后反馈问卷调查中发现，教育元素的缺失是影响游学者感受的最大因素。

2. 标识形象欠规范。本来游学就是在当地文化、旅游产业和特色企业上做加法，通过共享模式产生教育的新产品，如果缺乏标识和统一形象，很容易让学习者产生疑惑，对“学”的感受缺失，变味成单纯的参观和游览，仪式感的缺失直接影响学习感受。

3. 流程设计欠精细。游学与传统社区教育的课堂授课或固定地点的体验学习不同，在学习内容上更宽泛，在时间空间上跨度更广，为流程设计带来较大难度。如何在一天的游学过程中，最大限度地考虑学习者的特点，充分考虑各个环节时间的合理利用，满足学习者在交通、餐饮、学习、交流等各个环节中的需求，真正实现学有所思、行有所获，成为游学项目当前和下一步的研究重点。

（二）展望

当前，社区教育已经进入了内涵发展时期，让每个想学习的人得到适合的教育，我们社区教育人应该研发出更多人性化的学习方式，以满足居民日益迫切的终身学习需求。网上虚拟游学、工业游学、异地游学将成为“朦胧驿站—乡村游学”下一步游学项目深化与拓展的方向。

道由白云尽，春与青溪长。今后，相信在相关政策精神的指引下，在广大社区教育工作者的努力下，朦胧驿站乡村游学将打造出更多的优秀社区教育特色品牌，开发出更多优质的社区教育资源，开展丰富多彩的社区教育项目活动，为广大百姓的终身学习提供更好的服务，助力乡村文明振兴。

执笔人：李文刚　成　晔　仇庆先

点 评

一、工作特色

“朦胧驿站—乡村游学”是建湖县宝塔镇社区教育中心在全民学习理念下，积极探索居民感兴趣的学习方式。通过游学项目这一主线，坚持项目教育需求，不断挖掘游学体验基地；坚持可持续发展，吸纳扩展游学联盟单位；坚持完善机制模式，适时开发课程资源；坚持提升项目教育内涵，凸显项目品牌影响力。

二、成功经验

“朦胧驿站—乡村游学”项目，一是整合地方资源、挖掘教育元素，创新居民学习方式，有力促进了学习型社会的建设；二是完善项目流程，搭建农村社区教育新平台，助推多元化主体参与社区教育；三是实施校际联盟，有效促进了联盟单位资源共建、成果共享、师资共建、内涵提升、效应共振，为社区教育填补了空白、延伸了发展空间；四是创新宣传推广，增加农民参与社区教育培训的积极性和主动性，促进了地方经济发展，开辟了社区教育服务地方经济的新路径。

三、推广意义

游学这种学习形式打破了传统的社区学习中对教学地点固定的模式，拓展了学习的时间和空间，将学习的内容与过程融合到“游”之中，寓教于乐，提升了学习的情境性和趣味性。该学习形式自从在江苏推广以来，受到了各级社区教育机构的推崇和居民百姓的欢迎，“朦胧驿站—乡村游学”项目为我们提供了一个非常好的范例。

点评专家
姓　　名：何忠益
单　　位：张家港保税区社区教育中心
职务/职称：主任/高级教师
联系电话：13906247995

◎ 盐城市盐都区潘黄社区教育中心

传承红色基因　赓续发展动力

——记 2021 年省级社区教育品牌“潘黄红色文化教育传承”

品牌 LOGO 设计说明：

LOGO 左半边是抽象的潘黄的“潘”字首字母 P 的形状，LOGO 右半边是抽象的潘黄的“黄”字首字母 H 的形状，同时是抽象的“凤凰抬头”的形象，象征潘黄在党的领导下跨越百年路，起航新征程，取得巨大的发展成就。

左右两边抽象的字母共同构成了潘黄的镇名，同时组成了一团熊熊燃烧的火焰形状，象征红色文化之火在潘黄大地生生不息；象征党的光辉永远温暖、照亮着潘黄大地；也象征着红色精神在潘黄的不朽传承。

火焰的外围，是一个红色的圈，象征潘黄人民一心向党，紧密团结在党中央周围，拥党爱党，在党的带领下携手走向更好的明天。

一、案例背景

盐城，一座英雄城市。在这方红色的盐阜大地上，有 128 个镇村以英烈的名字命名，盐都区潘黄街道就是其中之一。潘黄，取名于革命烈士潘克和黄炜。烈士潘克，1941 年随新四军东进来到盐阜抗日根据地，任中共盐城县一区区委书记，在一次战役中光荣牺牲。潘克牺牲后，随刘少奇率领的干部大队来盐的黄炜，继任中共盐城县一区区委书记，不幸于 1943 年英勇牺牲。为纪念两任相继壮烈牺牲的区委书记，1946 年盐城县第一区改名潘黄。抗日战争时期，除了潘克、黄炜，潘黄当地还涌现了诸多可以追溯到相关事迹的烈士，如罗彬等 14 名烈士。解放战争期间，潘黄有 4 次规模较大的参军运动，有 51 名烈士壮烈牺牲，如胡宝才、孙兆泉等。一代又一代的潘黄人秉承先烈遗志，前赴后继，不怕牺牲，跟随党的脚步不断前进。

近年来，潘黄街道以习近平新时代中国特色社会主义思想为指导，紧扣“六个高质量发展”战略定位，践行“两海两绿”路径要求，围绕争当高质量发展排头兵、聚力建设“一中心三高地”目标定位，坚持产业发展融入高新区、城镇发展融入大市区，夯实“红色堡垒”，增进百姓福祉，全力建设“强富美高”新潘黄。在此进程中，潘黄街道社区教育中心紧扣街道中心工作，挖掘地方红色文化资源，开展红色文化教育活动，积极创建“潘黄红色文化教育传承”社区教育品牌。

二、案例呈现

盐都区潘黄街道，这是一片宜居的乐园。人文历史悠久，文化底蕴丰厚，地处城西片区，交通便捷，商贸繁华，民风淳朴，环境怡人。街道区域面积 27.72 平方千米，总耕地面积 950 公顷，户籍人口 50 955 人，外来流动人口近 10 万人，下辖 11 个居委会、2 个行政村。近年来，潘黄街道重点重抓红色文化教育传承，成立并开放了“潘黄红色教育基地”，开展“红色大讲堂”党建品牌活动，通过深挖盐阜大地的红色故事，共话浴血战斗的革命历史，积极引导观众重温波澜壮阔的红色记忆，有效将红色文化与党性教育融合，激发了广大党员的担当作为。活动采取现场讲述和网络直播等方式，扩大“红色大讲堂”受众，截至目前，已有近 1 000 万人次聆听讲述，为潘黄高质量发展提供强大精神动力和丰润道德滋养。

（一）成立红色文化传承工作小组

3 年来，潘黄街道社区教育中心紧跟街道党委提出的重抓“红色文化教育传承”的思路，于 2017 年上半年成立了专门的红色文化传承工作小组，由社区教育中心负责人兼潘黄街道党校副校长专门负责，并吸收了一批素质高、热心服务的专兼职教师、管理服务人员以及志愿者队伍，为潘黄红色文化的调查研究传承服务等工作提供了制度和人员保证。

（二）布置红色文化基地展厅

2018 年初，为搞好红色文化教育传承工作，潘黄社区教育中心倾力打造了占地面积为 2 000 平方米的红色教育基地。红色教育基地集党群服务、教育及娱乐活动为一体，分室外广场和室内展厅。室外广场，有潘克、黄炜烈士雕塑等系列红色文化标志展列，另有潘黄社区教育中心精心布置的红色大舞台，该舞台既可开展重大活动，又可供周边居民群众娱乐休闲、文艺表演。室内展厅总面积 760 平方米，展厅共有两层，分为展示区和功能区。展示区展示了潘克、黄炜等先烈们的英雄事迹以及一代又一代潘黄人缅怀革命先烈、弘扬革命精神、勇于拼搏的奋斗史。功能区主要包括党群服务室、党建知识问答、我与党旗合影、党员信息查询、红歌房、组织生活馆、红色大讲堂、党员宣誓区等系列功能室。展厅另还有两个大屏，用于红色视频点播，可以点播红色大讲堂、盐都烈士视频等。

（三）丰富红色文化宣传教育

潘黄社区教育中心以红色教育基地为主阵地，大力开展丰富多彩的红色文化宣传教育。通过与盐城市广播电台联合打造的“红色大讲堂”，在红色教育基地或潘黄境内的学校、社区等地开展，有时通过网络直播在线上举行，每两周一次。社区教育中心教师均为专职宣讲人、引导员。

此外，还邀请新四军纪念馆讲解员、新四军研究专家、主持人、军属后代、中国好人及各行各业模范人物，通过讲好红色故事、传承铁军精神、弘扬文明新风等系列节目，取得良好的社会效益。同时，“红色大讲堂开学特别节目”已经成为潘黄境内中小学每年开学之必备课。社区教育中心还通过书画作品、剪纸艺术等多种形式的展览活动开展红色文化教育宣传。

（四）提炼红色文化宣传口号

为了让潘黄红色文化传承宣讲起来能够上口、进脑、走心，社区教育人提炼了“潘黄红色文化教育传承”社区教育品牌项目的口号 20 余条，例如“红色基因，世代传承”“讲好红色故事，传承铁军精神”“扬铁军精神，展潘黄风采”“夯实红色堡垒，增进百姓福祉”等。

三、案例成效

潘黄社区教育中心红色文化传承工作小组成立后，先后组织召开各类红色文化座谈会、研讨会 6 次；汇编了红色文化读本《城南星火》（潘黄镇人民群众革命斗争英雄事迹）约 11 万字；利用红色文化教育基地的平台，先后接待省、市、区 30 多家部门和单位，街道干群、青少年学生 50 多批次，参观学习 8 000 多人次，取得良好的社会效益。

图片 1　红色故事传承人倾情讲述红色故事

与盐城市广播电台协作联合打造的“红色大讲堂”，至今已举办 24 期，每期都有数万名网友点击关注，充分发挥了宣传群众、教育群众、服务群众的阵地职能。举办的“红色大讲堂——我是红色故事传承人”活动，得到广大党员群众的响应支持，近百名志愿者自发追寻烈士足迹，收集烈士故事，拜访当年知情人士。20 多名红色故事传承人带着经过审核的红色故事走上“红色大讲堂”，把他们搜集并进行艺术再创造的红色故事讲给现场观众听、讲给直播平台听众听，让烈士英勇的事迹再现，重温波澜壮阔的红色记忆，激起广大干群对那些浴血战斗革命历史的回忆，这些红色故事也成为弥足珍贵的史实材料。“学习强国”对我社区教育中心“红色大讲堂”品牌举办予以报道。由社区教育中心策划，潘黄街道党委、盐城广播电视总台、上海人民广播电台等联合发起的“铁军红色台”已经发声，盐城的红色故事再次通过电波传向了世界。另通过书画、剪纸作品展览，先后接待了上千名群众参观，以贴近群众的形式，普及红色理论，传播党的精神，引领跨越发展。

“红色讲堂”在初步形成潘黄红色品牌后，后期的“红色故事传承人”还将拓展到全市的优秀共产党员、优秀村支书、扎根基层的大学生村官、脱贫一线工作者、生态卫士、好人群体、行业先进代表等，不断推动“红色讲堂”优质资源向基层和普通党员覆盖与延伸，实现党员教育常态化、制度化和品牌化，唤起和强化群众的历史记忆，引导大家全面、准确、深刻、生动了解红色历史、传承红色精神，为建设“四个新盐城”，推动高质量发展，不断汲取前行的力量。

近年来，潘黄街道充分利用红色文化阵地，勇挑创新创业中心建设重担，争当产城融合高地开拓先锋。通过守初心、担使命，争当全市高质量发展排头兵、打造全市经济社会高质量发展示范区，经济社会呈现崭新局面，先后荣获“国家级生态示范街道”“省文明镇”“省环境优美乡镇”“省和谐社区建设示范街道”“市五好乡镇党委”“市重点镇工业化城镇化综合先进集体”等荣誉称号。

四、案例体会

潘黄红色教育基地是新时代党性教育的重要平台，是展示潘黄形象的“红色”名片。潘黄街道社区教育中心紧紧围绕“传承红色基因、引领跨越发展”的主题，充分利用和挖掘潘黄及周边地区红色资源，树立“红色文化、世代传承”理念，创新培训教育模式，追求社区教育品牌特色。

体会一：通过系列的讲座、参观、学习、培训活动，真正激发了广大受众珍惜今天拥有的一切的意识，从而加倍努力学习工作，让他们从思想、党性认识上接受重大洗礼。

图片 2　潘黄党员代表走进红色教育基地

体会二：在追寻红色历史的同时，传承与创新的过程更多的是对我们自己当今的信仰和未来生活的冷静思考，是激发盐阜儿女走好新时代长征路的不竭动力和源泉。

体会三：只要用心、用情、用智慧去干事创业，日积月累，小事情也能做大、做强、做亮。“红色大讲堂”已经成为潘黄干群组织生活中重要的一环。

体会四：红色文化引领新时代文明实践成效显著。潘黄将红色文化作为文明实践最大品牌和最亮底色，让党的理论政策方针“飞入寻常百姓家”，打通了宣传服务群众的“最后一公里”。

五、案例的反思与展望

传承红色基因，汲取前行力量。今天美好生活的到来靠的是无数革命先烈坚定的理想信念、对党的事业无比忠诚，不怕流血敢于牺牲的精神。

1. 传承红色基因，必须高举习近平新时代中国特色社会主义思想伟大旗帜。要以习近平新时代中国特色社会主义思想为指导，营造正确的舆论氛围和导向，充分认识红色精神的现实意义以及党的先进性，利用当地红色资源构筑红色文化新高地。

2. 传承红色基因，必须求真务实落地生根。要创新红色文化艺术表现形式，培育红色文化精品项目，充分挖掘上接“党中央”、下接“老百姓”的红色文化之魂，增强感染力和号召力，让红色文化真正“润物细无声”地走进民众的内心深处，世代相传。

3. 传承红色基因，必须放宽视野广辟路径。要让红色文化有更多强有力的依托，或渗透，或结合，或提升，以大融合、大发展的气魄使红色文化彰显其独特的魅力与活力。

今天，我们社区教育人一定会紧跟地方党委政府的步伐，要把这坚定的理想、信念落实到我们的行动中，落实到我们的岗位上，落实到我们的教育培训里，脚踏实地把红色文化教育传承的故事讲好，将“潘黄红色文化教育传承”创建为优秀的江苏省社区教育特色品牌，同时让“小成校”也有“大作为”成为现实。

执笔人：徐长松　吴碧玉

点评

一、工作特色

潘黄街道社区教育中心通过开发红色文化教育这一地方特色资源，作为社区教育工作主线：一是"强基"，提升社区教育基础能力，建立了"潘黄红色教育基地"，引导居民百姓重温红色记忆；二是"固本"，有效将红色文化与党性教育融合，开展"红色大讲堂"党建品牌活动，激发了广大党员的担当作为；三是"善创"，创新社区教育形式，采取现场讲述和网络直播等方式，扩大了"红色大讲堂"受众，为潘黄高质量发展提供强大精神动力和丰润道德滋养。

二、成功经验

"潘黄红色文化教育传承"项目在实施过程中，首先能按照政府的要求，紧扣战略定位，践行路径要求，围绕争当高质量发展排头兵、聚力目标定位，夯实"红色堡垒"。其次能围绕红色文化传承的教育功能，挖掘地方红色文化资源，做活红色教育资源的教育活动，擦亮党建品牌。最后能围绕满足百姓的需求，增进百姓福祉，赓续潘黄发展新动力。

三、推广意义

潘黄社区教育中心能充分利用辖区的红色教育资源，将"红色文化"作为文明实践的最大品牌和最亮底色，通过"红色文化"的宣传教育引领新时代文明实践，让党的理论政策方针"飞入寻常百姓家"，打通了宣传服务群众"最后一公里"，成效显著，契合上级精神和新时代建设需要，值得各地借鉴学习。

点评专家
姓　　名：何忠益
单　　位：张家港保税区社区教育中心
职务/职称：主任/高级教师
联系电话：13906247995

◎ 盐城市大丰区大中街道社区教育中心

乐龄手机学堂　智慧助老乐园

——记 2021 年省级社区教育品牌“大中乐龄手机学堂”

品牌 LOGO 设计说明：

1. 内圈以红色为基调，以双手呵护三个欢乐人物为基本图案，寓意手把手助力乐龄人群快乐学习、幸福成长。三人展开双臂兼具“大”“中”两字象形。2016 代表手机学堂正式开办年份。

2. 外环绿色麦穗喻指手机学堂扎根美丽富饶的农村，绿色兼寓办学开放，面向大众。

一、案例背景

大中街道老龄人口呈现“基数大、增速快、寿龄高”特点，2016 年 60 周岁以上人数达到 3.3 万人，占总人口 21.3%。大中街道现已整合社区资源，加强社区服务设施建设，建成社区居家养老服务中心(站)43 个，村居覆盖率 100%；已建成省级示范性居家养老服务中心 1 个，农村老年关爱之家 2 个，并为社区 60 岁以上老人提供日间照料、保健康复、棋牌娱乐、书报阅览、餐饮休息、谈心聊天、精神慰藉等服务，从而进一步提高了老年人的生命和生活质量。

大中街道社区教育中心与社区老年朋友密切接触，切实满足他们学习娱乐的实际需求。创造条件，开展菜单式培训，每年开设时政、智能手机、太极拳剑、卫生保健、养生、拉丁舞、易筋经、瑜伽、交谊舞、门球、棋牌、文娱、国学、阅览、读书交流会等各类讲座活动逾千次，丰富了老年朋友的精神生活，赢得了他们的喜爱，为夕阳美景增添一抹抹动人的亮色。

大中街道社区教育中心是中国老年大学协会 2014 年授予的“全国远程教育先进收视点”，常年进行老年人电脑教学及远程教育工作。自 2016 年起，大中街道社区教育中心改变策略，转移重心，着力于开展“智能手机+电脑”的常态化智慧助老免费培训工作。

之所以转移的背景是：

1. 手机通信的发展迅猛。大家熟悉的大哥大到 BP 机到小灵通，再到如今流行的智能手机。今后智能手机可能与智能机器人、智慧家园、智慧城市更紧密结合。智能技术的发展前景喜人，这就要求广大老年朋友必须与时俱进。

2. 智能手机功能日趋完美。许多老年人缺乏现代通信技术知识，他们对智能手机的功能应用一无所知。不会打字是他们的痛，而现代手机通信可以提供语音、视频等即时服务，交流越来越便捷。老年人的不便之处，手机的许多特殊功能给予完美解决。

3. 普通智能手机的价格走向。如今适合于中老年人使用的千元智能手机功能已很全面。电信部门推出充话费送智能手机的优惠活动也助力更多的农村老人跨进新时代。

4. 老年人困惑多。目前老年人与儿孙几代的代沟在不断拉大；老年人的记忆力严重退化；老年人独立生活的较多，与他人缺少沟通；他们普遍存在不想打扰人的观念；老年人使用二手机的居多；日常生活、学习中存在的问题多、困难多。他们急需要我们社区教育工作者提供全面的智能手机教育培训服务。

5. 疫情影响老年人生活。2020 年疫情发生以来，许多地方的老年人生活、出行遇到困难。国家、省、市以及相关部门都出台了许多智慧助老的帮教建议，我们社区教育人更应义不容辞担当起教育助老的重任。

二、案例呈现

（一）搭建四大平台

平台一：每周定时定点开课。我们将每周二下午定为手机学堂培训日，每周四下午为手机学堂交流实践活动日。2021 年春季以来，因智慧助老工作需求，我们加开了机关老干部培训专场，更结合党课、老年人活动日时间送教入机关、入社区、入村组，满足老年朋友学习智能技术的需求。

平台二：加强“大中社区教育”微信公众号建设。公众号平台加大推送智能技术学习指导比重，提供便于中老年人学习的固定栏目。有拥有丰富智能学习课程资源的“江苏学习在线”栏目、有中心每月公益课程安排表、有“微信怎么玩”微课堂等。公众号让市民随时掌握中心课堂动态，市民的学习需求我们第一时间早知道，“大中社区教育”微信公众号已成为我们培训工作主抓手和老年教育的好帮手。

平台三：发放教育培训手册或讲义。老年朋友记忆力多有衰退，仅凭课堂时间无法全部掌握，为使培训真正发挥作用，我们提供了配套的讲义，供学友们课上对照，课后回味。我们编印了《手机系统设置及应用》《使用智能手机要加装“安全锁”》《认识微信》《老年人智能手机基础学习教学教程》等讲座资料，不断满足老年人智能技术时时能学、处处可学、人人能学的要求。

平台四：建立智能手机学习微信群。中心组建了多个不同等级的微信学习群，正常开展科普、防诈骗、辟谣、普法、手机直播教学，解答生活琐事等相关话题的学习。我们深深地感到老年人是我们社区教育宝贵的财富，他们有着无穷的主观能动性。在群里更是一家有难大家帮，一家有长大家学。

（二）多形式面授辅导

每次面授，我们都精心准备，认真研究各种智能手机的特点，以问题引导教学，采用兵教兵、官教兵、电脑、手机、多媒体等多渠道多手段展开教学。

图片1　社区教育中心与志愿者联合开展老年人手机教学

我们聘请电信、移动公司的专家现场指导，并将各移动营业厅联合作为手机学堂移动学习教学点。

我们还组织街道青年志愿者深入居民区、医院、社区活动点及时参与手机学习帮助。

（三）全方位课后解疑释惑

课堂时间是有限的，但我们的课后服务是无限时的。解答的问题也花样百出，大到微信公众平台的运作、手机系统的修复、拍摄技巧、照片和视频的编辑处理等，小到屏显的设置、导航、网购、就医等平台的使用。许多技术问题就变成了我们中心服务的主要内容。老年人们常将问题列成清单，带着本子来求教，求学精神足实感人至深！我们也常被他们的好学精神所感动，不厌其烦、乐此不疲！

（四）创造性拓展服务

我们提供基本的软件使用教学，更重要的是指导许多生活服务平台及家庭智能技术的使用，为老年人现实生活提供技术支持。如网上缴费、挂号、专家信息查寻、远程就诊；本地社区服务平台如居家养老服务远程信息使用与指导；网上购物美团、拼多多特别是我区的大型超市的购物平台的使用；本地天气、公交、导航、治安、网上银行的查询；智能家居、手机投屏、手机智能摇控器的使用；手机相册制作、摄影、音乐及视频上传下载、编辑等；近年来疫情防控需要的健康码、行程码、核酸检测查询。以上教学内容都是老年人喜爱的课题，同时也是我们教学服务的好内容。

（五）表彰通报

我们及时报道老年朋友学习现状及参与志愿服务活动情况，表彰优秀志愿者及先进事迹。通过表彰通报使许多老年人的子女了解了我们中心，促进了家庭和谐，提升了老年人生活品位。

图片 2 “大中乐龄手机学堂”之老年人手机摄影讲座

许多老年朋友因得到我们的认可，进一步走出家庭，融入社区，参与了许多学习共同体和社会服务志愿者团队，得到了社会的认可。

三、案例成效

“大中乐龄手机学堂”成立 6 年，年均服务 2 000 人次以上，取得了显著成效。

1. 项目扩展，助推老年教育发展。大中街道社区教育中心自开展乐龄智能手机学堂以来，不断获得市民朋友的热情拥护，中心开设的市民课堂涉及老年教育的 16 个科目，人气爆满。中心老年文娱团队广泛参与社会活动，老年社区志愿者队伍不断壮大。中心连续获得大丰区终身学习先进单位、大丰区社区教育先进集体；2017 年被江苏省社会教育指导服务中心评为“江苏学习在线——夕阳红·扶老上网工程”省级示范单位；街道 2017 年获“全国社区教育示范街道（乡镇）”称号。2018 年盐城市、大丰区电视台都对大中乐龄手机学堂进行了专题报道。

2. 全区推广，服务更多市民。中心“乐龄手机学堂”办学起步早（2016 年春学期即全面开展）；开展即常态化（列入市民学校、老年大学课程表，方便市民朋友定时定点求学）；吸引老人多（边远乡镇多有老人前来求学，更有子女专程接送）；多志愿者协同（中心充分利用志愿服务者具体指导学员学习）；教学内容针对性强（课前充分了解需求）。2021 年春，随着省“智慧助老”实事工程的推行，我区老龄委直接将许多机关退协的智能手机培训委托我中心负责。目前已负责指导的单位有区教育局、科技局、统计局、司法局、财政局、自然资源局、区委党校、区供销合作总社、区法院等。我们还主动帮扶更多的乡、镇、社区开展好“智慧助老”工程。我们提供课件、指导教法，许多还送教上门。我们深入到边远乡镇如万盈、沈灶等地为市民学校负责人示范智能手机教学，并为当地老同志上课指导，获得了社区和机关单位的好评。

3. 国内外交流，扩大了影响力。我们在 2016 年 11 月江苏省社区教育干部培训班上、2016 年 12 月联合国教科文组织农村社区学习中心（CLC）项目课题组在宁波召开的全国年会上、2017 年在山东济宁召开的“信息时代的扫盲与技能开发国际研讨会”上都作了专题发言。会议的交流及公众号的运营，吸引了各地社区教育同行。我们免费向全国许多同行提供智能手机培训课件及公众号运行指导。许多智能手机培训同行认为我们的做法切实可行，并广泛开展。

四、案例体会

助力老人成长的经历，我们难以忘怀。但常态化开展老年智能手机培训，不管在农村还是在城市目前依然是比较紧迫的课题：

1. 疫情防控，阻隔加大。时代在发展，许多老年朋友外出没有绿码，购物不能扫码。老年人生活有很多的不便，我们走进了新时代，但也更应该等一等，帮一帮这些没有学过电脑、文化比较落后的老年朋友、农村朋友，让他们也能拥抱智能新时代。

2. 智能时代，召唤智慧老人。智能手机与智慧家居、智慧出行等紧密结合，我们如能培训出更多的智慧老人，也必将推动智能技术在智能养老和消费领域的新发展。

3. 智能培训，科普先行。随着智能手机的培训，我们将科普与生活紧密相连，进而可以引导许多偏远或落后地区的老年朋友科学生活远离愚昧。

4. 加强沟通，心理更健康。我们所做的工作让许多老年朋友心理更加健康、成熟，面对许多社会问题、家庭问题更加理智和坦然。许多老年朋友由此走上了义工服务的道路，成为活跃在我区义工联活动团队里的一道亮丽风景线。

五、反思与展望

为老年朋友提供更多、更好的教育服务，是我们永恒的追求。我们不断学习新技术，培育学习共同体，创设更多的手机学堂分校，便利更多的乐龄朋友分享智能时代的科技成果。

“乐龄手机学堂，智慧助老乐园”就是我们的口号，我们要在提升老年人智慧的征途上不断努力，要让更多的老年人不断提升自我、融入社区、融入社会，让老年朋友在现代社会发展中不断焕发新的活力。

执笔人：陆仁新

点 评

一、工作特色

在互联网、智能社区日益普及到寻常人家和日常生活的时候，大中社区教育中心能及时发现老年人在融入我们这个社会时出现的迷茫、困惑以及生活困难等，2016 年起打造“大中乐龄手机学堂”，将社区教育为民服务的触角延伸到为老年人普及智能手机功能，解决老人生活困难，提升老人生活质量的全员、全程的教育培训，契合了政府的要求，满足了社会的需求，得到了老年人的欢迎，取得了良好的社会效益。

二、成功经验

“大中乐龄手机学堂”工作中以老年人为主体，明确了服务的对象；以手机运用为基础，解决了社会的突出问题；以多样化教学为抓手，搭建了老年人的学习平台；以家居生活的发展为主线，延伸了教学的功能；以交流宣传为手段，营造了浓厚的学习氛围；以政策导向为依据，补足了社区教育的短板。大中镇社区教育中心先行先试，逐步摸索出了一条在基层社区教育中心行之有效、切实可行的终身学习之路，6 年来年均服务 2 000 人次以上，成效显著。

三、推广意义

老年教育是社区教育的重点工作任务，大中镇社区教育中心能适时改变策略，转移重心，着力于开展“智能手机+电脑”的常态化智慧助老免费培训工作，充分利用好各类社区资源，开展老年教育课程，满足了老年人的学习需求，“接地气”“有口碑”，为我们提供了一个非常实在、非常具体、非常生动的学习案例。

点评专家
姓　　名：何忠益
单　　位：张家港保税区社区教育中心
职务/职称：主任/高级教师
联系电话：13906247995

◎ 扬州市江都区宜陵镇社区教育中心

评古话今　宜学有“您”

——记 2021 年省级社区教育品牌“评话润东原”

品牌 LOGO 设计说明：

1. 图形中“评古话今”内含“评话”二字，“宜学有您”内谐“宜陵”二字，指项目满足所有人群的学习需求。

2. 图下方“评话润东原”五个大字，体现了宜陵镇通过扬州评话这一“非遗”项目的传承，用一种“润物细无声”的方式来涵养东原古镇的神韵，润泽宜陵人民的心灵，从而实现“宜居宜业宜学”的美好愿景。

一、案例背景

宜陵，古称东原、东陵，因隋炀帝“宜妃”的美好故事而得名，具有 2 000 多年的发展历史，是扬州评话代表性人物王少堂先生的祖籍之地。全镇总面积为 59.86 平方公里，下辖 5 个社区、11 个行政村，近 5 万人。

扬州评话，又叫扬州评词，是以扬州方言徒口表演的曲艺形式，流行于苏北地区和镇江、南京、上海等地，是扬州传统文化的杰出代表，已具 400 年历史，2006 年被国务院列入第一批国家级非物质文化遗产名录。

“看戏要看梅兰芳，听书要听王少堂。”作为“少堂故里，评话之乡”的宜陵，地处“好地方”扬州的东乡，无论是地理位置还是生活习俗都潜移默化地浸润着扬州文化特色。以扬州评话为代表的地方文化，在宜陵有着十分扎实的社会影响和群众基础，因而扬州评话就成为宜陵传统文化中最精彩、最具代表性的一章，它也悄悄地陶冶着宜陵淳朴向善的乡俗民风。

二、案例呈现

"评话润东原"品牌依托宜陵悠久的兴镇历史和深厚的文化底蕴，按照地方党委政府"繁荣评话艺术、满足居民需求、弘扬终身学习理念"的战略部署，创新社教品牌项目推进机制和发展路径，有序打造社区教育品牌。

（一）注重统筹协调，完善工作机制，项目建设落地生根

1. 组织领导有方。2016 年起，宜陵镇党委、镇政府进一步明确了本镇社区教育品牌建设的指导思想、工作任务和实施方案，将"评话润东原"这一社教品牌建设纳入宜陵经济社会发展总体规划的教育部分，成立了品牌建设工作领导小组，形成"党政统筹领导、教育部门牵头、社会各界支持、群众广泛参与"的品牌建设良好格局。

2. 阵地建设有力。政府加大了项目的经费投入，加强项目实施的硬件建设，镇级层面上，投资 200 万元启动建设了王少堂纪念馆，目前一期工程已经完工，二期工程有望年内动工建设。部门层面上，分别在镇社区教育中心、宜陵小学、北陵社区建设"东原书场"、"小少堂书场"和"东陵书场"，其中"东原书场"投资十多万元，占地面积 80 平方米，分设表演区、观赏区，布置了扬州评话文化墙。

3. 方案实施有效。社区教育中心牵头制订了《宜陵镇"评话润东原"扬州评话少儿班实施方案》，建立并逐步完善了项目实施的相关规章制度，初步形成文化传承与社区教育活动一体化、制度化、社会化的运行机制，凝练出"评古话今，宜学有您"的传承口号。

（二）坚持"三个精选"，夯实平台基础，项目建设持续发力

1. 精选评话学习传授师资。项目在地方党委政府的支持下，加强与扬州曲艺团等专业机构的合作，邀请扬州评话大师杨明坤、名家陈中、扬州电视台特约节目主持人赵亮等来书场进行表演教学。

图片 1　评话大师杨明坤先生为扬州评话少儿班小学员授课

2. 精选评话学习表演资源。项目参与人员十分广泛，既有10余岁小学生，也有70多岁老先生，既有杨明坤这样的大家名角，也有何森这样的地方草根。项目学习、表演既有宣传文化艺术、思想道德、法律法规、心理健康等高大上的内容，保持阳春白雪的高雅，也有表演网络新段、邻里故事、凡人善举等接地气内容，充满下里巴人的“泥土”芬芳。

3. 精选评话学习推广模式。项目坚持“点餐制”和“自助式”相结合，既有“请进来”，邀请名家名师，采用小书场现场表演推广的方式，也有“走出去”，组织评话进乡村、进企业送表演，促进社区教育与各类新时代文明实践活动有机结合，不断提升项目实施效果。

（三）突出以文化人，深挖品质内涵，项目建设特色彰显

1. 项目打造品牌化。项目坚持增强优秀传统文化与社会主义核心价值观的结合度，确定了“1235”的品牌建设目标，即每年确定1个项目活动主题，培养20名传承人，开展30次培训（含表演）活动，参与学习或观看表演5 000人次以上。2020年，围绕疫情防控开展了“抗击新冠病毒，评话与你同行”活动，录制了疫情防控评话小视频；2021年，围绕建党100周年，开展了“红色课堂进乡村”评话专场，用评话这一艺术形式讲述红色故事，实现党史宣讲村村全覆盖。

2. 作品创作系列化。项目精心组织辅导老师，创作了一批具有新时代特色的评话新段，开发了《扬州评话》校本教材，全面推广评话艺术。2019年创作了《冲进火场的外卖小哥》宣传文明新风，2020年创作了《好人医生》讲述身边的抗疫英雄，2021年创作了《窑洞相会》《赤胆忠魂谈锦西》等一批红色小段进行党史宣讲。

图片2　项目教师下村表演扬州评话《赤胆忠魂谈锦西》，进行地方红色革命史宣讲

3. 活动形式多样化。坚持项目的公益性和普惠性，找准项目与社会主义核心价值观宣扬、“扬州文明有礼二十四条”宣传、党员干部思想教育的结合点，把“普通话”翻译成“地方话、百姓话”，将“大道理”表达成“小故事”，自编、自导、自演了深受广大群众喜爱、形式多样的评话大餐，每年党员干部冬训、送文化进乡村、全民终身学习活动周，都有项目培养出来的学员上台表演评话节目。

三、案例成效

通过项目的实施，深度挖掘“少堂故里，评话之乡”内涵，创作了系列评话新段，培养了一批扬州评话传承者，长期稳定地为广大群众提供社区教育支持与服务，社区居民对项目的知晓认同率、满意率分别达到了92.5%、91.5%，项目选送的评话节目《窑洞相会》获得了江苏省“奋进百年路，颂歌献给党——庆祝建党100周年”社区教育文艺成果展示活动二等奖。

（一）启发共情，育少年传承梦

项目遵循“注重传承，共情育梦”的原则，以“东原书场”“小少堂书场”等为主阵地，以培育更多评话传承人为己任，以讲更好的评话故事为抓手，扩大社区教育资源供给，加强“非遗”项目传承，培养了一批扬州评话少年表演者。据初步统计，项目培养扬州评话小学员100多人，先后有4名小学员获得省少儿曲艺大赛一、二等奖，圆了少年传统艺术传承梦。

（二）激发共鸣，聚社区和谐情

项目注重抓住“共鸣”点，使文化在寓教于乐的教育实践中得到传承，切实做到社教利民惠民。特别是项目通过用扬州评话来讲述国家和本地区经济社会发展取得的辉煌成就，增强教育内容的解释力，从而促进所有居民都能更好地享受美好生活，让社区的民风更淳朴、人心更凝聚。据初步统计，近3年来，参与“评话润东原”这一项目的人数达15 000多人，培训或演出近100场，“评话润东原”这一社区教育品牌，正成为促进社区和谐的融洽剂。

（三）引发共行，铸社会文明人

项目注重发挥社区教育“铸魂”和“塑形”作用，用群众喜闻乐见的形式，将乏味的“说教”变成有趣的“唠嗑”，从而达到了提高居民综合素质的目的，切实打通了社区教育宣传群众、关心群众、服务群众的“最后一公里”，有力推进了新时代文明实践工作。通过项目的实施，下好了政策宣讲“先手棋”，让群众在学习评话、欣赏艺术的过程中潜移默化地接受教育，推动党的方针政策、创新理念“飞入寻常百姓家”。3年来，“评话润东原”这一项目共开展政策宣讲、文明实践30余场8 000多人次，“合心合力、向上向善”自发成为每一个宜陵人的道德追求。

四、案例体会

回顾几年来的实践，项目不仅取得了一定的发展成果，而且积累了在复杂困难局面中推进社区教育高质量发展的新经验。

一是社区教育品牌项目建设必须始终坚持以党的领导为保证。品牌建设让基层社教人深切地感受到，要想取得社教品牌项目建设的成功，加快基层乡镇社区教育中心功能的提升，肯定离不了思想认识的提高、组织的保障、网络的健全、投入的加大，离不开地方党委政府和上级的关心与支持。

二是社区教育品牌项目建设必须始终坚持以服务发展为主题。服务高质量发展，满足人民对美好生活的向往，是社区教育永恒的主题。只有坚持把服务发展作为社区教育工作的出发点和落脚点，大力开展旨在提高社区成员整体素质的各类活动，努力让发展成果最大程度地普惠于民，才能持续提升人民群众对社区教育的满意度、认同度。

三是社区教育品牌项目建设必须始终坚持以创新创优为关键。社区教育活动只有切合地方实际，才能更好地探索具有区域特色、针对不同人群的特色化社教课程体系建设的路径和模式；只有协调处理好传统与创新的关系，深入挖掘自身文化资源，打造更多社教特色品牌项目，才能把基层社教中心建成为服务群众、凝聚人心、促进和谐的一流名校。

四是社区教育品牌项目建设必须始终坚持以跨越争先为追求。只有坚持“人无我有，人有我优，人优我特”的社区教育品牌项目建设思路，注重师资保障，彰显品牌特色，唱响跨越争先主旋律，才能营造在更广领域争先进位、在更高层次谋划发展的浓厚氛围。

五、反思与展望

“评话润东原”这一社教品牌项目建设的终极目标是服务于学习型社会的建设，提高全民综合素质。但在实践过程中，项目提供的优质社区教育资源尚显不足，还不能全面满足区域内群众对美好生活的学习需求，项目内容的丰富性、形式的多样性还不够，项目推动基层社区教育机构管理标准化、精细化程度的力度还有待加大。

习近平总书记在教育文化卫生体育领域专家代表座谈会上指出：“要完善全民终身学习推进机制，构建方式更加灵活、资源更加丰富、学习更加便捷的终身学习体系。”总书记的重要讲话精神是明灯、是方向，宜陵镇社区教育中心将坚持“激流勇进，争第一创唯一”，深入挖掘区域文化资源，对标一流，创新思路，开发更多、更具地方特色的高质量社教品牌，走好质量立校、品牌兴校、内涵发展之路；坚持“知难而进，想在前干在前”，紧扣时代脉搏，满足人民需求，以问题导向破解难题，以创新思维探索新路，以实干精神推动落实，担负起新时代赋予社区教育的职责使命，在东原大地上掀起“都”来学习的热潮；坚持“求新思进，强长板补短板”，注重内容提质、理念创新，持续推进终身学习向纵深发展，让社教品牌项目“颜值”更高、品质更优、传播更广，让“评话之乡、宜学东原”成为更多人心中的诗与远方。

执笔人：吴盛华

点评

一、工作特色

以扬州评话为代表的地方文化，在宜陵有着十分扎实的社会影响和群众基础。“评话润东原”品牌建设过程中深度挖掘“少堂故里，评话之乡”内涵，取得了“启发共情，育少年传承梦”“激发共鸣，聚社区和谐情”“引发共行，铸社会文明人”的成效。

二、成功经验

宜陵镇党委、镇政府将“评话润东原”这一社教品牌建设纳入宜陵经济社会发展总体规划，在地方党委政府的统筹领导和有力保障下，将国家级非遗“扬州评话”的传承发展与各类新时代文明实践活动有机结合，以文化人，悄悄地陶冶着宜陵淳朴向善的乡俗民风，品牌建设特色彰显。

三、推广意义

“评话润东原”品牌充分体现了社区教育在传承中华优秀传统文化及弘扬社会主义核心价值观等方面的作用，为社区教育助力非遗技艺的传承、创新、发展提供了成功的实践经验。

点评专家
姓　　名：章学军
单　　位：南京市建邺区社区培训学院
职务/职称：副院长/中学高级
联系电话：025-86606331，13801598521

◎ 扬州市邗江区新盛街道大刘社区

快乐金秋　桑榆非晚

——记 2021 年省级社区教育品牌“快乐金秋学习苑”

品牌 LOGO 设计说明：

LOGO 采取抽象的设计手法，整体体现海边远眺朝阳美景，寓意健康快乐、积极向上、丰富多彩的老年文化生活。蓝色的波浪呈书本打开形状象征老年教育，波浪的宽阔又寓意老年心态的宽广。红色圆球代表夕阳，因为中间的白色音符，夕阳又是初升的朝阳。朝阳与展开的书本相呼应，寓意桑榆非晚，开展人生的新篇章，充分体现新盛街道“快乐金秋学习苑”的品牌价值！

一、案例背景

2020 年 11 月 13 日，习近平总书记来到扬州考察调研，称赞“扬州是个好地方”。扬州是历史悠久、风景秀丽、人文荟萃的文化名城。新盛街道就位于“好地方”最繁华的扬州西城区。

新盛街道成立于 2006 年，地处扬州西区新城核心区，辖区面积约 14.2 平方公里，包括 10 平方公里建成区和 4.2 平方公里拓展区两大板块，街道下辖 2 个村、7 个社区、1 个国有林场，常住人口 7.3 万，户籍人口 5.6 万。新盛街道肩负着扬州“西区新城”核心区和“邗江中心”的功能定位。新盛街道按照“高端产业集聚区、健康休闲体验区、人文生态宜居区”的目标定位，重点发展商业服务、商务办公、文化创意、健康养生、生态休闲等现代服务业。2016 年新盛街道实现地区生产总值 45 亿元，其中服务业占比 90%以上，年轻的新盛街道已成长为扬州经济发展的璀璨新星和健康养生、生态休闲的首选之地。街道拥有万人以上小区 6 个，初步统计老年人口 1.5 万多，在扬州新城高速发展时期，需要全面理解老年人的多元需求，深入研究如何满足老年群体日益增长的精神生活需要。由此我们探索以社区为根，通过社区教育品牌的建设，努力营造良好的文化养老氛围，将文化养老和弘扬中华优秀传统文化相结合，与振兴乡村战略相结合，与街道建设相结合，与社区治理相结合，与发挥发扬州乡土文化相结合，成为社区教育品牌建设的初心。

2017 年 4 月由新盛社区教育中心牵头，与扬州市开放大学合作，在大刘社区成立了“快乐金秋老年学习苑”，弥补了扬州新城西区老年教育的空白，圆了老年人在家门口上大学的梦想。

“快乐金秋老年学习苑”有固定教室 8 间，室内活动场所共计面积 1 870 平方米，室外活动场所面积达 6 280 平方米；配备投影仪、音响设备、电脑、数码相机等，购买乐器 50 余件，演出服装 300 多套。目前能做到“定时间、定教室、定学员、定教师”，课程有摄影、民族舞、二胡、书法、盆景、国画、声乐、模特等，每年举办春冬两季集中授课，培训学员约 1 600 人次。东隅已逝，桑榆非晚，4 年来，在“快乐金秋学习苑”品牌培育过程中，通过一系列活动在扬州西城不断扩大影响力，提升了该品牌的公益价值和社会价值。

二、案例呈现

（一）丰富课程资源，让老人有课程选学

2017 年老年学习苑创办初期开设了舞蹈、声乐、书法、国画四项科目 6 个班级，第一期共收 230 名学员。由于条件限制，老人在报班时面临一些问题，一方面开设的课程由于人多报不上名，另一方面，自己喜欢的课程学习苑没有。鉴于此，学习苑以问卷调查、召开座谈会等多种形式在课程设置上征求社区老人的意见和建议，增设老同志感兴趣的、有益于身心健康的老年人心理、智能生活、隔代教育、文化鉴赏等课程。2018 年春季增设二胡、英语、老年心理和模特班；2019 年增设了摄影、文化鉴赏班；2021 年增设了朗读者课程和智能手机班。目前总计开设了 19 门课程，有些课程根据学员的实际水平还分为基础班和提高班，满足不同层次学员的需求。

图片 1　学习苑声乐课

（二）整合三类教育资源，提升老年教育服务能力

1. 打造"专职为骨干、兼职为主体、专兼结合"的教师资源，老年教育教师队伍人数达180人。

2. 开发"互联网＋"老年教育资源，充分利用网络教育平台，依托新盛社区网和社区教育微信群，为老年人提供导学服务、个性化学习等支持。例如学习苑联合扬州大学青年志愿者协会共同打造了"夕阳再晨"公益项目，宗旨是帮助老年人掌握网络科技，融入信息化社会。社区以"活动＋阵地＋服务"的形式，开展网络学习各类的活动和服务，力求提升老年人的生活舒适度和幸福感。带领大学生志愿者走进社区，通过"一对一"教学的方式，教授老年人学习电脑、智能手机等电子科技产品的基本使用方法。老人普遍学习激情比较高，2018年至今，学习苑开设了8期智能手机班，有500多名老年学员接受培训。

3. 整合文体教育资源，面向全区居民尤其是老年人开放三大场馆（扬州博物馆、体育馆、雕版印刷展览馆）、五大中心（昌建广场、京华城、京华城RMALL、五彩世界、星耀天地）和中小学运动场地，实现了社区教育阵地的资源共享、优势互补。

（三）创新管理模式，让"快乐金秋学习苑"长盛不衰

社区党总支、居委会高度重视老年学习苑建设，成立了校务委员会，社区党总支书记任校长，社区党总支副书记任副校长，由街道社区教育中心、开放大学老师、社区党员骨干、学员代表为主要成员，共同商议工作事项，制定老年学习苑工作章程、教学管理、表彰奖励等方面的制度，以制度建设作为加强管理服务工作的抓手，围绕教学活动这个中心，以制度管人、管事，做到依法依规进行管理和服务，为教学活动的顺利开展奠定了坚实的基础，有效促进了规范化建设，提升了办学水平。

在班级管理方面，学习苑主要采取学员自治的模式，每班由一位组织管理能力强且能服众的学员任班长，负责班级的日常管理、协调等事宜，社区一位工作人员总负责。每年召开座谈会，由社区、开放大学领导、社区教育中心、教师和学员代表参加，总结一年来的工作，听取意见和建议，以问卷调查等形式，广泛征求学员对教学硬件、教学管理、教师授课、活动开展等方面的意见和建议。对查找出的问题积极整改，采纳好的建议；同时每年举办汇报演出暨颁奖仪式，在学员展示的同时表彰优秀学员和优秀班级，培育班集体的荣誉感，增强了班集体的凝聚力。

三、案例成效

（一）学习苑的影响力日益扩大

学习苑创办4年多来，学员从230名发展到3 000多名。从当初仅限于老党员、退休人员参加，发展到普通老年居民参加。在"快乐金秋学习苑"的影响下，孵化出了快乐金秋艺术团，挑选优秀学员进快乐金秋艺术团进行更专业的培训。目前艺术团下设9支特色队伍（合唱团、舞蹈队、戏曲队、威风锣鼓队、阅读会、模特队、太极队、汉文化推广、十番锣鼓）。这些团队拥有成熟的组织运作机制及丰富的演出经验，自成立起积极参加各类公益演出，每年至少40次，满足了老年

居民老有所养、老有所乐的需求，同时也营造了和谐社区和文化型社区氛围。

图片 2　学习苑戏曲队成员庆国庆演出

快乐金秋学习苑除了有本社区的学员，还有邻近街道、社区的老年人加入，更有其他区的居民主动加入。学习苑有多名学员在省市区各种比赛中获奖，团队及多名学员被媒体报道。我们的学习苑被评为扬州市及邗江区“终身品牌学习项目”。

（二）孕育了特色课程和本土读本

围绕“快乐金秋学习苑”品牌课程建设，以辖区内各教育机构为辅线，多方合作，统筹规划，开设了一系列具有本社区特色的课程——社本课程。如十番锣鼓、“三月印象”汉文化推广班（这两个已申请成了市级非遗项目）、戏曲、太极，课程多样化，课程社区化，贴近群众，满足了不同居民的需求。

依托学习苑杨柳风文学社，每月出一期月刊《新盛新风》，至今已出了十几期，主要刊登学员、居民、孩子的优秀作品、优秀事迹，政策解读等，分发到各个班并由他们传递给家人朋友，还张贴在小区的每个楼道口宣传栏上，用身边人、身边事感化每个居民。

以扬州双博馆为平台开设《扬州历史》课程，新盛街道教育中心杜玲校长亲自担任主讲，每年接待社区和社区外学员近 500 人。

（三）以文化养老带动社区治理

社区教育的发展，不再是狭隘的老年教育，而是让老年人紧跟时代的步伐，积极融入社区，目前学习苑已经发展成为社区治理创新体系的重要组成部分。例如：文明城市创建时，学员们自发巡逻，把不文明现象扼杀在摇篮中；疫情期间有段时间对小区实行管控，我们学习苑的学员也承担起了重任，帮社区发出行证，劝服居民不要随意出门。

阅读会的当家人苗庆是山西人，从老家回来后主动隔离，并组织学员在线上学习。2020 年 2 月 14 日下午还组织了线上朗诵会，为武汉加油，为祖国加油，传播正能量。平时学员们主动担任楼栋长、网格长，他们广泛联系群众，了解群众诉求，努力办好群众的每一件事，化解了社区居民之间、居民和物业之间的很多矛盾。

这样以文化养老带动社区治理，同时引领带动了家庭文化氛围。社区里麻将声少了，美妙的歌声多了，家庭矛盾、孩子教育矛盾、邻里矛盾等也在近几年都有所缓解。社区也荣获"江苏省民主法治社区""江苏省和谐示范社区""扬州市双拥模范示范社区""扬州市四星级社区"等多项荣誉。

学习苑平时还会为学员提供一切展示的平台，让学员在展示中怡情畅志，让学员的成就感成为他们继续学习的内驱力。

四、案例体会

（一）教学内容凸显政治引领

在日常课堂教学中，学习苑必须注重弘扬社会主义核心价值观，引领社会新风尚，发挥学习苑思想政治教育的主阵地作用，坚持推进社会主义核心价值观进校园、入课堂，贯穿于教学管理工作的全过程。要利用好重要节庆、重大事件和重要节点，集中组织开展主题教育活动。

例如：重阳节前，社区党总支邀请部分老党员及退休居民参加了"初心学堂"重阳节主题活动，活动通过重阳节经典诗词诵读和趣味游戏感受先祖的风雅。2018 年是中国改革开放 40 周年，适逢改革开放事业承前启后、继往开来的关键节点，学习苑特别策划推出"致敬改革开放 40 年"之"我与改革开放——40 年 40 人"主题活动。"40 年 40 人"主题活动，不仅描绘了温馨、健康、和谐的美好扬州西城家园，同时通过晚会为居民搭建了交流以及展示才艺的平台，激励广大党员和群众握紧"接力棒"，跑好"新征程"，为建设和谐平安的社区而努力奋斗。

在扬州市第八届人大和政协第二次会议召开之际，学习苑联合绿杨新苑社区党支部和果园村党总支举办了十九大精神宣讲会。宣讲会邀请了邗江区委党校校长刘开瑞作为主讲人，电教室内座无虚席。

（二）重点打造精品课程

学习苑以"创建精品课程"为重点，打造"金秋快乐学习苑"老年教育特色品牌。学习苑的办学地点在新盛街道大刘社区，仅仅依靠大刘社区的教室和教育中心的几个教师是远远不能满足社区老人需要的。学习苑采取合作办学方式，加大与文化单位、教育培训机构、养老服务机构、涉老社团、企业等合作的力度，既破解了教学场地不足的难题，又坚持了高质量办学的路子。例如与扬州双博馆合作办学，开设《扬州历史》精品课程。社区教育中心杜玲校长担任讲师。杜校长平时刻苦研究扬州历史，挖掘扬州历史文化中的爱国情怀，每次讲解，娓娓道来引人入胜。精品教学课通过聘名师（聘用专业领域在扬州有名气的教师、非物质文化遗产传承者等）、设名课（设置以扬州地域文化、民族文化特色为主的精品课程），吸收一些高素质的老年人入校学习。

精品教学课的开辟，使学校专业课程设置呈现高水准、多样化、精品化的特点，起到了面向全市发挥示范引领的作用，打造出富有扬州文化特色的学校名片和品牌。

五、案例的展望

(一) 继续开展各类老年教育活动,丰富“老有所学”的内涵

1. 按照“活动＋阵地＋服务”的形式,开展各类精准的活动和服务,提升这些老年人的生活舒适度和幸福感。社区专门开辟“银龄之家”老年活动室,为老年人提供娱乐和活动场所,以开展各式接地气活动为抓手,以周周小活动、月月大活动为目标,为老年人营造良好的健康幸福家园,让老年人晚年生活丰富精彩。同时,社区还联合医疗机构定期开展义诊、养老照护培训及保健知识宣传讲座等活动。

2. 按照“社区＋公园”的理念,把老年乐园打造成新城小区新时代文明实践点。将社会主义核心价值观、红色文化、家风家训、社区好人文化、廉政文化等融入公园景观建设中去,让居民游在园中、学在园中、乐在园中。实现既“借景”又“应景”,起到从“公园＋”“党建＋”到“共建＋”的多元放大效应。

(二) 打造“快乐金秋学习苑”游学项目,提升“老有所学”的品位

我们将依托扬州文化名城、文化古城这得天独厚的文化资源和丰富的旅游资源,打造学习苑“特色体验课程＋联谊交流活动＋古城扬州文化之旅 ＋健康养老养生＋……”课程,建立扬州新城“学习＋活动＋旅游＋养老”体系,依托信息化平台,打通新盛与扬州乃至全国游学和养老基地的联系,实现游学养“一条龙”。通过“引进来”和“走出去”,达到多元化、多层次的交流和融合,打造出智慧养老、文化养老与健康生活的新模式,构建社区教育的大平台、大本营、大辐射,为“快乐金秋学习苑”老年乐园增添新的内涵,以吸引更多的老人来扬州旅游、学习,扩大扬州的影响,提升扬州的地位,让扬州这个“好地方”更好!

执笔人:杜　玲

点评

一、工作特色

扬州市邗江区新盛街道大刘社区，探索以社区为根，以社区教育品牌的建设为抓手，通过丰富课程资源，让老人感觉课程可学，有课程选学，整合三类教育资源，提升老年教育服务能力，创新管理模式，让“快乐金秋学习苑”长盛不衰，努力营造良好的文化养老氛围，将文化养老和弘扬中华优秀传统文化相结合，与振兴乡村战略相结合，与街道建设相结合，与社区治理相结合，与发挥发扬乡土文化相结合，形成了自身的工作特色。

二、成功经验

新盛街道大刘社区创办学习苑4年多来，学员从230名发展到3 000多名。从当初仅限于老党员、退休人员参加，发展到普通老年居民参加，学习苑的影响力日益扩大，开发了系列特色课程和本土读本。“快乐金秋学习苑”影响、孵化出了快乐金秋艺术团，下设9支特色队伍，积极参加各类公益演出，每年至少40次。该社区以文化养老带动社区治理，社区里麻将声少了，美妙的歌声多了，家庭矛盾、邻里矛盾等都有所缓解。社区也荣获“江苏省民主法治社区”“江苏省和谐示范社区”和“扬州市双拥模范示范社区”“扬州市四星级社区”等多项荣誉。

三、推广意义

新盛街道大刘社区依托扬州文化名城、文化古城这得天独厚的文化资源和丰富的旅游资源，4年来，在“快乐金秋学习苑”品牌培育过程中，打造学习苑“特色体验课程＋联谊交流活动＋古城扬州文化之旅 ＋健康养老养生＋……”课程，建立扬州新城“学习＋活动＋旅游＋养老”体系，通过一系列活动在扬州西城不断扩大影响力，不断丰富“快乐金秋学习苑”内涵，提升了该品牌的公益价值和社会价值。

点评专家
姓　　名：王少华
单　　位：南京秦淮开放大学
职务/职称：中学高级
联系电话：025-52234396

◎ 扬州市仪征市枣林湾社区教育中心

志愿公益　寸草微心

——记 2021 年省级社区教育品牌“绿芽”校外辅导站

品牌 LOGO 设计说明：

字母“ZL”组成山形，“W”形如一弯河水，“ZLW”是枣林湾三个字的开头字母，背景蓝色代表枣林湖湖水的颜色，整个画面代表枣林湾地区有山有水、生态绿色、健康的生活环境。以“绿芽”为校外品牌项目的名称是因为“芽”是枣林湾方言对小孩的称呼“伢”的谐音，“绿芽”是希望青少年像春天的绿芽一样健康、阳光、茁壮成长，山形的底座是一本书的造型表示读书能获得知识。“志愿公益、寸草微心”是枣林湾“绿芽”校外辅导站办站宗旨，意思为枣林湾校外辅导奉行公益服务、志愿服务，给枣林湾青少年带来呵护。

一、案例的背景

江苏省仪征枣林湾旅游度假区地处仪征市西部，与南京市六合区毗邻，总面积 68 平方公里，辖区内现有 8 个行政村、2 个街道、1 个社区，常住人口约 2.6 万，在本土从事第一产业人数占总数的 1/4。随着越来越多的农村剩余劳动力外出务工，枣林湾一大批未成年的孩子被留在家里，青少年身心发展，尤其是品德、心理健康成长方面存在的问题正日益凸显。做好学生校外生活、学习、教育、管理工作，已是当前学校、家庭、社会各方面的一项刻不容缓的工作。

2014 年起，枣林湾社区教育中心围绕校外教育管理特别是假期校外活动如何开展进行专题研究，决定充分利用社区教育资源，丰富中小学生校外生活。作为学校教育的补充，在不断探索和实践的基础上，社区教育中心摸索出一套校外活动管理方式，与相关部门及学校建立了良好的合作关系，动员假期回乡大学生到站进行社会实践，邀请本地先进模范、在职骨干教师和民间文艺人才等担任志愿辅导员来中心授课，并收到了一定的成效。特别是近年来，枣林湾社区教育中心校利用寒暑假依托“绿芽”校外中心辅导站和村级辅导站，以“志愿公益、寸草微心”为己任，呵护青少年健康成长，组织开展了文学写作、经典诵读、书法绘画、中国象棋、机器人和手工衍纸等课程活动，开展道德法治教育、校外安全教育和课业学习辅导，全面促进青少年个性特长发展，身心健康成长。

二、案例的呈现

枣林湾“绿芽”校外辅导站力求让枣林湾的每一位少年儿童从社区教育的发展中得到实惠。

1. 整合资源，搭建校外辅导活动平台。一是健全活动阵地。为确保校外辅导的有效运行，2017 年枣林湾社区教育中心克服困难，在地方政府的关心和支持下，将辅导站这项公益事业纳入为民办实事项目，依托成人教育中心、文体中心和村农家书屋等，办好中心辅导站，并在开展好中心站自身活动的基础上，发挥其对村级辅导站的指导作用，建立了以度假区社区教育中心总辅导站——“枣林湾‘绿芽’校外辅导站”为核心、其他各村辅导站为补充的校外辅导站架构，增加了青少年校外活动空间，完善了各辅导站活动器材，为节假日特别是暑期活动顺利开展提供了保障。2018 年初，为进一步发挥社区教育阵地“绿芽”校外辅导站作用，投入 50 多万元，对活动所需专用教室、微机室、图书室等功能场所进行装配添置和完善，辅导站现有各功能室活动设备、办公设备、图书、活动器材、环境布置等，满足青少年假期进站活动需要。2020 年，结合枣林湾各村级党群服务中心建设和功能提升，及时对 6 个村级校外辅导站阵地的功能也进行了完善，添置了必要的电脑、图书等活动器材，增加了青少年假期活动的空间。二是完善管理体制。“绿芽”青少年校外辅导站在功能设施得到进一步提升的同时，搭建学校、家庭、社会三结合的工作体系，成立了由教育部门、团委、文体中心、司法所、社会事务、各学校等部门和单位组成的校外辅导站工作领导小组，定期召开会议，协调解决突出问题，不断推进“绿芽”校外辅导站常态化运行，制定实施了校外辅导站一系列制度并按章执行，促进了校外青少年辅导站工作的制度化、规范化，确定了办好“绿芽”校外辅导站完全是一种公益性事业，不仅不向学生及家长收取费用，还免费提供文化、文体和必要的学习活动用品，校外辅导站添置设备、开展活动等必需的经费支出，均及时由社区教育中心、关工委牵头给予解决。三是配强辅导队伍。我们整合社区退休老教师、在职教师以及大学生志愿者等资源，从刚开始的 6 名辅导老师发展到现在的 18 名由在职骨干教师、退休教师和大学生志愿者等群体组成的辅导队伍。对辅导老师根据其特长我们进行了分工，有的辅导学业、有的辅导才艺，5 年来一直坚持为孩子提供免费辅导，不计任何报酬。李名忠老师已连续多年志愿担任中国象棋校外辅导工作，不辞辛苦，任劳任怨，精益求精，不断创新，培养出一批又一批的优秀小棋手。牵头组织编写《走好人生每一步》校外系列特色教材，辅导的学生多人次获仪征市、扬州市个人冠军，假期里不管刮风下雨他都会准时赶到，这是他发挥个人的一技之长，更是爱心与责任心的驱使。

2. 彰显特色，丰富校外辅导活动内涵。在活动组织上，做到三个“注重”：一是注重社会实践，引导学生做一个有实践能力的人，组织青少年参加公益劳动、外出研学，在社会实践中拓宽知识、增长才干，结合创建全国文明城市，开展“文明礼仪伴我行”主题教育，开展劳动实践和“学雷锋”志愿服务，引导学生习惯养成、关爱他人。二是注重文化辅导，督促学生完成假期作业，并释疑解难，巩固提高已学的知识，帮助学习有困难的学生补习功课，打好文化知识基础。组织学生开展思维拓展、文学写作、经典诵读等学习活动，促进学习能力提升。三是注重艺体培养，开展了绘画、衍纸制作、机器人、书法、陶艺制作等多种兴趣活动，让学员充分感受成功的喜悦，调动了兴趣，开发了智力想象，加强心理健康教育，帮助有心理障碍的学生调整心理。在活动形式上，双休日和寒暑假，“绿芽”中心辅导站和各重点村校外辅导阵地均对外开放，重点是开展好暑期辅导活动，精心安排辅导活动计划，与区域内各校共同开发编制校外活动课程。为了以点带面，促进均衡发展，我们首先在“绿芽”中心辅导站借助有一技之长的志愿者开设各类培训班，又以“绿芽”中心辅导站为龙头协助创建了南青山中国象棋校外辅导点、枣林湾学校机器人工作室等，确保校外教育辅导站覆盖度假区两大片施教区域，同时开设中小学生心理健康咨询，加强青少年心理健康教育，定期为学生讲授青春期健康知识，帮助学生坦然面对成长的烦恼，特别是帮助留守儿童克服孤僻、胆怯、冷淡等心理，以弥补其家庭教育的缺失。几年来，以“绿芽”校外辅导站为核心，每年组织学生活动达 1 500 人次以上。

3. 均衡发展，关注校外活动特殊群体。“绿芽”校外辅导活动，在面向全体的同时，特别关注留守困境儿童，做到“校站结合”，对特殊家庭不便进站参与辅导活动的留守困境儿童，每年暑期前，由“绿芽”校外辅导站牵头，各相关学校和村、社区配合，对学龄儿童家庭实现全走访，梳排登记建档形成名册，以“我留守，但我快乐”为主题的校外辅导活动已坚持连续开展了 8 年，进一步丰富了枣林湾留守困境儿童假期生活，为其假期生活和学习提供保障。活动中，“绿芽”校外辅导站以就近为主，联系常驻村组老教师、在职教师与留守困境儿童建立“一对一”建立联系机制，组织教师和志愿者定期上门走访、定期联系反馈，上门辅导做到“四个一”：辅导一次暑期作业、讲一堂安全课、对接一次监护人、解决一次困难。及时跟踪了解儿童暑期学习情况，为其制定学习方案，使其养成按时完成暑期作业的好习惯，并跟踪辅导，引导教育每个学生在校做个好学生、在家做个好孩子、在社会做个好公民。2020 年春节后，突如其来的疫情对少年儿童正常的学习造成了严重影响，1—6 月份，中小学生在校学习时间仅两个月左右，时间严重不足，知识学得不实，“绿芽”校外辅导站及时调整原定工作计划，3 月份起及时牵头组织老教师、在职教师、回乡大学生等群体组成志愿服务队，开展“同心战疫情、志愿文明行”志愿帮扶服务活动，组织对区域中小学生线上学习条件情况进行全面摸排，填报排查情况表。3 月初，在扬州市中小学生线上学习启动前，切实为暂不具备线上学习的 30 多名学生解决学习条件问题，牵头组织解决网上学习终端问题和网络服务问题；3 月中旬，组织志愿者上门服务，为区域内 60 多名留守儿童、困难学生送上学习用品，指导线上学习步骤方法和学习要求。在此基础上，在中小学生复课进校前，“绿芽”校外辅导站牵头建立“一对一”跟踪帮扶联系，切实常态化解决线上学习困难、生活困难群体的需求，在疫情防控特殊时期为这些孩子送去一份特殊的关爱。

三、案例的成效

枣林湾“绿芽”校外辅导站已成为扬州市社教富民“五个一批”建设先进单位青少年校外培训品牌项目。

1. 促进了学生素质提升。进站参与象棋辅导学生在国家、省和扬州仪征各级赛事中均获大奖。2018—2020 年枣林湾组队参加仪征市青少年棋类比赛，连续获得团体组第一的好成绩；吴晨同学 2018 年获江苏省中国象棋业余赛扬州赛区少儿组棋王称号，2019 年获扬州市第十三届运动会小学男子组第二名;2020 年殷逸甜同学获江苏省第八届全民健身运动会棋类比赛优胜奖,中国象棋全国业余赛扬州赛区棋王称号,2021 年组队参加中国象棋省“三健杯”团体赛银奖等一系列团体和个人奖项;2021 年刘馨怡、孔嘉琪获省教育厅组织的机器人竞赛一等奖。

图片 1　枣林湾“绿芽”校外辅导站举办中国象棋少儿辅导班

2. 激发了师表志愿情怀。一支优质辅导老师队伍是办好校外辅导站的首要前提,为了孩子的假期,为了孩子的进步,他们秉持“做负责任的教师、办有情怀的教育”理念,主动放弃了无数的节假日,坚持定时定点为青少年进站活动提供保障、提供辅导。2018 年双家祥老师被扬州市关工委评为关心下一代工作先进个人,多次被仪征市、地方政府评为先进工作者;蒋远玲老师被仪征市委宣传部评为“优秀阅读推广人”、江苏省成人教育协会评为“省级社区教育先进工作者”,连续 3 年被枣林湾旅游度假区评为优秀工作者。

图片 2　枣林湾“绿芽”校外辅导站举行暑期开班仪式

3. 彰显了公益为民效应。几年来，枣林湾“绿芽”校外辅导站和各辅导点组织学生活动每年达 1 500 人次以上，切实减轻了家长假期孩子管理负担。2017—2020 年度连续荣获仪征市校外教育辅导站工作先进表彰。系列关爱活动引起了各级媒体的关注，仪征电视台对校外辅导站关爱活动进行了专题报道，省和扬州多家媒体也对辅导站活动进行了报道，青山辅导点活动引起了省政府网站的关注。以青山校外象棋特色辅导活动为平台，组织编印《走好人生每一步》系列课程，丰富了学生课余生活，铸就了一道农村“象棋文化”的亮丽风景线。

四、案例的体会与展望

前期，“绿芽”校外辅导站虽然取得了一定的成效，得到了社会和家长的认可，但还存在一定差距。一是重视力度还不够，活动虽已开展，但基于假期学生来辅导站活动途中安全等方面的担忧，活动开展还不扎实，还未达到预期效果。二是活动还有瓶颈制约，枣林湾校外活动阵地建设起步晚，功能设施还不健全，还不能全面满足少年儿童的精神文化生活和校外活动需要。此外，国家“双减”政策下的校外活动开展还需对标完善。

下一步，我们将进一步发挥“绿芽”辅导站在青少年校外活动主阵地的作用，争取多方支持，以更加务实的工作要求，做好校外辅导工作。

1. 突出主题教育。开展理想信念、党史国史教育，传承红色基因，引导青少年树立和践行社会主义核心价值观，在度假区广大青少年中开展“颂建党百年、做时代新人”主题教育活动，组织开展读书、征文、演讲比赛等系列活动。注重良好“家风家教”的弘扬，教育、引导青少年增强法治意识，养成遵守社会公德的好习惯。

2. 突出个性发展。关注学生技能培养和才艺拓展，充分利用本地人才资源，开设书法、绘画、音乐、舞蹈、球类、棋类、电脑、机器人等技能培训课程。结合地方传统文化项目，开展扬州评话、剪纸、扬剧等非物质文化遗产的学习和传承，培养学生健康的兴趣爱好和技能专长，促进全面发展，持续发挥自身优势，持之以恒地打造辅导站工作特色品牌。

3. 突出阵地建设。结合枣林湾实际，进一步调整和充实辅导站工作队伍，吸引德才兼备的年轻同志志愿加入队伍提供服务，增强校外辅导站的生机和活力。协助推进村(社区)健全校外辅导站工作机制，进一步配齐村级辅导站教育设施，配足进站辅导的力量。中心辅导站和各村级辅导点，节假日常态化对青少年开放提供服务。

执笔人：蒋远玲　双家祥

点评

一、工作特色

“绿芽”校外辅导站是枣林湾社区教育中心针对社会发展过程中,一大批“留守儿童”假期身心发展而开展的项目。该项目的实施以青少年特别是农村“留守儿童”为服务对象,从关注其品德、心理健康成长方面存在的问题出发,工作中有针对性兼顾覆盖面、有手段注重成效、有保障突出公益。通过项目的开展,推动了社区教育与学校教育的有效衔接和良性互动,有效提升了社区教育的服务水平。

二、成功经验

“绿芽”校外辅导站项目在实施过程中,为了让每一位孩子享受社区教育活动,一是搭建校外辅导活动平台,通过整合资源来完善好阵地、队伍、机制;二是丰富校外辅导活动内涵,通过社会实践、文化辅导、艺体培养等来彰显特色;三是关注校外活动特殊群体,通过特别关注留守困境儿童来促进均衡发展。

三、推广意义

“留守儿童”问题是广大农村地区的一大共性问题,具有普遍的实践意义。作为校外教育的补充,“绿芽”校外辅导站项目的开展促进了学生素质的全面提升、激发了师表志愿情怀、彰显了公益为民效应,其成功做法值得借鉴和推广。

点评专家
姓　　名:何忠益
单　　位:张家港保税区社区教育中心
职务/职称:主任/高级教师
联系电话:13906247995

◎ 镇江市扬中市新坝镇成人教育中心校

树起“科教惠农村组行”小品牌 做好“强农惠农兴乡村”大文章

——记 2021 年省级社区教育品牌“科教惠农村组行”

品牌 LOGO 设计说明：

1. 此图标依据镇江扬中市新坝镇成人教育中心校校徽修改而成。

2. 图标上部“送科教上门，助乡村振兴”为“科教惠农村组行”活动的主题和口号。

3. 中间部位“五颗星”代表新坝镇社会政治、经济、文化等各项事业取得的成就和区域内所处位置；三笔画构成了新坝的汉语拼音写法，又为“三农”图案。

4. 红色圆圈寓意新坝镇成人教育中心校聚合社会各方力量，通过“科教惠农村组行”活动，为新坝镇农民富裕、农业发展、农村振兴积极探索，奋力前行。

一、案例背景

扬中市新坝镇位于扬中市最西端，南连镇江丹徒区，下辖 12 个行政村和 2 个社区，总面积 49.2 平方公里，人口 4.72 万，其中外来人口 1 万余人。近年来，新坝镇各项事业均取得持续长足的发展，先后被授予“中国乡镇之星”“全国文明镇”“国家卫生镇”“全国环境优美乡镇”“全国社区教育示范镇”等称号。2020 年，全镇实现地区生产总值 229 亿元，完成一般公共财政预算收入 7.77 亿元，全国百强镇排行榜上升至 66 位。

与其他农村社区相似，新坝镇社区教育面临着的现状和问题有：一，人口分散，活动组织困难；二，外来人口较多，文化素养不均；三，经济发展较快，居民提升需求。为适应新形势，助力乡村振兴，新坝镇社区教育中心决定主动出击，送科教上门。为此，从 2017 年开始，新坝镇成人教育中心校精心设计开展了“科教惠农村组行”特色活动。

二、案例呈现

(一) 搭建平台,理顺活动运行机制

扬中市新坝镇成人教育中心校和扬中市新坝镇社区教育中心办公室是两块牌子一套班子,就隶属关系讲,成人教育中心校为扬中市教育局的下属部门,而社区教育中心却归属新坝镇管理(成教校承担其办公室职能),关系时有重叠;就成人教育中心校与地方政府各部门的关系来讲,老年培训、技能、技术培训、健康养生培训、文化娱乐等活动安排原来就有相关职能部门承担,成人教育中心校则处于可有可无、无处下手的尴尬境地。如何破解这一瓶颈?它将关系到成教校今后的发展方向和命运。

鉴于目前成教校的现状和社区行政管理运行体制,新坝镇成人教育中心校致力健全社区教育联席会议制度,将政府相关职能部门统联起来,据此协调中心与各部门的工作。在此框架下组建社区教育讲师团,通过政府发文,规范其聘任、津贴等活动,并针对部门成员自身特长,每年调整一次,讲师团成员依据年初确定的“科教惠农村组行”活动主题开展教育活动。

尽管在实际操作过程中,因为要考虑与其他部门的合作,很多活动均冠以“联合举办”,但新坝镇成人教育中心校从活动的策划、早期安排、人员的组织、地点和内容的确定,都尽可能把握主动权,扮好组织者的角色,变被动参与为主动出击,变配角为主角,大大增强了学校的存在感和话语权。

目前,新坝镇社区教育工作已初步形成以村(社区)居民学校为基础、社区教育志愿者队伍为骨干、政府各相关职能部门为保障、社区教育联席会议为平台的网格式管理格局,确保了活动的顺利开展。

(二) 统筹谋划,清晰活动运行轨迹

近年来,随着社会政治、经济、文化等事业的发展,加之新坝镇原有基点水平较高,市民(农民)朋友参与教育培训的愿望也越来越强烈和迫切。“农民要什么”是成教校首先必须考虑的问题。党的十九大报告明确指出,当前,我国社会主要矛盾已转化为人民日益增长的美好生活需要与不平衡不充分的发展之间的矛盾。满足农民的美好生活需要也是成教校开展文明实践活动的重要切入点。

近年来,新坝镇成人教育中心校每年初对社区居民教育需求做总体调查,依据调查结果,确定本年度的活动主题,制定活动计划。2017—2020 年学校确定的活动主题分别是“健康”“平安”“富农”“绿色”,围绕主题,全年有针对性地开展各类活动,尽可能避免活动的随意性和碎片化。为配合活动开展,成教校还特意编印了配套读本——新坝镇社区教育市民读本系列丛书《健康新坝》《平安新坝》《富农新坝》和《绿色新坝》,作为配套教材使用。

以新坝镇成人教育中心校 2019 年开展的活动为例,新坝镇社区教育活动的整体流程如下:

2019 年 3 月,新坝镇成人教育中心校在全镇范围内专门进行了一次“课程与社区活动需求问卷调查”活动,受调查者年龄范围涵盖 20～70 岁,调查发现 95%以上的受访者选择一项以上的新技术、新技能培训课程,如农业生产技术培训、电子商务、CAD 制图等,由此反映出现代农

民已感受到城乡一体化给他们带来的强大压力，也反映出农民朋友对于改变现状、寻求创业就业、追求更好生活的强烈愿望。调查发现几乎100%的受访者表示愿意参加培训。结合日常培训和此次调查还发现越来越多的人已从参与泛泛的、基础层次的农技培训（如农机、播种等）向专业性强、技术含量较高的电子技术、特种养殖（如电子商务、制图、葡萄栽培、螃蟹养殖等）方面转移。

图片1　水产专家朱纪坤在新宁村指导

为此，新坝镇成人教育中心校明确2019年社区教育培训的主题和重点为培养具有农村电子商务技能，在特种农作物种植和水产养殖方面有专业技术，具备较高文化素养的新型农民。新坝镇成人教育中心校依托农科教基地及辐射区，联合镇农服中心（农业农村科）向农民传授特种作物大棚种植、特种水产养殖与销售、生态文明建设等知识；与人社（含残联）等部门联合开展电子商务等方面的培训；拟开设CAD制图培训；与妇联、文广中心联合开展瑜伽、烘焙、茶艺等培训；与老年大学、关工委联合开展养生健康、家庭教育、时事政治、诗词书法绘画创作培训；配合政府开展各种政策宣讲。

（三）上门服务，增强活动运行效果

送教上门是这项活动的特色。农村人口居住分散，集中组织活动相对困难，为了增强活动效果，必须让活动“沉下去”，化整为零。新坝镇成人教育中心校落实好讲师，确定好授课内容，做好与政府相关部门的对接，由社区教育中心负责与村（社区）直接联系，具体商讨活动的时间、参与人员、场景布置等事宜。

基于农民对特种作物大棚种植技术的青睐，但又苦于对相关实操知识的缺乏，2019年3月，新坝镇成人教育中心校委托镇农服中心邀请本地葡萄种植大户、知名农技专家孙纪福亲临农户田头，现场讲解葡萄高效种植模式栽培与病虫害防治技术。他从品种选择、栽前准备、栽种、中期管理、适时收获和加工贮藏等几个方面对40余名种植户进行了系统培训，同时现场指导了育苗移栽，向农户发放了自编的葡萄种植模式栽培技术指导书。此后一段时间，他还不定期走访、指导相关农户。在他的悉心传授下，很多农户葡萄栽培技术日渐成熟，当年的葡萄产量和质量均有

图片 2　农技专家孙纪福在立新村现场指导

较大幅度的提高。

授课内容是提高活动效果的关键。新坝镇成人教育中心校对每次的授课内容进行审阅，要求尽可能地贴近现实、贴近生活、贴近百姓，讲老百姓的话，谈老百姓的事，让内容浅显易懂，让语言生动活泼。新坝镇成人教育中心校开展“科教惠农村组行”活动的初衷是将科技送到居民的家门口，将活动放到农民的田间地头，边学边教，边教边做，大力满足群众的科技文化需求，方便农民的学和做。

(四) 总结研究，累积活动运行经验

为探索此类活动的长效运行机制，总结活动经验，创建特色品牌，进一步提升活动效果，新坝镇成人教育中心校紧密联系实践活动，加大课题研究力度。2016 年，学校申报了省级课题——《农村社区教育课程资源的开发与利用》，并于 2018 年顺利结题；2019 年又申报了一项国家级课题——《城乡一体化背景下新型城镇社区教育的方向和路径》，该课题也于 2021 年完成结题。课题的研究将极大地提升学校开展此类活动的理论和实践能力。

三、案例成效

据统计，2017 年度至今新坝镇成人教育中心校开展“科教惠农村组行”活动 39 场次，覆盖 15 个村(社区)，受众 3 200 余人，内容涵盖健康、安全、家庭教育、农作物的栽培与管理市民文明素养等，居民的学习热情逐步高涨，受众人次以每年 10%的速度递增，受众满意度现也达 95%以上。新坝镇成人教育中心校正将这一活动进一步制度化、系统化，逐步打造成区域范围内社区教育中心的品牌。2020 年 5 月，该项目获评 2019 年度“扬中教育十大新事”；2020 年 7 月，该项目在《扬中新闻》栏目专题报道；2020 年 9 月，该项目被省教育厅认定为“省级社区教育特色品牌”；2020 年 12 月，又被认定为“长三角地区社区教育特色地方品牌项目”；2021 年 9 月，以该项目为

依托建立的“科教惠农培训基地”被认定为省级社区教育优质项目化基地。

四、案例体会

1. 以地方政府部门为依托，以联席会议类似架构为平台，以村(街、社区)居民学校为阵地，加强协调，形成合力，保证社区教育活动的顺利开展和效能的极大提升，这是新坝镇成人教育中心校“科教惠农村组行”活动得以长期有序开展的重要法宝和有力保障。通过联席会议(或类似架构)，加强与政府各部门间联系，进一步有效整合社区教育资源，特别是课程资源和人力资源，避免分散、重复和浪费。

2. 送科教上门，这是新坝镇成人教育中心校“科教惠农村组行”活动的创新手段。通过送科教进村入户，进一步拉近科技教育与农民间的距离，节省了农民的时间，提升了农民学习的主动性和积极性，使社区教育真正成为亲民教育。

3. “农民的需要就是我们教育的方向”，这是新坝镇成人教育中心校“科教惠农村组行”活动的口号和指向。只有弄清农民需要什么，才能找准社区教育的切入口，才能有的放矢，精准施教，也才能真正激发农民的学习兴趣，提升社区教育效果。

4. 追求体验式学习，不贪大求全，这是农村社区教育特别是新坝镇成人教育中心校“科教惠农村组行”活动一大特点。鉴于农村农民地理、年龄、学历等方面因素，对农民学员学习效果评价不宜过高过全。每次活动哪怕掌握一点小技能，学到一点小知识，获取一点小感悟，即谓之成功！日积月累，农民掌握的知识会多起来，农民的获得感会强起来，农民的积极性会高起来，社区教育也定会火起来！

五、案例反思与展望

1. 活动初期，为提高居民的学习兴趣，往往采取的是“奖补”培训的方式，今后还需在活动针对性上下功夫，在活动形式上做文章，进一步提高市民学习的积极性，变“奖补”培训为自愿学习。

2. 既要坚持活动的计划性、系统性，但也要适度兼顾其灵活性，做到两者的有机结合，可依据政策形势的变化穿插一些“时令”性的内容，如扫黑除恶、垃圾分类等，更好地发挥社区教育的引领作用。

3. 注重共享、共建，寻求共同发展。“一花独放不是春，百花齐放春满园。”在苦苦寻求对现有社区教育困境突破的过程中，成教校绝不能单打独斗、固守一方，要在一定区域范围内共建学习、发展平台，共享学习资源，建立各类学习共同体，推广经验，扩大规模，放大效应。本着降低培训成本、提高培训效益、辐射周边区域的原则，新坝镇成人教育中心校将打破乡镇限制，在更大区域范围内推出一些内容精彩、老百姓喜爱的培训活动，变“一次性”培训为“巡回式”辅导。

今后，新坝镇成人教育中心校在总结反思过去工作的基础上对活动组织中的一些环节还将适当作出调整。过去在从开展培训需求调查到敲定年度主题后，由新坝镇成人教育中心校直接安排讲师带着指定内容下乡培训，这种方式还是不能最大限度地满足特定区域农民个性化需求。经过思考、商讨，新坝镇成人教育中心校将在年度主题确定后增加“列出年度培训内容清单、村(社区)征求农民意见选报 1～2 项培训内容交由社区教育中心汇总”这一新的流程，将培训内容的选择权交给农民。这将进一步增强活动的针对性，进一步提高农民学习的主动性和积极性。

农村社区教育培训工作是一项长期的、复杂的、艰巨的、综合性的系统工程，不可能一蹴而就，只要主动出击，合力作为，就一定能闯出新天地，开创新局面，为助推社区治理、建设社会主义新农村、实现乡村振兴战略做出应有贡献！

执笔人：孙　强　高　庆

点 评

一、工作特色

扬中市新坝镇成人教育中心校以服务三农，助力乡村振兴为己任，主动作为，积极整合各类社区教育资源，深入田间地头，了解农民的学习需求，改进教学方式，引入农业专家指导农户生产，注重社区教育服务的针对性和有效性，农村实用技术培训的数量和质量不断提高，社区教育成为服务地方经济与社会发展的一支重要力量。

二、成功经验

科教惠农是农村社区教育工作的重要内容，也是义不容辞的职责。扬中市新坝镇成人教育中心校能够认清和把握好当前形势，从当地农村的实际出发，以农民的需求为导向，在科教惠农工作中，一是搭建平台，建立各部门联动的运行机制；二是统筹谋划，确定科学合理的计划和流程；三是上门服务，提高服务的针对性和有效性；四是总结经验，不断改进和提升品牌的质量。

三、推广意义

当前农村社区教育的确面临农民居住地相对分散、外来人口不断地加入、农民从事的产业多种、农民教育的需求多元、信息渠道的来源多样等新的形势，扬中市新坝镇成人教育中心校在新形势面前，能够靠前工作，主动作为，理顺工作机制，整合教育资源，引入专家力量，与农民建立联系，积极开展“科教惠农村组行”活动。活动取得良好的效果，农民的生产经营技能得到提升，各种支农惠民的力量得到了整合。村社小地方，事业大舞台，新坝镇成人教育中心校的“科教惠农村组行”值得推广。

点评专家
姓　　名：方拥军
单　　位：苏州市吴江区开放大学/吴江区社区培训学院
职务/职称：副校长/高级讲师、国家二级心理咨询师、社会工作师
联系电话：15371831962

◎ 镇江市丹阳经济开发区社区教育中心

传承民俗文化　树立文化自信

——记 2021 年省级社区教育品牌“丹阳传统民俗文化课堂”

品牌 LOGO 设计说明：

丹阳传统民俗文化课堂坐落在江苏省丹阳市水晶山畔的逍遥山庄民俗馆中，水晶山是丹阳市的最高峰，具有地标性，梁武帝萧衍曾在这立志成帝，具有丰厚的历史文化底蕴。

LOGO 整体圆形代表民俗文化代代相传，周而复始，生生不息。以绿色为主色，希望打造成绿色课堂，文化课堂，倡导人们养成绿色低碳的生活方式，保护生态环境；同时也希望我们的民俗文化如春天的绿植般生机盎然，蓬勃发展。

一、案例背景

党的十八大以来，习近平总书记在多个场合谈到中国传统民俗文化，高度重视传承和弘扬中华优秀传统文化，他指出：“我们要坚持道路自信、理论自信、制度自信，最根本的还有一个文化自信。”

中国虽然有强大的文化根基和强劲的文化发展势头，但事实不容忽视，中国目前还只是一个文化大国而不是一个文化强国，我们文化软实力的现实表现与物质硬实力的日益强大并不相称。

走进新时代，江苏省丹阳经济开发区社区教育中心以树立文化自信为己任，积极参与、共建共享丹阳传统民俗文化课堂，把它作为社区居民、青少年传承民俗文化实践的游学基地和文化自信培育的重要阵地。

丹阳传统民俗文化课堂坐落在水晶山旅游度假区，傍依丹阳第一峰——水晶山主峰，毗邻国家级文保单位“南朝石刻”，距离“天地石刻园”约 3 公里、“中国最美乡村——黄连山村”约 800 米。该展览馆目前总建筑面积 5 000 余平方米，展览馆设两层：展馆一楼系酒器具系列展览馆，规模是全江苏省之最、全国第二。目前，拥有共计 1 万余件造型奇特、五彩缤纷的酒瓶器具。展馆二楼系民俗用品展览馆，民俗老物件品种江苏省之最，收藏了大量的中国传统民俗用品，共计 6 000 余件，充分展示传播了江苏及周边地区传统民俗文化。

二、案例呈现

江苏省丹阳经济开发区社区教育中心以激发居民热爱优秀传统文化的兴趣为前提，以厚植传统文化根基为抓手，以弘扬丹阳民俗优秀文化为重点，创新培训活动载体，通过引导，让参与者在游中学，逐步实现有设计的“自悟”式学习，不断提升社区教育文化休闲品牌，不断满足人民群众对美好生活的需求，推动社区教育各项工作再上新台阶。

1. 以主题活动为单元，弘扬中华传统孝文化

社区教育中心以丹阳传统民俗文化课堂为基地，着力开展“中华孝文化”培育工程。自 2019 年起，每年国庆期间开展“百善孝为先”为活动主题，牵手地方“万善酒业”公司，联合开展“敬孝活动”，鼓励社区成年子女带着父母、孩子共同来参观、学习和交流，了解优良厚重的民俗传统文化。凡带父母来参观的均获赠“万善品牌黄酒”一箱。从首届的 160 余户，到今年第三届 600 余年轻人带着父母来参观、游览。在导解员声情并茂的讲解中，老少几代人开了眼界、长了知识、尽了孝心，感受到中华孝文化的源远流长，获得了良好的社会效果。自 2020 年起，社区教育中心以志愿导学为契机，在接受导学的社区青少年儿童中开展“日行一孝，德行一生”的活动，通过挖掘古典诗词中的“孝文化”，如“父母在，不远行”“谁言寸草心，报得三春晖”等等，进行孝文化的熏陶；通过讲古人大孝大爱的感人故事，让孩子讲父母、爷爷奶奶对自己的无私关爱，引导青少年儿童在日常生活中懂爱、有爱，行孝行善，从爱父母出发，懂得爱家人、爱他人和爱祖国。

2. 以游学活动为契机，感悟中华文化博大精深

社区教育中心辖区学校众多，为有序有效开展好传统文化传承与体验活动，中心每年初即统筹规划，主动联系各类型学校，服务进门，提供菜单式服务，主题鲜明，时间清楚，形式多样，深受各中小学校及幼儿园的欢迎。自 2019 以来，先后牵头组织了 18 所幼儿园、中小学来丹阳传统民俗文化课堂开展亲子活动、游学实践。如，丹阳市建山幼儿园利用民俗馆的展品，在开展全市性的“民俗文化在发芽”研讨活动中，组织园所的孩子、家长及全市各幼儿园园长共同走进了民俗文化课堂，开展了中班科学活动《有趣的秤》和大班美术欣赏活动《精美的石刻》。同时家长也参与其中，共同感受、学习、重温优良的传统文化。丹阳新区实验小学在 2021 年的六一儿童节，组织部分学生及家长代表在丹阳传统民

图片 1　儿童量器测量工具实践体验

俗文化课堂，通过分会场的形式，开展班级文艺汇演、校级拓展训练等活动。

3. 与文艺各界强强联手，传统文化培育锦上添花

社区教育中心在勇担教育责任的同时，注重教育的主体性与多元性的统一。一方面中心不断加强自身责任建设、能力建设，另一方面沟通社会各界，先后接洽历史文化研究会、老干部收藏家协会、马相伯文化研究会、吕凤子学术研究会、美术家协会、作家协会、摄影协会、诗词楹联协会等组织联合开展传统文化活动及培训。多年来，中心的传统文化教育汇聚社会各界的英才，培育过程始终有声有色，有趣有味，使受教者有深印象，有真收获。

4. 建设高品质课堂，让中华文化万里芬芳

目前，社区教育中心参与建设的丹阳传统民俗文化课堂已成为丹阳市科协“全民科学素质教育基地”及镇江市社科联“社科普及基地”，也是丹阳市很多部门“五事联动”党建的合作基地，尤其是“丹北抗日纪念馆”建成后，更让当地的党员干部、群众在参观培训交流的同时，学习传统民俗文化，进行爱国主义教育。如：凤凰新村社区志愿者服务队，市民广场、新民中路和公园新村等社区的党员志愿者，在社区领导的带领下赴丹阳传统民俗文化课堂实践，参观了民俗文化展览馆，并进行了互动交流学习；市住建局、科技局、科协、人大、政协等部门经常参与互动学习交流。

图片 2　丹阳市民广场社区志愿者民俗文化实践

三、案例成效

习总书记强调要“留得住青山绿水，记得住乡愁”。

社区教育中心参与建设的丹阳传统民俗文化课堂，就是要为子孙后代尽可能多地留下乡愁，留下乡村记忆，留下童年思绪，留下乡土的历史与传承的文化。做好乡村、童年记忆的收集和保管工作，保持乡村生活原有的风貌和品质，这是传统民俗文化课堂的最终目的和意义。

民俗馆一楼酒器具系列展览馆，目前拥有共计 1 万余件种造型奇特、五彩缤纷的酒瓶器具，囊括了我国 25 个省份的各种名酒瓶。其造型有葫芦型、球型、梯型、方型，扁壶等；品种有红陶、黑陶、紫砂、青瓷、青白瓷、脱胎瓷、素瓷、彩瓷、铜、铝、锡，仿宋代汝、官、哥、钧和定窑“五大名窑”等仿古瓷，以及模仿人物（古代四大美女、孔子、李白、三国五虎将、观音、弥勒佛、老寿星等）、兵器（手榴弹、枪支、潜水艇、火箭弹、手雷等）、动物（十二生肖等）、植物（葫芦等）乃至花鸟鱼虫的象生

瓷瓶。二楼系民俗用品展览馆，拥有明代、清代、民国时期的常用生活品、农业生产器具，民俗老物件品种为江苏省之最。生活用品有竹碗柜、竹制童车、木制童车、竹制儿童床、手炉脚炉等，农业生产用具有独轮车、铁犁、耱、水龙、纺车等计 6 000 余件。参观者在这里可以充分了解“丹阳及周边传统民俗风情和历史文化的变迁”的同时，也了解中国近现代发展史。这些老物件让老年人观物思昔、触景生情，很多老年游客参观过程中往往情不自禁，似时光倒流，乡音乡愁再现脑海。“七零后”“八零后”带着自己的孩子兴奋地介绍着他们儿时生活的印象、游戏的场景及乐趣。

项目启动以来，社区教育中心坚持与社会各界加强合作。筑巢引凤，使现代化生活环境中的每一个人，能够再次近距离感受农耕，感受生活，感受曾经，感受文明，感悟“勤劳”一词的真正内涵与品质。勤劳是中华民族的传统美德，勤俭节约更是当下新时代中国特色社会主义建设的不可或缺的可贵品质。丹阳传统民俗文化课堂项目自启动以来，以传统老物件为载体，通过参观学习讲故事的方式学习传统民俗文化，传承优良传统文化。让年老者回忆过去生活的艰辛或亲情的珍贵；让年轻人学习体会先辈的智慧，同时珍惜来之不易的幸福生活。

文化自信，更需文化自觉，文化传播。社区教育中心注重“传承民俗文化，树立文化自信”品牌推进过程中的宣传报道工作，通过丹阳教育信息网、镇江教育信息网、江苏学习在线、《丹阳日报》、《镇江日报》等媒体宣传，每年相关宣传不少于 20 篇。镇江电视台、丹阳电视台先后进行专题报道。

四、体会与展望

1. 打造丹阳优秀传统文化资源风景带。中华文化是浩瀚的星空，繁星密布，星光璀璨。本着这一指导思想，社区教育中心打造具有丹阳特色的游学项目，“游”的项目主要依托丹阳依托水晶山旅游度假区、毗邻“南朝石刻”、“天地石刻园”、白龙寺、中国最美乡村黄连山村、管山温泉旅游度假区、龙庆禅寺等知名景点。“学”主要体现在参观知名景点时接受民族文化传承、革命传统、爱国主义的教育，组织爱国主义影片展播、名人故事、丹阳历史文化讲座、唱老歌、撰写心得体会等活动过程中。

2. 积极编撰民俗文化乡土读本。中华文化是一条大河，5 000 多年的文化传承，源远流长。本着这一思想认识，社区教育中心集中多方力量，整理、编写《曲阿古韵民风》《丹阳红色文化》《丹阳旅游文化》《丹阳本土文化》《丹阳历史名人》《练湖抗战人物志》等系列乡土教材，作为游学项目教学教材。充分利用编撰的乡土教材以及视频课程资源，广泛开展游学活动。自基地开放以来，接待游客 60 000 余人。提升了本地居民对本土文化认知度，扩大了丹阳文化对外传播的影响力。

3. 多措并举，全天候多点位传播丹阳本土传统文化。一是打造社区教育中心小型民俗文化、红色文化、旅游文化展室，形象直观地开展社区教育培训活动。二是利用现代技术手段，如组织拍摄制作相应系列的微课、微视频，同时上传中心网站，全天候供社区居民在线学习、游览。

“乡音无改鬓毛衰”，这是乡土文化的真实写照，更是社区教育中心主张的传统文化自信的生动表达。随着项目推进工作，中心将在总结经验的同时，进一步创新方式方法，在以民俗文化知识、历史文化知识的获得与吸收为重点的同时，将进一步通过地方戏曲、志愿服务、动脑动手、重温足迹等形式来设计游学活动，多视角、多感官，激发全社会热爱乡土文化、热爱家乡、热爱传统文化、热爱中华的伟大的爱国主义情怀。

执笔人：肖华伟

点评

一、工作特色

一方水土养育一方人,每个地方都有每个地方优秀的传统风俗和文化,透过这些风俗和文化,现代人可以找得见乡愁,寻得到根。优秀的传统文化、地方文化是社区教育的重要内容,对它们的传承和推广是社区教育的重要任务,丹阳市经济开发区社区教育中心能够充分利用教育在文化传承中的特长和优势,发挥好社区教育的功能,活化社会文化资源,将之有效转化为社区教育资源。

二、成功经验

“丹阳民俗文化课堂”能够充分利用丹阳“水晶山民俗文化展览馆”的场地资源,积极开展优秀传统民俗文化教育,拓展社区教育的空间,丰富社区教育的内涵。它通过主题活动,引导家庭几代人共同参与,促进了代际之间的互动交流;它以游学活动为契机,将区域内学校的课堂搬到了民俗文化展览馆,促进了学校课堂教学的改革;它与文艺各界联手,提高了民俗文化课堂的专业化水平,为建设高品质的社区教育课堂创造了良好的条件。

三、推广意义

社区教育以教育为本,以社区为根,区域性是社区教育的最重要特征。丹阳市经济开发区社区教育中心能充分利用好地方的场馆资源,开发好“丹阳民俗文化课堂”,课堂强化了社区教育的功能,丰富了社区教育的内容和形式,对于传承和保护优秀传统民俗文化,促进地方文化的繁荣,增强中华民族的文化自信有着重要的意义,值得推广。

点评专家
姓　　名:方拥军
单　　位:苏州市吴江区开放大学/吴江区社区培训学院
职务/职称:副校长/高级讲师、国家二级心理咨询师、社会工作师
联系电话:15371831962

◎ 镇江市润州区和平路街道金山水城社区

汇聚教育智慧　齐聚幸福小院　凝聚桑榆深情

——记 2021 年省级社区教育品牌金山水城“幸福小院”

品牌 LOGO 设计说明：

标识右边采用小院的边角造型，代表着“幸福小院”，包含着党员、群众找到“家”的归属感的深意；标识里面“润州党建微家 001”是小院获得的荣誉，代表着社区党建工作一马当先，包含着以党建引领社区教育、服务辖区居民的初心；标识里面还有“金山水城”社区的设计印章，包含着社区以小院为阵地，党员为抓手，全心全意为人民服务的社情。

一、案例背景

金山水城社区坐落在美丽的金山脚下，是失地农民拆迁安置为主的小区，约有 9 000 多居民，其中中老年居民超过 3 000 人。根据养老社区老年人的迫切需求和社区教育的发展趋势，社区把重心下沉到小区的中心位置，建立了党建微家“幸福小院”，开展重点针对老年服务的社区教育品牌项目建设。

金山水城社区“幸福小院”位于金山水城 B 区中心广场，面积约 600 平方米。“幸福小院”品牌项目建设破解了居民活动无场所、党群服务有距离的困境。社区通过现场征询会、党群座谈会、入户大走访等方式，充分结合党群需求，科学统筹安排，提供了工具出借、党员代办、书香阅读等 10 大类服务功能，有效辐射金山水城小区，惠及全社区居民。2018 年幸福小院被评为“首批区级党建微家”。

4 年多来，“幸福小院”稳步发展社区教育，聘请大学专家教授对社区养老教育服务进行指导及日常管理工作，通过体系建设、品牌创建、教育服务等多个方面为社区养教结合的发展做出了富有成效的贡献。“幸福小院”坚持“开放、合作、服务、创新”的工作理念，面向辖区中老年人开放和分享教育资源、提供优质的涵盖终身发展需要的教育服务。2019 年幸福小院被评为省级“养教联动示范基地”。

二、案例呈现

1. 党员带头加强规范化管理，让“幸福小院”在家门口切实发挥服务作用

“幸福小院”实行管理制度上墙，社区党员成立“磁石”行动支部负责管理，社区两委班子成员周一至周五轮流到小院内办公，社会组织、志愿者队伍常态化开展便民服务。“幸福小院”成为社区“知民意、解民惑、帮民困”实践基地，社区党员常年坚守在党群活动室的磁石“党员代办岗”(2018 年获市级“党员示范岗”荣誉)。老年人在这里就可以咨询办理一些简单社区业务，针对老弱病残人群，行动支部党员还进行“上门代办”服务及过年过节慰问活动。

2. 社会组织提供多元服务，让“幸福小院”成为社区老人的身心健康家园

“幸福小院”建有“便民”功能室，在志愿者服务功能区展示了社区的志愿服务队(2019 年获得省级“优秀七彩服务志愿者团队”荣誉)。共有 15 支队伍为社区老年人免费或低偿服务。社区老年人可以在这免费借用家用工具，小到螺丝钉，大到移动爬梯，约有 30 种。社区居民也可以在这里量身高、测视力、称体重，进行简单的体检。

在社会组织服务区域活跃的是晚晴居家养老服务中心，进驻金山水城社区幸福小院 3 年来，该组织主动提供多样化和专业化服务，常态化提供养教特色服务。每年定期开展有针对性的宣传活动、知识讲座、益智活动，重点推出老年人喜闻乐见的医疗、养生、保健、护理、家庭用药、营养、疾病预防、急性病应对方法等多种课程，社区还聘请大学专家教授对社区养老教育服务进行指导及日常管理工作，受到社区老年人的好评。实现“幸福小院”服务工作零死角、全覆盖。

3. 社区老人积极参与学习，让“幸福小院”成为社区老人的最爱场所

“幸福小院”的“磁石”大舞台，深受老年人喜爱。辖区有太极、舞蹈、歌咏、戏曲 4 支文艺队伍，约有 80 人，都由退休人员组成，他们有上台展示自我的需求。社区结合传统节日，如七一、十一、春节，每季度组织一次文艺汇演，获得居民好评。每天清晨，社区老年人在这里打太极拳，到了晚上，这里就变成了广场舞的阵地，连续三年获得区级“优秀健身站点”荣誉。磁石“书香”阅读室有安静的阅读学习园地，不定期更换书目，开展老年人阅读活动。“居民议事”长廊经过维修改造、优化配置，既保持原貌又营造了一个舒适环境。老年人每天在这下棋打牌、聊天、拉家常，行动支部党员在服务的同时也能收集到不少民情民智，推动社区的参与共治。

三、案例成效

1. 品牌的覆盖广度和深度得到扩大

4 年多来，“幸福小院”致力发展老年教育，居民学校选派专业全业务强、教学优的教师进幸福小院，开设了艺术健身、戏曲乐器、信息技术 3 大类课程，已有 200 多人次报名，共分为八段锦、葫芦丝班、银发智能课堂。为辖区老年人提供专业化课程，订制各类教育课程，老年教育教学活动百余场，直接服务社区居民约 2 000 人。

图片 1　传统节日中文艺团队在幸福小院表演舞蹈《祝福祖国》

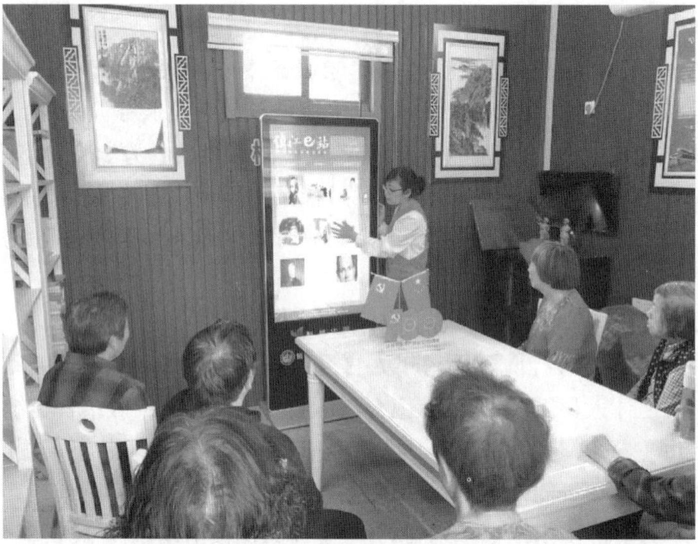

图片 2　幸福小院图书馆利用科普大屏开展银发智能课堂活动

2. 吸纳了多个社会组织参与

一是师资构成多元化。幸福小院“老年教育医养教结合工程”的诸多教学师资来自于社会的各行各业，志愿者团队达 100 多人。

二是活动组织社会合作化程度加深。吸纳了养老社会组织及联盟单位，一起参与该项工程建设。

3. 社会影响力得到逐步扩大

幸福小院不断创新项目，增强平台建设，扩大建设团队，越来越受到老年人的热捧，获得各种媒体采访报道，来自上级部门及群众的好评不断。

4. 老年人医养教结合工程

幸福小院养教工作中开展了医养教结合的探索，将医疗养生与养老和教育结合在一起，开展形式多样的讲座、活动，让老人参与的同时获得身体养护。辖区很多老年人年轻时没有机会学习，没有时间养生，现在大家聚在一起，不仅能够掌握一技之长，还增进了邻里之间的感情。

四、案例体会

随着“幸福小院”品牌项目运营管理服务常态化、自治化和科学化，“幸福小院”严格遵循“周周有沟通，月月有活动，季季有演出，年年有创新”的原则，积极开展符合老年教育实际、满足老年人需求学习的活动。幸福小院坚持“开放、合作、服务、创新”的工作理念，通过体系建设、品牌创建、教育服务等多个方面，面向辖区老年人开放分享教育资源，提供优质终身教育服务，为社区养教发展做出了富有成效的贡献。

五、案例展望

为了让社区越来越多的中老年人接受到更多更好的教育，“幸福小院”建立“红色网格”，利用网格长、网格员建立睦邻点，了解中老年人群所在家庭的需求及出现的问题，邀请镇江市教育发展中心老师与“幸福小院”工作人员一起探讨社区教育，尤其是家庭教育中的亲子教育、隔代教育等，由此开展了许多有特色、有意义的活动。“幸福小院”将通过培育一个个睦邻点，提高老年人参与社区建设的积极性，激发居民对“幸福小院”的认同感，弘扬邻里互助友爱的传统美德，拓展社区教育的新平台。

执笔人：李　丹

点评

一、工作特色

教育是一项重要的民生工程，是人民获得感、幸福感、安全感的重要来源，社区教育同样也是如此。润州金山水城社区教育通过“幸福小院”的建设，有效地将社区教育融入社区治理，融入基层党建，融入百姓生活，促进社区内各类人群的相互交流和学习，提升了社区治理的能力和水平。

二、成功经验

金山水城“幸福小院”，围绕社区教育的载体建设，有效地将社区的各类资源整合起来，使得“幸福小院”成为党建服务的平台，志愿服务的平台，居民议事的平台，居民展示的平台，居民学习的平台。在“幸福小院”的建设过程中，金山水城社区教育以党建为引领，明确了发展方向，起到了示范作用，增强了社区的凝聚力和向心力。社会组织的进入提升了社区教育的专业化水平，使社区教育服务方向更为精准，服务能力更为专业。同时，“幸福小院”把社区老年人作为社区教育的重点服务人群，符合当前老龄化社会特点和积极老龄化的要求，有效满足社区老年人的学习需求。

三、推广意义

载体建设是提升社区教育有效性的重要支点。金山水城的社区教育通过“幸福小院”的建设，实现了社区教育与社区治理的有效融合，很好地发挥社区教育的功能，助力社区治理的创新。“幸福小院”的提出就是将提升社区居民的获得感、幸福感和安全感作为社区教育努力的方向，通过社区教育服务社区各类人群，特别是社区老年人的学习需求。社区教育“幸福小院”的建设对当前社区教育实践有重要的意义，可复制，可推广。

点评专家
姓　　名：方拥军
单　　位：苏州市吴江区开放大学/吴江区社区培训学院
职务/职称：副校长/高级讲师、国家二级心理咨询师、社会工作师
联系电话：15371831962

◎ 泰州市海陵区京泰路街道社区教育学校

“乐学驿站”引领社区生活

——记 2021 年省级社区教育品牌“润泰社区乐学驿站”

品牌 LOGO 设计说明：

1. 红色的房子寓意着社区就像家一样，给予辖区居民们家一样的温暖。

2. 房子两个人型构建成一个爱心形状，寓意来社区接受学习教育的居民们邻里融合，构建成一个有爱的社区教育氛围。

3. 在两个人中间穿插一条纽带，寓意社区搭建学习教育平台，将辖区居民们联系在一起，促进居民间的交流融合，构建睦邻友好的社区氛围。

4. “乐学驿站”是品牌名称，润泰社区整合辖区内社会教育资源，为居民提供“寓教于乐”的教育学习平台。

2017 年以来，润泰社区始终坚持在社区教育网格构建、资源共享、队伍建设、社区教育品牌等方面发挥积极作用，积极打造社区教育队伍。“乐学驿站”社区教育品牌旨在激活全民教育学习空间，活跃社区邻里氛围。

一、案例背景

泰州市海陵区京泰路街道润泰社区位于春兰北路与森园路交汇处，面积 0.96 平方公里。辖区包括东河阳光、玉堂花园、东泰花园、朝晖锦苑 4 个居民小区，社区共有 139 幢居民楼，居民 4 997 户，近两万人。为投身全面建设社会主义现代化国家和提高人民生活水平，遵循现代社区教育理念和发展规律，坚持以居民服务需求为导向，不断探索社区教育新格局。润泰社区始终坚持在社区教育网格构建、资源共享、队伍建设、社区教育品牌等方面发挥积极作用，积极打造社区教育队伍。润泰社区结合社区服务品牌“新邻驿家”创建了具有润泰特色的教育品牌“乐学驿站”，真正将社区教育落脚于社区，贴近百姓生活。“乐学驿站”社区教育品牌旨在激活全民教育学习空间，活跃社区邻里氛围。

二、案例呈现

对于小康社会建设，在教育的发展上，每个人均享有公平的受教育权利，得到良好的教育乃至终身教育，是小康社会的内容之一。小康社会不仅意味着人民物质生活的殷实，也意味着人民精神文化生活的充实，赋予教育新的使命——为改善和提高人民生活质量提供精神文化食粮。为此，社区将教育这一重要环节融会贯通到社区服务品牌之中。

首先明确服务对象的需求，社区由党组织牵头组建了“新邻访问团”，上门逐个走访调查、征求意见、询问需求。其次明确服务内容，润泰社区将“新邻访问团”征询意见进行认真汇总，梳理出了文化活动、融合参与、互帮互助、互亲互爱、睦邻融合 5 个方面的需求，设计出融合邻里的“乐、治、爱、助、圆”特色服务项目。

通过社区教育，居民群众能第一时间了解与社区建设相关的国家政策、政府决策和发展规划，提高公民意识和增强参与能力，学会合理表达社区治理诉求并依法有序参与社区治理，有利于维护和发展社区群众的整体利益，维护社会平等与公正、维护社会稳定与和谐，那么我社区是如何开展社区教育的呢？

一是组建教育服务团队。首先建立了专业社工队伍。其中中级社工师 3 人，初级 1 人，都是工作经验丰富的“行家里手”。其次组建了帮帮邻里修、街坊剪剪爱等 6 支教育志愿服务队，社区还定期对他们进行业务技能培训，让他们更好地为居民提供服务。

图片 1　“乐学驿站”的书画学员在国学作品前学习研讨

二是打造教育活动阵地。为增强居民间的交流融合，润泰社区启动睦邻阵地建设项目。一方面，依托党员群众服务中心建设，打造市民学校，并创新建立“新邻服务台”“新邻悄悄话”

"润之声邻里直播间"等教育服务阵地;另一方面,采取社区帮建、居民自建、社会联建的方式,打造了"雅风""清风""和风"等9个内涵丰富的风系列睦邻教育点,为促进居民文化融合提供场地。

三是建立多元教育参与机制。有效整合辖区教育单位、在职党员、共建单位等资源,参与社区睦邻教育活动的开展和策划,建立了"温暖衣旧""希望课堂""快乐夕阳"等社会组织多元协同推进睦邻文化进程,建立"守望新邻""牵手空巢"等5个互助教育小组,形成多元参与共建共享的社区教育治理新格局,真正落实了在人们的核心生活圈内开展社区教育。

三、案例成效

人民教育家陶行知先生说过:"生活教育是给生活以教育,用生活来教育,为生活向前向上的需要而教育……教育要通过生活才能发生力量而成为真正的教育。"社区根据人民群众生活中的五种需求,紧扣"新老融合"确定了"乐""治""爱""助""圆"5个方面的服务内容。

一是"新邻老居'艺'起乐"。以崇尚"好家规"、倡导"好家风"、培育"好家庭"传统精神来开展教育活动。一方面举办了弘扬中国传统文化的邻里节,另一方面开展丰富群众精神文化生活的系列活动,实现了"乐"在润泰。

二是"新邻老居'议'起治"。以"互助互治"的理念引导居民共治发展问题,建立党员议事会、巾帼议事堂、青年议事厅、银发议事园等载体,形成邻里"1+N"协商模式,通过多方协商,解决了邻里有争议的热点问题6件,实现了"和"在润泰。

三是"新邻老居'益'起爱"。建立家"爱"资金,积极培养"润泰一家"的社区精神,鼓励并影响更多的青年人加入爱心队伍,通过点滴爱行动,实现了"爱"在润泰。

四是"新邻老居'义'起助"。把专业小组工作方法纳入服务之中,建立"守望新邻""牵手空巢""希望课堂"等5个互助教育小组,开展互助服务119次,实现了"美"在润泰。

五是"新邻老居一起圆"。通过各项活动的开展,让老年人、残疾人、儿童等不同群体的居民,实现"圆梦"在润泰 。

品牌项目实施以来,邻里间走动多了,笑声多了,居民的素质提高了,社区归属感、社会责任感也增强了。我们的教育品牌工作取得阶段性的胜利。社区服务品牌"新邻驿家"在《泰州日报》刊登7次,其中七夕邻里活动登上了二版头条,《泰州晚报》报道16次,其中大幅头条11篇;"先锋海陵"等微信公众号采用24次。

由此,凝聚民心、聚合民力,共同建设和谐美好的共同家园,社区教育成为社区工作的组成部分和运行方式,成为沟通政府与社区群众密切联系的渠道和桥梁,也成为引导社区民众追求文明与进步的旗帜和标杆。

四、案例体会

社区教育品牌必须保持品牌特色,探寻持续创新的生长点,才能真正满足市民终身学习需求,才能服务于终身学习服务体系建设。

1. 以学习者作为社区教育品牌的建设核心

"乐学驿站"教育品牌的建设应以充分激活并满足居民终身学习需求作为出发点,关注居民的学习效果。在建设过程中，社区教育品牌要根据社会的变化、市场的需求，做到因人而异、因地制宜，深入社区，根据居民的年龄特点、性别分布、经济状况、职业特点、文化水平调查其学习需求，为品牌学习活动的设计提供重要的参考资料。

2. 开发社区教育品牌的配套产品

注重开发与社区教育品牌配套的衍生产品，为居民学习提供更多的学习资源支持，吸引更多的居民加入其中。对于讲座、课程类培训，可同时加强居民配套教材建设，通过编制一批简洁、生动、通俗、可读性强的普及读本供居民学习、阅读，宣传终身学习理念，提高居民的文化品位。此外，还可以通过音像教材和电子教材的建设，将优秀的课程、讲座等视频编辑、制作，形成电子课程光盘，发放到社区中，通过生动、形象、直观的形式向社区居民传授知识。

图片 2 “乐学驿站”为社区老年人举办养生知识讲座

3. 推进社区教育品牌学习体验管理

教育品牌建设除了关注居民学习结果外，更应关注居民学习过程，注重居民在学习过程中内心的真实体验和感受。可以根据居民的学习能力组织、策划多样的学习形式和学习活动，如利用讨论、聊天竞赛等活动形式，利用建设线上、线下学习组织和团队的形式，进一步增强居民的学习兴趣，增强学员之间的相互了解，使居民在学习过程中体验到学习的乐趣和价值。

五、案例的反思与展望

在“乐学驿站”社区教育品牌取得阶段性成果的同时，也暴露出自身的一些不足，我们将从下面几个方面制定符合居民的教育规划。

1. 创新管理办法

根据辖区居民的教育现状，制定符合辖区居民实际水平和特点的教育总体规划。同时，利用社区协商议事平台，召集居民代表，充分征求居民对社区学习教育的意见与建议，继续完善“乐学驿站”品牌建设，使教育内容更加科学合理、深入人心。

2. 扩大品牌影响力

不断完善品牌项目体系和内容，进一步扩大项目的受众，不断融合辖区共建单位，创造更多可用资源，走进社区，走进居民学校，与“乐学驿站”相结合，让“乐学驿站”的影响力不断扩大。

我们将充满激情继续我们的创建之路，用创新理念、用务实的举措做精做优我们的“乐学驿站”，努力让我们的润泰更有温度，更有活力，更有品质！

执笔人：陈锦华

点 评

一、工作特色

随着社区建设的不断强化，社区教育作为社区建设的重要组成部分，所发挥的作用正越来越显著。润泰社区借助“乐学驿站”这一社区教育载体，从社区居民需求出发，通过组建教育服务团队、打造教育活动阵地、建立多元教育参与机制，形成了“新邻老居‘艺’起乐”“新邻老居‘议’起治”“新邻老居‘益’起爱”“新邻老居‘义’起助”“新邻老居一起圆”的社区新气象，推动了社区建设的现代化和特色化，提高了社区居民的获得感、幸福感和满意度。

二、成功经验

循着润泰社区推进“乐学驿站”建设的实践过程，我们不难发现，最起码有三点经验值得我们学习。一是人本意识。他们从调查居民的需求入手确定社区教育项目，并在实施过程中根据居民的需求变化不断优化，充分体现居民的主体地位。二是融合意识。在项目设计上，他们将社区教育融入社区建设和居民生活，“社区即学校，生活即教育”的理念贯穿了工作全过程。三是创新意识。他们不仅在人员、阵地、资源等基础建设上花力气，更注重在活动设计、宣传上下功夫，切实增强了项目的吸引力和影响力。

三、推广意义

基层社区是我们开展社区教育工作的“最后一公里”，如何才能真真正正让居民从社区教育中得实惠，润泰社区建立“乐学驿站”的成功实践为我们广大社区教育工作者提供了有益借鉴。

点评专家
姓　　名：徐生根
单　　位：东台市东台镇社区教育中心
职务/职称：校长/高级讲师
联系电话：15251011208

◎ 泰州市高港区口岸街道社区教育中心

与“艺”相伴 颐养天年

——记 2021 年省级社区教育品牌“口岸街道‘艺’养天年”

品牌 LOGO 设计说明：

品牌名称“‘艺’养天年”为“颐养天年”的谐音，意为与艺术作伴，以艺术养生，享受晚年幸福生活。品牌名称为图案主体，椭圆是“口岸”的“口”的变形字，上面的横线，给几名舞者提供了广阔的舞台，“艺”的“艹”似乎受了舞者的感染，变得灵动起来。图案从左往右呈现出从橙到黄的渐变色，代表内涵丰富的金色黄昏，象征着温馨而从容的晚年生活是美好的，整个图案意蕴为“‘艺’养天年”品牌项目扎根在口岸这片文化的沃土上一定会灿烂辉煌。

一、案例背景

口岸，古称柴墟。中华人民共和国成立前这里就有大“戏码头”之称，许多居民都爱看戏，懂戏，有些人甚至能即兴客串登台演出。随着群众文化活动的不断兴起，以退休人员为主的街道文艺爱好人士在一起吹拉弹唱、载歌载舞，自娱自乐，吸引了许多百姓双休日参观、学习。为了使乘兴而来的群众都能学有所获，文化科和社区教育中心老师根据大家不同的兴趣爱好和基础，设立了民乐、京剧、柴墟大鼓、腰鼓舞、秧歌、排舞等项目，分组、分层次开展培训。随着培训时间的推移，许多学员进步很快，尤其是其中一些退休的老年学员，他们时间充裕、精力旺盛，半年后，把他们重新组队，并排练了 10 多个节目，深入村居进行节日慰问演出，结果“一演惊人”。自此，他们常年活跃在村居、社区、企业，丰富了群众的精神生活，营造了浓厚的文艺氛围，给广大居民带来了无穷的欢乐。

舞台上，璀璨的灯光映照的是一张张不再年轻但却容光焕发的脸庞，他们对生活的热爱代表着大多数老年人对美好生活的向往。这一切给我们很大的启发:口岸街道辖区内有1.5万多名老年人,我们完全可以充分利用这样的资源积极地推动整个街道的老年艺术教育的发展。2013年6月,口岸街道社区教育项目"'艺'养天年"成立。自此,街道辖区内中老年居民、社会服务团体等受惠人次每年达2万之多。

二、案例呈现

1. 整体谋划,分工教学

街道党委高度重视,成立了以党委委员为组长、街道文体骨干为成员的项目领导小组。以社区教育中心为主场,结合城区八大广场,组成了"八广场、一中心"的分散舞台,由骨干成员分别负责培训。立足基层,从广场舞开始,由各社区负责组织有兴趣的中老年人加入广场舞的队伍中来。从"动起来"到"练起来",许多老年人不再用"老胳膊""老腿"掩饰内心的羞怯,跳起舞来活力四射。短短几个月,参加的人数已逾千人。

图片1 广场舞培训·雕花楼

2. 注重提升,"训""赛"并举

项目组的骨干成员多数表演基础较好,但是要成为称职的辅导老师,还需要不断地学习。自项目成立以来,所有骨干成员充分利用视频进行基本功的学练,并认真研究如何指导群众从基础学起;项目组多次送他们参加省、国家级培训,回来再组织辐射性广培;中国舞协的朱屹青老师,省舞协李道功、戴道怀老师还受邀前来对全街骨干队员进行提高性集训。一年后,"八广场、一中心"已经成为大家心目中最向往的"百姓舞台",项目组的骨干成员已经成为人人尊敬的辅导老师,累计培训学员超2万人次。

在社区教育中心的精心组织下,老师们的普培不再局限于"八广场、一中心",将"百姓舞台"延伸至23个村居,后来,每个村居都拥有了自己的文艺团队,且各具特色。自2014年起,我们每年组织村居与广场团队进行文艺大赛,让每个团队在赛中展特色、提技艺。由于"'艺'养天年"项目组的引领,"百姓舞台"呈现出一派生机勃勃的景象。

3. 积极送培，勇于担当

2016年，口岸艺术团成立，"'艺'养天年"项目组的骨干被吸纳成为艺术团的成员。艺术团这块肥沃的土壤，为他们的成长提供了丰富的营养，为项目组提供了更多展现的机会。每次培训，项目组成员先参培，然后对各村居骨干队员进行培训，由骨干队员回到村居针对社区居民进行再培训。近5年培训达50多场。2020年培训内容有《没有共产党就没有新中国》《锦绣小康》《小康时光》《社员都是向阳花》《跟党走》《妈妈教我一首歌》等，培训老师由从团队16名国家级社会体育指导员中抽出的精英组成，陈美、何萍、王宏兰等担任主教练。每期培训过程，大家总当作进行热爱党、热爱祖国、热爱社会主义教育的过程，让浩浩荡荡的广场舞大使们融入新时代，传递正能量。

这两年的疫情防控期间，项目组成员为宅家闭门休息的人们打开了"心灵舞动的窗口"。2020年2—4月，骨干成员第一时间就创编快板《坚决打赢疫情阻击战》，并在微高港发布，网上点击量达3万人次。在"抗击疫情，我舞我秀"江苏省居家广场舞小视频活动中，团队累计上传居家健身广场舞视频22个。在江苏省广场舞协会网上举办的"我舞我秀"居家小视频广场舞比赛中，团队累计传送省平台视频13个，创编广场舞3个，上传数量为泰州地区之首，丰富了大家宅家防控的精神生活，为抗击疫情奋楫助力。不仅如此，团队一班人深入社区一线为志愿者赠送口罩2 000个，组织发动队员捐款活动，累计捐赠人民币3 000.00元整。在5月份疫情趋稳之后，项目组把自创广场舞《江畔莲湘乐万家》《江东明珠新高港》分别送教学到城南社区、育才社区、柴墟社区、蔡滩社区、新城社区等基层一线。

4. 尝试"原创"，力求精品

近年来，家乡的迅猛发展给项目组成员带来了创作灵感。他们认真学习新政策，细心观察新变化，在对群众进行普培的同时，不忘创作新的作品，写歌作曲、编快板、排舞蹈，许多优秀文艺作品在他们辛勤的汗水中诞生了。

2016年元月团队创编的排舞《洲堤杨柳舞港城》《茉莉花开中华情》经过层层角逐，代表国家在美国参加排舞国际大赛，不辱使命，双双摘冠。同年，根据口岸人对绳网业的情感创编的舞蹈《绳韵》入选《江苏老年春晚》，并在江苏综艺频道播出。近几年，团队紧扣"优秀作品创作高地"目标，创作了一大批接地气、传得开、留得下的优秀文艺作品，代表作有：歌曲《妈妈等着我》《花船开高港》《江东明珠新高港》《港城莲湘》；花鼓《江边花鼓红胜火》；快板《消防安全要筑牢》；大鼓《逐梦启航鼓齐鸣》；摇滚快板《坚决打赢疫情防控阻击战》；表演唱《民法典学习很重要》；说唱表演《良辰吉日倡新风》等。这些好作品的涌现，生动再现高港之美、家乡快速发展之美，紧跟时代步伐，彰显独特的地域文化特色。

三、案例成效

1. 受益居民人员众多

近五年来，"'艺'养天年"项目组成功举办了56期广场舞公益培训，培训总人数超10 000人次，他们还把优秀文艺节目送到各社区，开展公益性文化惠民演出125场次，观众达65 000人次，极大地丰富了社区群众的精神文化生活。疫情期间，上传的广场舞小视频点击量过万，为广场舞爱好者增添了宅家防控的积极动力。

图片 2　参加文化惠民演出

2. 社区风貌焕然一新

"'艺'养天年"项目引领下的百姓舞台成为群众学技艺、展风采、颂好人、赞家乡、品经典、引风尚的慧心平台，社区风貌前所未有之新。广场上，有轻快的曼舞身影；树林间，有热闹的吹拉弹唱。无论是晨光熹微，还是落日余晖，不经意间总能看到那些沉浸在乐曲中的人群。

3. 各项赛事成绩斐然

各类不同级别的赛事获奖颇多。其中，2016 年元月参加 2016UCWDC 世界排舞联赛冠军赛，斩获 Open Line Dance 项目的第一名(《洲堤杨柳舞港城》)，Cabaret 项目的第一名(《茉莉飘香中华情》)。取得了令人瞩目的国际佳绩，为祖国争得荣誉，这种充满地方色彩的文化与时尚酷炫的排舞所碰撞擦出的火花，在江苏乃至全国应是首例，它将永载史册。2017 年 10 月 10 日，江苏省规模最大、影响最广的广场舞赛事——"喜迎十九大・幸福舞起来"江苏省广场舞大赛在南京举行总决赛中，获得二等奖。2018 年 10 月，全省农民健身秧歌大赛获自选套路金奖。2019 年 11 月 1 日，在江苏宿迁泗阳，团队代表泰州市队赴省参加江苏省第七届农民体育节，参演节目民间舞《欢腾的港城》，荣获大赛"金奖"。2020 年"舞动江苏"全省农民广场舞展演，广场舞《美丽乡村庆丰收》荣获江苏省体育局、江苏省体育总会等单位联合颁发的大赛"二等奖"和"最佳组织奖"。频频参赛，屡屡获奖，媒体、网站的多次报道，不仅提升了队员的业务素质，也是对家乡文化的充分肯定，让更多的人知道我们的家乡，了解我们的水乡文化，看到水乡的发展，感受到水乡人民的幸福。

四、案例体会

1. 立足地方文化传承

地处长江下游北岸的柴墟古镇，面江、傍河，有着 1 000 多年的设县史，悠久的历史和灿烂的古代文明，为我们留下了极其丰富的文化遗产，值得我们去发掘，去传承。项目组的创作中，水洲、杨柳、花船、茉莉花、莲湘、花鼓等等，都渗透着我们地方传统文化的元素。《妈妈等着我》演绎了渡江战役中母亲送儿去战场的感人故事，《绳韵》表达着口岸人对省“非遗”绳网的深情。这些文艺作品展现了口岸的历史、风情、地域特色，把地方文化的传承和传播、提升文化自信落到了实处。

2. 口传心授传帮带

素有“戏码头”之称的口岸，从不缺乏表演人才，在这里只要上了一点年岁的人，提到口岸的文艺名人方奇志、陆明瑞，几乎没有不知晓的，各个社区、村居中，唱京剧的、拉二胡的等等，也是藏龙卧虎，有的已至耄耋之龄，仍然关心着口岸文艺事业的发展，有时还亲临现场，从古老的说唱，到舞台表演经验，到抢抓机遇创作，老艺人们总能倾囊相授。正是这些实力雄厚的老艺人口传心授，一代一代地传、帮、带，才让项目的人才梯队从未断过链。

3. 培训创作精益求精

面向“八广场、一中心”以及各村居表演团队的普培，每名成员都能恪尽职守，倾注大量的心血。在普培的过程中，努力发现人才，再根据他们或善于说唱、或善于表演等特点，由项目组成员为他们“量身定做”相关作品。创作组的成员总能捕捉到街道与村居的变化，发现身边的新人新事，及时学习党的新政策，创作出多部新作品，家乡新貌、消防安全、疫情防控、民法典宣传等都能成为他们创编的题材。获得国际大奖的排舞、舞蹈《绳之韵》、莲湘舞《欢腾的港城》等 10 多个作品都是他们潜心创编的成果。排练《洲堤杨柳》时，为了通过舞姿表现出柳树的婀娜，垂柳倒影的独特韵味，队员们细心揣摩每一个动作、每一个神情，他们互为观照，互相指点，反复练习，不达目的不罢休。

五、案例反思与展望

1. 巩固广场舞成效，扩大其影响力

城镇社区居民一直是广场舞的“主力军”，要鼓励偏远村居积极组织更多的中老年村民加入广场舞的队伍中来，把广场舞培训与体育健身相结合，加强社区与村居之间的协作，培养乡村广场舞老师，建设专兼结合、相对稳定的师资队伍。

2. 完善“‘艺’养天年”项目运行机制

进一步完善“政府‘主导’，项目组‘领跑’，社区教育中心‘统筹’，社会‘监督’”的运行模式，充分发挥项目组成员的优势，把艺术教育辐射到更多普通居民。

3. 结合“传承”“吸纳”，提升内涵品质

要充分挖掘地方特色文化，吸纳其他文艺形式，努力“原创”，多出精品，提升中老年艺术教育的内涵与品质。

执笔人：封　芹

点评

一、工作特色

口岸街道“艺养天年”社区教育项目立足中老年人老有所乐的生活需求，充分挖掘区域传统戏文化基因，从广场舞入手，循序渐进，多措并举，充分激发广大中老年人参与项目的积极性和主动性，不仅丰富了中老年人的生活，提高了生活质量，而且先后推出了一些艺术精品，提高了社区教育的影响力和社会美誉度。项目的实施体现了社区教育以人为本、立足乡土、发挥优势、打造特色的时代要求。

二、成功经验

近年来，随着我国经济和社会的快速发展，人民的生活水平得到了极大改善，中老年人在实现了老有所养的基本目标后，老有所乐的需求与日俱增，广场舞作为一种群众性文体项目得到了广大中老年人的喜爱。口岸街道能够把一项目打造成社区教育品牌，主要利益于两个方面：一是他们是有心人。他们不仅善于发现，更加善于引导，以培训为抓手，让更多的中老年人参与活动中来。二是他们是专业人。从做好谋划入手，着力师资培养，建立专业团队，组织竞赛活动，鼓励原创作品，实现了由群众性向专业性的发展跨越。

三、推广意义

中老年人是我们社区教育的重点服务对象，如何为他们提供适合的社区教育服务是我们广大社区教育工作者需要重点研究的现实课题，口岸街道的做法不仅给我们提供了一个实践的范本，更给我们提供了一个理论探究的载体。

点评专家
姓　　名：徐生根
单　　位：东台市东台镇社区教育中心
职务/职称：校长/高级讲师
联系电话：15251011208

◎ 泰州市医药高新区野徐镇社区教育学校

传播科学家教理念　致力提升家教水平

——记 2021 年省级社区教育品牌“野徐镇家长素质提升工程”

品牌 LOGO 设计说明：

标识以红色为主色调，寓意红红火火，幸福美满。尖顶方框代表家庭，下面的书本是基础，代表学习和教育，书本上面的两个卡通图案代表孩子。整个标识代表一个家庭要重视家庭教育，而家庭教育的基础是家长素质的提升，家长只有注重学习，对孩子进行科学有效的家庭教育，孩子才能健康快乐地成长，整个家庭才会红红火火，幸福美满。

一、案例背景

习近平总书记在全国教育大会上指出：家庭是人生的第一所学校，家长是孩子的第一任老师，要给孩子讲好“人生第一课”，帮助扣好人生第一粒扣子。教育、妇联等部门要统筹协调社会资源支持服务家庭教育。教育部部长陈宝生也对家庭教育提出要求：积极推动将家庭教育纳入基本公共服务体系，争取专门经费支持，通过家委会、家长学校、家长课堂、购买服务等形式，形成政府、家庭、学校、社会联动的家庭教育工作体系。家庭教育是整个教育的起点和基础，在塑造儿童行为习惯、文化素养、道德品行和价值观念等方面具有不可替代的作用。然而，由于农村家长文化程度普遍不高，不少农村留守儿童还是隔代教育，家庭教育方法普遍较为陈旧落后。

野徐镇社区教育学校充分认识到家庭教育工作的重要性，狠抓家庭教育师资队伍建设、家庭教育课程建设和社区家庭教育平台建设，积极营造良好的家庭教育氛围，不断更新全镇家长的家教理念，全力提升家庭教育水平，对全镇青少年的健康成长产生了极为深远的影响。

二、案例呈现

（一）请进来，走出去，努力打造本镇家庭教育师资团队

搞好家庭教育，打造师资是关键点。一是高薪聘请全市知名的家庭教育专家到我镇讲学、作报告。二是派出相关老师参加省市区家庭教育专题培训，跟随专家团队进行全方位学习。三是组建包括中小学和幼儿园教师为主体的30余人的家庭教育讲师团队伍。四是与江苏省家庭教育名师工作室合作，在实践中总结教育教学经验，在研究中探寻新时代家庭教育的新思路、新方法，有效地推动教师的专业成长，力争形成具有引领和辐射作用的家庭教育骨干教师群体。目前，徐佑国老师成为江苏省家庭教育名师工作室核心成员，申报的《初中阶段学校教育与家庭教育有机结合的探索与研究》成功立项为区级重点课题，论文《乡村振兴背景下农村家庭教育问题探析》在当代家庭教育杂志发表，并荣获泰州市家庭教育工作先进个人荣誉称号。

（二）多举措，多形式，全力开发优化家庭教育校本课程

开展家庭教育，课程建设是主渠道。家庭教育校本课程主要通过四种形式开发优化。一是上好入学适应第一课。每年对新入学的小学年级和初中年级学生家长以及新入幼儿园的孩子家长进行孩子入学适应培训。二是改革家长会形式。每次家长会先培训家长，以我们自编的《家庭教育》为教材，分期分批对全镇各年级班主任进行家庭教育课程全员培训，然后由班主任对家长进行培训。学校还编写了《家庭教育指导手册》，引导家长日日做、周周做、月月做，不断提升家教水平。三是举办家庭教育公益大讲堂。每月一期，每期一个主题。目前大讲堂已举办100余场，受益家长达3万余人次。四是依托网络，打造“空中家长大学”。依托江苏学习在线学习培训，全镇每年有近400人获得家庭教育素质证书。与钉钉“家长大学”合作，围绕中国教育学会家庭教育专业委员会发布的《家庭教育指导内容大纲（试行）》开发课程，课程以视频的方式呈现，紧紧围

图片1　野徐镇学家教知识做智慧家长专题培训

绕孩子的成长需要，内容覆盖幼儿、小学低年级、小学高年级、初中、高中 5 个阶段的不同专题的系列视频课程，让家长随时随地开展学习。依托学校资源自主开发家庭教育微视频，打造校本化微课程，目前，《家长溺爱孩子十大典型表现》《家长如何应对中学生厌学》等荣获全国社区教育优秀微课程评选优秀奖。依托野徐学习在线博客开设家庭教育专栏，普及家教知识。

图片 2　野徐镇科学家教进万家公益巡讲

（三）搭平台，开渠道，扎实开展系列家庭教育专题活动

学校充分利用社区教育学校的资源和途径，在各个社区居民学校开设家庭教育讲堂，我们推送课程菜单，各社区自由选课。课程涉及传统文化、夫妻关系、婆媳关系、邻里关系、优生优育、家庭、社交礼仪、健康安全等等。在三八妇女节、母亲节、父亲节等特殊节日开展节日课堂，精心设计课程，如亲子沟通、母亲教育、父亲教育等特色课程。学校组织讲师团成员深入各社区、各学校，传播科学的家庭教育理念。几年来，专场报告达 100 余场，惠及人员数万人次。另外，我们还将本校编辑的科普小报家教专刊，通过社区居民学校及时发放到社区群众手中，方便广大群众阅读。

三、案例成效

一是有效转变家庭教育观念，提升了家庭教育质量 4 年多来，野徐镇社区教育学校通过各类有关家庭教育的活动和讲座，帮助家长树立起科学健康的教育观念，增强了家长教育子女的自觉意识，提高了他们的家庭教育质量。在家长座谈会上，许多家长反馈说，通过家庭教育的学习，他们找到了科学教育子女的钥匙，解决了很多子女教育中存在的问题。还有的家长感慨道：“父母是孩子的第一任老师，要做好老师，首先要做好学生，要多学习，只有自己天天向上，孩子才能天天向上。”

二是变家庭教育为助推力，提高了学校教育效果。通过社区家长学校的学习增强了家长对学校教育的责任感，使家长能够更好地理解和支持学校教育事业，尊重教师和学校，携起手来教育孩子。在优秀学员的带动下，许多家长自觉参加学校的家委会，为学校做好事办实事，很受学校师生的欢迎。社区家长学校与学校家长学校在教学内容、教学时间、教学方式上互为补充、相互促进，形成了家庭教育与学校教育的有效合力。

三是整合资源，借助“小家庭”打造和谐“大社区”。野徐镇以社区家长学校为阵地，将分散的辖区资源加以协调和整合，搭建了人力、物力、财力等方面的互助共享平台，拓展了各机构组织协同发展的途径。一方面通过家长学校为社区家庭教育注入活力，提高了辖区单位对青少年教育的责任感，逐步形成了关注青少年成长、注重家庭教育的良好氛围。另一方面，家长学校工作领导小组加强对家长学校的指导宣传，各社区家长学校也积极开展各类活动激发社区居民的学习热情，起到了以“小家庭”带动“大社区”的作用。

经过近几年的实践，野徐镇五好文明家庭、最美家庭、学习型家庭、书香家庭的比例逐年上升，居民素养的提升也促进了和谐社区建设的步伐，为野徐镇参与全国文明城区创建贡献了一份力量。

四、案例体会

（一）重视家庭教育是社区建设的重要内容

家庭教育承载着家庭关系、孩子教育的重任。孩子是未来的希望，家长是孩子的第一任教师甚至是终身教师。家庭教育对于提高青少年的思想品格、文化素养有着极大的影响，是下一代健康成长的关键因素。而家庭是社区的细胞，家庭教育是社区教育的重要组成部分，它的发展质量直接影响到社区及社区教育的健康发展。因此社区教育必须重视家庭教育，以呵护“小家”成就“大家”。

（二）贴近百姓切身需求是提高社区居民参与度的关键钥匙

众所周知，当前参加社区教育的人群普遍呈现“两头大，中间小”的局面，即“老年人是主客，少年儿童是常客，中青年群体是稀客”。社区家长学校主要面向新婚夫妇、孕妇、18 岁以下儿童的家长或监护人开展家庭教育指导(这批人群占到了社区中青年群体的 80%左右)，根据不同类别的家庭状况，特别是困难家庭、单亲家庭、离异家庭的实际需求，有针对性地提供帮助和服务，这无疑大大提升了社区教育的人群参与面。社区教育学校的出发点与落脚点切合了当前家长的实际需求，而家长是社区的主要成员和群体，是社区内家庭、学校、社会的一个主要结合点，抓住了家长的需求，就抓住了社区教育的主要人群。

（三）整合资源、协同共建是打通社区教育脉络的应有之义

野徐镇在发展社区家长学校的过程中，凭借社区三级网格构建了镇、社区的家长学校管理体系，紧密联系宣传科、关工委、妇联等部门机构疏通行政支持系统。另外，积极整合辖区内基础教育及学前教育资源，汇集社会组织力量，充分挖掘各行各业的人力资源，组建专业和志愿队伍，形成社区教育发展合力，积极探索建设有自身特色的社区发展体系。

五、案例反思与展望

家长素质提升工程既得到各级领导的赞赏，也引来各级媒体的报道。然而，在教育和培训的过程中，还需要在健全机制、加大投入、强化宣传等方面进行进一步的探索。

1. 健全机制。建立由党委领导，政府负责，教育、妇联、关工委共同牵头的家庭教育工作领导机构。努力形成宣传、民政、共青团等多方合作的工作协调机制，定期沟通工作，研究解决突出问题，联合开展督导调研，共同组织开展创评活动，切实做好评估、表彰工作。

2. 加大投入。积极争取地方财政加大对家庭教育事业经费投入以及购买社会服务的力度，推动将家庭教育经费纳入地方财政预算或地方政府实施的相关民生工程，保障家庭教育工作获得必需的财力支持。积极拓展经费来源渠道，协商部门间经费的有效整合利用，以形成资源整合、利益共享的合作模式。

3. 强化宣传。采取多种形式，及时总结推广家庭教育工作中的典型经验，将家庭教育优秀成果纳入“最美家庭”“文明家庭”“学习型家庭”等评选范围，适时组织专家、学者级的家庭教育互动型的高峰论坛或报告会，充分发挥引领和辐射带动作用，推动家庭教育的全面发展。

家庭是哺育子女成长的社会细胞，父母是子女天然的思想启蒙者，对子女成长的影响具有潜移默化的作用。因此社区教育学校将继续秉持“提高家教水平、提高家长整体素质、更好地培养下一代、造就新一代高素质的人才”的宗旨，大胆探索、努力开拓，为全镇青少年的健康快乐成长奠定坚实的基础。

执笔人：徐佑国

点评

一、工作特色

开展家长培训，提高全社会家庭教育水平是当前社区教育工作的重要职能，野徐镇以实施家长素质提升工程为载体，通过请进来，走出去，努力打造家庭教育师资团队；多举措，多形式，全力开发优化家庭教育校本课程；搭平台，开渠道，扎实开展系列家庭教育专题活动。极大地提高了全镇家庭教育水平，并为学校教育质量的提高和和谐社区建设提供了有效助力。

二、成功经验

野徐镇家长素质提升工程的成功实践告诉我们，我们社区教育工作者在开展社区教育项目建设过程中，必须注重以下几个方面：一是项目的选择应以人民为中心，把人民的现实需求作为工作的出发点和归宿。孩子是每个家庭的希望和未来，家庭是孩子的第一所学校，提高广大家长的家教能力和水平，既是社会的要求，更是家长们的期盼。二是项目的开展要以科学为指导，从师资、课程、科研、载体等多个方面加强建设，不断丰富项目内涵，提升项目实施水平。三是项目的组织要多方联动，广聚政府和社会资源共同实施，通过建立起科学有效的管理体制和运行机制，确保项目实施效果。

三、推广意义

家庭教育是学校教育的重要补充，对促进青少年的健康成长十分重要。尤其是在当前"双减"政策实施之后，家庭教育的作用更为突显。野徐镇家长素质提升工程项目的成功实践为当前进一步开展好家庭教育提供了很好的借鉴。

点评专家
姓　　名：徐生根
单　　位：东台市东台镇社区教育中心
职务/职称：校长/高级讲师
联系电话：15251011208

◎ 泰州市泰兴市黄桥镇社区教育中心

传经典技艺　承永恒文化

——记 2021 年省级社区教育品牌“黄桥烧饼技术培训”

品牌 LOGO 设计说明：

1. LOGO 为圆形，圆形设计代表黄桥烧饼的形状。

2. 圆形中古镇建筑镌刻“黄桥”二字，表示黄桥是一座具有悠久历史的千年古镇和具有丰厚底蕴的文化名镇。

3. 图形中人物造型展示的是黄桥烧饼的制作工艺和流程。

4. 黄桥镇社区教育中心是黄桥烧饼技术培训工作的组织实施者。

5. 图形中红色五角星以及金色光芒表示黄桥镇在中国共产党的领导下，继承发扬黄桥决战精神，经济蓬勃发展，前景一片光明。

一、案例背景

黄桥建镇于北宋神宗元丰年间，是一座具有悠久历史的千年古镇和具有丰厚底蕴的文化名镇。地处苏中平原，位于泰兴、如皋、海安、姜堰、靖江五市（区）中心，是苏中苏北地区规模最大的城镇之一，也是泰兴东部地区经济、文化、商贸和交通中心。辖区总面积 175.95 平方公里，人口 19.16 万人，其中城区面积 80 平方公里，城区人口 8 万人。

黄桥烧饼是古老的特色传统小吃，产于江苏省泰兴市黄桥镇，属江苏菜系，流传于江淮一带。黄桥烧饼得名于 1940 年 10 月那场著名的“黄桥决战”。在陈毅、粟裕等直接指挥下的黄桥战役打响后，黄桥镇 12 家磨坊，60 只烧饼炉，日夜赶做烧饼犒劳将士。镇外战火纷飞，镇内炉火通红，当地群众冒着敌人的炮火把烧饼送到前线阵地，谱写了一曲军爱民、民拥军的壮丽凯歌。时隔30余年之后，即1975年5月，粟裕将军重返黄桥，黄桥人民仍用黄桥烧饼盛情款待他，他手捧烧饼，激动地勉励大家说："从黄桥烧饼我们看到了军民的鱼水深情，我们要继续发挥革命传统，争取更大光荣。"

二、案例呈现

黄桥镇社区教育中心位于老镇区中心区，占地面积2 350平方米，建筑面积1 650平方米。2006年创建"省级乡镇社区教育中心"，是首批省级社区教育中心。中心师资力量雄厚，现有专职教师12人，其中高级教师4人。

2017年黄桥镇社区教育中心与江苏金辰有限公司联合创建了教育服务"三农"高水平示范基地——泰兴市祁巷创意观光农业示范基地，基地位于"小南湖"风景区内。

2017年1月5日，泰州市青少年综合实践基地在"小南湖"风景区挂牌成立。"小南湖"风景区所在地祁巷村，位于泰兴市黄桥镇南首，紧挨宁靖盐高速、沪宁高速出口、334省道。祁巷村地处黄桥革命老区，新四军纪念馆、泰兴独立支部纪念馆等革命传统教育的场所近在咫尺。祁巷村"小南湖"风景区是全国休闲农业与乡村旅游五星级园区，全国AAA级风景区，江苏省五星级乡村旅游区。青少年综合实践基地现占地面积4 000亩，校舍面积1万多平方米，建有室内操作室10多个，多功能教室1个，室外拓展训练实践区10个，能同时接纳1 000多名学生享受圆桌式用餐，1 000名学生住宿体验军营式生活，1 000名学生同时开展各类实践活动。基地创新教育形式，开设了非物质文化遗产"黄桥烧饼制作技艺"手工制作课，组织学生观看电影《黄桥决战》，学唱《黄桥烧饼歌》，现场制作黄桥烧饼，让学生接受红色文化熏陶，传承红色革命基因。"黄桥烧饼制作技艺"培训由黄桥烧饼技术开发有限公司承接。

图片1　黄桥烧饼技术理论考试现场

黄桥烧饼技术开发有限公司地处繁华的黄桥镇城黄路，是一家综合性服务企业，包括"为群"大酒店、"为群"宾馆、黄桥烧饼技术培训中心等多家餐饮服务单位。距黄桥火车站1公里，距宁靖盐高速公路2.5公里，距长江边仅30公里。黄桥烧饼培训中心交通便捷，设施完备，服务设施一流。该企业始创于1986年，经过多年的发展，企业已有职工100余人，其中特级面点师6名，一级面点师10名，技术人员80余人，热情接待全国各地学员，常年举办技术培训，随到随学，包教包会，现有8家连锁店，16个销售窗口，企业已成为集加工、销售、技术培训、综合服务为一体的规模最大的黄桥烧饼产业群。

黄桥镇社区教育中心，以服务“三农”基地为依托，在青少年综合实践基地开设了黄桥烧饼技术培训，基地配套了黄桥烧饼技术体验馆，黄桥烧饼技术培训中心派驻经验丰富的老师傅向孩子们传授黄桥烧饼的加工技巧，让孩子们体验劳动的乐趣。黄桥镇社区教育中心驻基地办公室的老师全程参与青少年社会实践活动的管理和培训。

黄桥烧饼制作(教程)

【背景知识】

黄桥烧饼得名于1940年10月那场著名的战役“黄桥决战”，战役打响后，黄桥镇当地群众冒着敌人的炮火把烧饼送到前线阵地，谱写了一曲军爱民、民拥军的壮丽凯歌。

黄桥烧饼是古老的特色传统小吃，产于江苏省泰兴市黄桥镇，属江苏菜系，流传于江淮一带。

黄桥烧饼色泽金黄，外观美观，香酥可口，不油不腻，适合各地消费者的口味。

【活动价值】

黄桥烧饼是我们泰兴地区的特色，作为泰兴的青少年，了解黄桥烧饼的历史，可以增强拥军爱民的意识和爱家乡的自豪感。学生平时能品尝黄桥烧饼的酥香、松脆，让他们了解黄桥烧饼的制作工序，自己学做黄桥烧饼，既是泰兴文化的传承，更能满足他们的探究与实践的欲望。在整个活动中，他们学会倾听，学会观察，学会思考，学会动手实践，学会与同伴合作。当看到色泽金黄、香喷喷的作品出炉时，他们体验到了劳动的快乐，从而激发他们劳动的兴趣和欲望。

【活动目标】

1. 价值体认

让学生了解黄桥烧饼的历史，增强拥军爱民的意识和爱家乡的自豪感。

2. 责任担当

让学生在活动中学会倾听，学会观察，学会思考，学会动手实践，学会与同伴合作。

3. 问题解决

让学生学会黄桥烧饼制作的擀、捏、包、压等基本功，能调制烧饼馅，操作烘烤(烤箱)。

4. 创意物化

学生能掌握黄桥烧饼酵面配制方法，体验到了劳动的快乐，从而激发他们劳动的兴趣和欲望。

【活动准备】

1. 知识准备

(1) 观看黄桥烧饼的宣传片。

(2) 向老师傅了解黄桥烧饼的做法演变。

2. 生活准备

每个学生准备好帽子、袖套和围裙。

3. 基地准备

面、水、盐城(糖)、食用油、芝麻、烤箱、和面机、面缸、麦芽糖。

【活动组织】

1. 学生自我组织管理

根据制作任务进行合理分工，8～10人一组，每组选一名组长，负责本组的活动安排。

2. 教室统筹组织管理

每班配备一名教师。

【活动过程】

一、观看视频，了解黄桥烧饼的历史

二、准备制作工具

1. 工具：响子（若干）、刮板（若干）、面缸（每组1个）、烤箱（若干）。

2. 食材：主料：面粉、猪油、咸酥、糖酥；辅料：食用油、麦芽糖。

三、制作步骤

1. 学生在制作师傅的指导下进行酵面配制：10斤面粉和一瓶开水，搅拌均匀，再放一点老酵面做底子（指前次留的酵面）。酵面底子的多少和四季天气有关，以10斤面计算，冬天底子为半斤，春秋底子为三两，夏天底子一两即可，酵面的保温和人体的保温一样，冬盖棉，夏盖单布，其他季节类推。

2. 学生在制作师傅的指导下进行酵面（指发酵5～12时的酵面）与没有发酵的酵面（没有加老酵的面）的配比，冬天7∶3，春秋6∶4，夏天5∶5，配制成的酵面就可以做成品。

3. 学生在制作师傅的指导下进行加碱：以10斤酵面（步骤2的酵面）算加5到6钱为准（看酵面老嫩），在加碱前，留一部分酵面备用，其他部分加碱，如加碱过大，面发黄有碱味，就把留的部分酵面加入里面再拌匀，才能做成品。

4. 学生在制作师傅的指导下进行包酥（酥的制作：10斤面加肉油6～7斤拌和，用手揉块）。

5. 学生在制作师傅的指导下进行擀皮。

6. 学生在制作师傅的指导下进行摘坯子。

7. 学生在制作师傅的指导下进行包板油（板油制作：10斤板油加半斤盐，再加40～50克味精，生姜葱花白糖适量）。

8. 学生在制作师傅的指导下进行再包馅（桂花糖等等）。

9. 学生在制作师傅的指导下进行刷糖稀上芝麻。

10. 学生在制作师傅的指导下进行烘烤（烤箱）。

四、学生在老师指导下，小组内合作，试做黄桥烧饼

五、活动小结

【活动要求】

1. 因使用烤箱是三相电，烘焙时禁止学生触摸电线电源开关。

2. 每批人数控制好100人左右。

3. 各班辅导员全程陪同、管理、教育。

【活动评价】

评价项目：自评、互评、教育评价。

分工合作、参与程度、作品美观、作品可口。

【注意事项】

1. 学生在活动之前穿戴好围裙和衣袖套以及帽子，活动前活动后都要把手洗干净。

2. 烤箱温度高，提醒学生禁止触摸烤箱壁和电源开关。

3. 防止学生接触电源引起安全事故。

4. 烧饼烤好后出炉，等冷却后再让学生用食品袋拿着品尝。

三、成效与影响

泰兴市黄桥烧饼技术培训中心“为群”牌黄桥烧饼因其内瓤香酥、外形美观、口味独特而享誉全国，荣获江苏省食品博览会金奖，是泰州名牌产品、泰州知名商标，被评为江苏省放心食品光荣称号。目前黄桥烧饼是行业中第一家获得全国食品安全生产许可证的企业。中央电视台、《人民日报》、《中国食品报》等国家级新闻媒体多次对企业进行专题报道，央视七套专门为之拍摄了15分钟的专题片。黄桥烧饼技术开发有限公司总经理顾林中先生被评为“国家级光彩之星”“江苏省回乡创业先进个人”“江苏省青年创业风云人物”。公司秉承“求真务实、至诚至精”的企业理念，坚持致力于为群众奉献最可口的黄桥烧饼。

泰兴市黄桥烧饼技术培训中心在泰兴、靖江、江阴等各地都有分店，销售额年年攀升。黄桥烧饼成为大众所喜爱的一种风味小吃，成为佳节必选馈赠礼品。“为群”黄桥烧饼已成功进驻江苏所有高速公路服务区，南来北往的旅客随时随地能品尝黄桥烧饼。

泰兴市黄桥烧饼技术培训中心真情回馈社会，免费为残疾人提供食宿，免费提供培训，为每届黄桥烧饼节提供赞助。培训中心不仅传授了黄桥烧饼加工技术，更传播了黄桥烧饼文化，传承了“不忘初心，奋发进取”的老区精神。

为振兴老区经济，弘扬黄桥决战精神，促进地方经济发展，走可持续发展道路，黄桥镇人民政府每4年举办一次黄桥烧饼节，搭建平台，以节会友，以节结友。2001年11月16日至2020年11月17日已举办5届烧饼节。烧饼节期间，举办了“黄桥杯”新闻奖、“黑松林杯”黄桥烧饼与黄桥征文、“黄桥与黄桥烧饼”知识竞赛颁奖仪式、“新黄桥”摄影图片展览。黄桥烧饼节以节招商，共引入并洽谈了包括牛仔布、生猪加工和农业特种养殖等11个项目，签订正式合同13个，共引进外资和吸收民资达3 200万元。中央电视台CCTV3、CCTV 7和“长三角”地区16家电视合全程报道。

烧饼节期间，黄桥烧饼协会召开黄桥烧饼理论研讨会，黄桥烧饼制作大师现场献艺，由黄桥烧饼协会组织评选出黄桥烧饼的名品、名店、名人等。展销摊位最多时达128个，每天光临会场人员在1.5万人以上，黄桥烧饼销售火爆，5届烧饼节累计销售总额达900万元，报名参加黄桥烧饼技术培训的人员络绎不绝，黄桥社区教育中心承办了黄桥烧饼技术理论培训。随着黄桥烧饼节的举办，黄桥烧饼技术在全国各地生根开花，黄桥烧饼全国家喻户晓。

黄桥烧饼被2016年中国(江苏)国际餐饮博览会授予“中华第一饼”称号。黄桥烧饼销售和黄桥烧饼技术培训成为乡村振兴新的增长点。

黄桥烧饼技术秉承了与时俱进的发展理念，传承保持了香甜两面黄的传统制作方法，保留了外撒芝麻内擦酥这一传统特色，已从一般的“擦酥饼”“麻饼”“脆烧饼”等大路品种，发展到葱油、肉松、鸡丁、香肠、白糖、橘饼、桂花、细沙、蟹黄等20多个不同馅的精美品种。黄桥烧饼已成为享誉海外的名点，更成为亲朋好友的馈赠佳品。

黄桥烧饼是我们泰兴地区的特色，作为泰兴的青少年，了解烧饼的历史，可以增强拥军爱民的意识和爱家乡的自豪感。学生平时能品尝黄桥烧饼的酥香、松脆，让他们了解黄桥烧饼的制作工序，自己学做黄桥烧饼，既是泰兴文化的传承，更能满足他们的探究与实践的欲望。当看到色泽金黄、香喷喷的作品出炉时，他们体验到了劳动的快乐，从而激发他们劳动的兴趣和欲望。

随着黄桥烧饼技术培训中心的加入，“小南湖”风景区的黄桥烧饼成为外地游客购买地方特

图片 2　基地学生在师傅的指导下加工黄桥烧饼

产的首选。“小南湖”风景区名声日趋攀升，省内外游客慕名而来，节假日，游人如织，年接待能力达 30 万人次，截至目前累计年接待游客 150 万余人，营业收入达 2 000 万元。祁巷“小南湖”风景区被评为四星级乡村旅游景点，祁巷村获得“全国文明村”“中国美丽乡村”“全国一村一品示范村”“全国生态文化村”“江苏最美乡村”等荣誉。

四、反思与展望

在传统文化助推乡村振兴战略指引下，黄桥镇旅游局打造了一条内涵丰富的红色旅游线路，省内外客人络绎不绝，他们观古镇风貌，寻历史遗迹，品黄桥烧饼，小镇车水马龙，人民的生活蒸蒸日上。

黄桥烧饼是黄桥人早餐桌上的主打产品，日消耗量达 5 万只之多，每天清晨，镇区 50 多家大小烧饼店炊烟四起，饼香四溢。有些规模小的门店环境污染严重，卫生状况堪忧，缺乏完整的行业规范。目前，黄桥烧饼技术仅停留在纯手工制作的层面，属于劳动密集型产业，随着人工成本的攀升，黄桥烧饼的市场竞争力日趋下降。勤劳能干的黄桥人已经在尝试黄桥烧饼的工业化生产，自动化生产线已成功上线，新的黄桥烧饼培训技术正在普及。黄桥烧饼的产量突飞猛进，口感质量稳步提升，黄桥烧饼新技术培训产业成为黄桥经济新的增长点。

执笔人：王项全

点评

一、工作特色

黄桥镇通过政府搭台、教育指导、企业组织、社会发动、群众参与，扎实开展黄桥烧饼技术培训，充分挖掘黄桥烧饼的红色基因与传统技艺，不仅将黄桥烧饼打造成省非物质文化遗产，成为烧饼行业的金字招牌，享誉全国，而且发展了烧饼产业，带动了地方旅游，致富了地方百姓。探索出了一条培训一项技艺、推动一个产业、发展一方经济的现代经济发展之路。

二、成功经验

黄桥镇以培训为抓手，将黄桥烧饼这一传统食品发展成致富农民的大产业，其成功之处在于：一是地方政府重视，将烧饼产业融入经济发展全局，积极实施产业化发展战略，通过建立黄桥烧饼技术开发有限公司提高培训的组织化程度。二是注重培训的专业化发展，经过多年的积累和总结，开发出较为规范的黄桥烧饼制作标准化课程。通过外聘和内培打造了一支专业的师资队伍。三是注重后备人才培养。一方面通过举办烧饼节，开展各类研讨、竞赛活动等，吸引更多的从业人员参加培训；另一方面在青少年综合实践基地设立黄桥烧饼体验馆，在青少年中广泛开展培训活动。

三、推广意义

传承红色基因、发扬传统文化、发展地方经济都是当前社区教育工作的重要使命，黄桥镇通过黄桥烧饼技术项目将三者有机融合，为当今社区教育工作提供了一种较为成功的发展模式。

点评专家
姓　　名：徐生根
单　　位：东台市东台镇社区教育中心
职务/职称：校长/高级讲师
联系电话：15251011208

◎ 宿迁开放大学

让企业为社区教育发展插上腾飞的翅膀

——记 2021 年省级社区教育品牌“社区教育十企业”

品牌 LOGO 设计说明：

品牌 LOGO 采用圆形设计，外环为蓝底白字，上为品牌名称“社区教育十企业”，下为品牌建设单位：宿迁开放大学社区教育中心；内圆中红色图形为“S”，黄色图形为“Q”，“SQ”既是“宿迁”汉语拼音首字母的简称，也是“社区教育”和“企业”汉语拼音首字母的简称；内圆中红色图形代表涅槃重生的凤凰，是宿迁开放大学校标，黄色图形是“企”字的转化，两者相融相生，既寓意宿迁开放大学与企业的深度合作，又意味着社区教育与企业的高度融合。

一、案例的背景

2015 年，在宿迁开放大学挂牌成立之初，学校即设立社区教育中心，作为专门的管理部门，主要任务是整合各类教育与培训资源，为本地区提供有效的学习资源和渠道，搭建多样化学习服务平台，促进不同性质学习型组织的形成，满足区域经济社会发展的需要，促进学习型社会建设。

（一）企业社区发展双向需求

企业想要真正发展壮大，除了注重经济产业发展之外，还应建设能强化企业管理的企业文化。职业类学校专业师资丰富、人才储备丰厚，可根据企业的不同特点及发展需求开展各类培训，在一定程度上满足企业对人才培养、技能提升、企业文化打造的需求，提升人力资本所蕴含的价值；社区教育也可利用知名企业作为社区教育的主阵地，将企业教育资源引向社会，实现资源共享，推进企业文化的社会化教育进程，为更多的人提供学习机会和学习渠道，这也能体现企业对学习型社会建设的责任和担当。

（二）职业教育优质资源支撑

职业教育是开放大学办学的重要组成部分。学校从事职业教育历史悠久，有全面的人才培养机制、专业的师资队伍、完善的实验实训基地、深厚的文化底蕴等，校企合作经验丰富，优势突出，利于以最少的投入获得最好的社会效益。

（三）社会教育开展经费有限

苏北地区经济相对滞后，社会教育总体投入有限，上级部门下拨社区教育经费不足，学校也缺乏此专项经费，基本靠从全日制教育经费中调拨，因此，很大程度上制约了社区教育的发展。从困难中寻找生机，因地制宜，因势利导，成为学校打破社区教育发展困局的重要的工作思路。

二、案例的呈现

（一）“社区教育＋京东公司”——农村电商培训

学校紧紧围绕宿迁市农村电商产业发展要求，根据农村电商产业特点，充分利用自身资源、技术、区域等优势，引进京东公司的专业技术人员、培训课程和营销理念，双方共同组建专业教学团队，研究农村电商人才培养方案、课程体系，编写培训教材，研发特色专业课程，合力推动农村电商人才培养模式改革，贯通人才培养体系，使培训内容、培训形式更贴近农村电商实际，更有利于学员掌握，保证培训工作的系统性、针对性、时效性。实施点对点送教上门，把优质教育资源送到农村，把培训送到老百姓家门口，实现城乡社会教育资源共享与互补，让老百姓就地就近学习知识和技术，及时帮助他们解决产品开发、营销、售后等环节的难点、痛点，真正使人才培养对接人才需求、专业对接产业、教材对接技能。2015 年以来，共举办农村电商培训 86 期，受众达 1 万余人次。“宿迁开放大学农村电商培训项目”先后被评为“江苏省社区教育特色品牌项目”、全国“终身学习品牌项目”。

（二）“社会教育＋江苏京东公司”——党建业务双提升

2018 年，学校与江苏京东党委共建江苏京东学习中心，学习中心面向京东公司党员、入党积极分子及共青团员，以习近平新时代中国特色社会主义思想为指引，开展宣讲十九大精神、党的基本知识、党史等系列党课，助推江苏京东党委开展党建、团建和员工培训等工作，更好地为京东员工服务，为京东发展服务，通过共建学习中心，丰富学习内容，提升了员工的学习成效。结合京东工作实际，开展“青年优秀案例分享”等活动，围绕业务重点、难点解析、标准化客服话术等方面做好员工的培训工作，让员工参加学习中心的学习活动常态化，形成“比、学、赶、超”的良好氛围，为公司培养更多信念坚定、业绩突出、勇于拼搏、敢于担当、甘于奉献的新时代有为青年。

（三）“社会教育＋苏宿工业园区”——生命安全教育

2018 年，学校依托苏宿工业园区生命安全教育馆，通过整合、优化，建立了生命安全学习体

图片 1　江苏京东公司为宿迁开放大学讲师团颁发聘书

验基地，积极开展生命安全教育进校园活动。针对不同阶段学生，包括留守学生、残障儿童等设置不同的教育课程，组织师生开展参观“生命安全”体验馆，观看影片、宣传片，组织应急疏散演练、主题班会、演讲比赛，制作安全知识手抄报和宣传画等活动，增强师生防灾减灾安全意识，提高自救防范能力，全面推动了校园防灾减灾工作的规范化。目前已与 15 所学校建立长期合作关系。深入社区、企业，通过张贴主题宣传海报、现场传授实用技能、开展现场咨询等方式，向社区居民详细讲解灾难发生的严重后果、安全疏散与逃生知识，以及灾难发生时应如何自救，积极引导居民学习掌握应急应对技能，打通防灾减灾宣传“最后一公里”。现已在 23 个社区、近百家企业开展相关教育宣传普及活动。开设“天天学安全”微信公众号，发布不同灾害类型的科普知识和避险技能，及时报道安全信息、战疫实况、活动开展等情况，设置学习强安、有奖竞答、你来找“茬”我来改等版块，吸引广大居民广泛参与。目前，在线活跃人数达 15 000 余人；开展线上线下有奖竞答活动，增强防灾减灾宣传的互动性和趣味性，引导社会各界参与竞答活动，通过寓教于乐、寓学于乐的方式，并通过有奖竞答活动，努力形成全民在线学习防灾减灾知识的良好氛围，建构防灾减灾的人民防线。

该基地先后被评为江苏省和长三角地区“社会教育学习体验基地”。

（四）“社会教育＋北京环境有限公司江苏分公司”——管理能力提升培训

2019 年，学校与北京环境有限公司江苏分公司开展深度合作，共建学习中心，主要承接该公司管理人员“管理能力提升”培训工作，开展“高效团队打造”“团队凝聚力打造”“团队执行力打造”等主题培训，帮助员工树立主人翁意识，不仅要扫好马路，更要着力思考如何服务城市环境建设，如何满足群众对优美生活环境的需求，如何为打造宿迁蓝天碧水贡献力量。受众不仅有江苏分公司的管理人员，山东分公司等还通过直播方式参与学习，目前共开办培训 18 期，受众 1 325 人次。

学校还与该公司合作共建垃圾分类志愿者团队，开展系列特色宣传活动，通过入户宣导、地推活动、二手市集等丰富多样的形式，参与开展“垃圾分类进小区”“垃圾分类进课堂”“小手拉大

图片 2　宿迁开放大学副校长沈士军在京宿环境公司讲课

手”等系列特色宣传活动，吸引市民关注，积极主动参与垃圾分类，提高垃圾分类智能化水平，使“垃圾分类，人人有责”的理念深入人心，为宿迁文明城市发展做贡献。

三、案例的成效

（一）开辟了校企合作新模式

校企共同挖掘、开发企业文化中契合社区教育的优质资源，将其打造为全民共享的社会教育资源，面向社会宣传、推广，扩大企业文化的社会影响力，推进企业文化的社会化教育进程，实现优势互补，无缝对接，创造更多的利益契合点、合作增长点、共赢新亮点。

（二）构建了社教网络新格局

构建起以市开放大学为龙头、以社区为主阵地、以企业为纽带的区域社区教育网络体系，基本实现区域优质社会教育资源共融、共通、共享，增加了原有社会教育网络的密度，更好地满足各类居民学习提高和修身益智的需求，有效起到补短板强弱项的功能。

（三）培育了师资队伍新生力

广泛吸纳各行各业人才加入到社区教育师资队伍中，针对不同层次、不同群体，构建了三支队伍：一是有一支具有先进社区教育理念、团结进取、务实创新的教育管理队伍；二是有一支事业心强、具有较强教学业务能力和活动组织能力的专职教师队伍；三是有一支人员稳定、素质较高的兼职教师队伍。三支队伍的建成，基本满足了社会教育多元化发展的需求。

（四）形成了培训课程新特色

结合社区学习需求及企业发展需求，逐步积淀、凝练，形成了合理引导并积极满足居民学习需求的运行机制，促进了社区教育内涵发展，推进了企业文化内涵提升，有效助力企业员工能力的提升。同时，打造了具有地方风貌的社会教育特色的系列课程。

四、案例的体会与反思

(一) 进一步聚焦社区教育的路径重构

随着社区教育重要程度的突显，以及开放大学转型发展的需要，社区教育工作将越来越繁重，品质要求也会不断提高，但是，社区教育中心人力、财力、物力有限，导致社区教育工作推动力度受限。有效利用学校、企业、机关、景点景区等各种资源，通过优化整合，转化为优质的社会教育资源，形成品牌，并充分发挥品牌的引领、示范、辐射作用，以点带面，实现效益最大化，这是推进社会教育高效发展的重要路径。

(二) 进一步推进社区教育的“校企合作”

激发知名企业的社会责任担当和历史使命感，让企业意识到营造优良的企业文化氛围对形成企业内部凝聚力和外部竞争力，对助推企业经济发展具有重要意义，让更多的企业主动打开大门，输出资源，宣传企业，并请进来，走出去，参与社会教育工作中来。

(三) 进一步发挥开放大学的龙头作用

在宿迁开放大学的带动下，本地区的社区教育体系逐步完善，服务能力不断提高，但是，宿迁市社区教育还处在起步阶段，如何克服学习内容表象化、碎片化，学习方式放养式、应景式的问题，开发出具有地方特色，符合疫情防控常态化情境，且符合企业及社区居民学习个性化需求的课程体系，真正构建起实现“三全育人”工程，应继续发挥开放大学的龙头作用，并着重加强对企业、社区民众学习需求、学习内容、学习形式、学习路径的深入研究。

五、案例展望

形成覆盖全市的“社区教育＋企业”网络，尤其是对于学习条件更加落后的农村居民，通过做好提升资源供给的增量，丰富农村社区教育的内容，才能缩减城乡差距。

不断总结经验，树好典型，使该品牌项目成为具有示范性的精品项目，并影响更多的企业及学校、机关、社区开放优质资源，实现共融共享。

品牌建设还需要克服疫情的影响，在开放大学的引领下，需要构建一个功能完善、资源丰富、界面友好的数字化学习平台，实现疫情防控常态化情境下的人人皆学，处处可学，时时能学。

执笔人：李　莉

点评

一、工作特色

宿迁开放大学社区教育中心创新社区教育发展模式，整合各类教育与培训资源，特别是推动“社区教育＋企业”，取得了一定的实效。在企业的支持下，通过做大社区教育服务蛋糕，为本地区提供有效的学习资源和渠道，对区域经济发展、学习型社会构建、终身学习体系完善发挥了较好的助推作用。其中，助力“三农”发展是“社区教育＋京东公司”项目的主要效能。

二、成功经验

1. 激发企业的社会责任意识。宿迁开放大学社区教育中心创新理念，推进社区教育的“校企合作”，引导企业参与社区教育，帮助企业提升自身的社会形象，增加社会各界对企业的美誉度，为企业发展营造良好的环境。

2. 聚焦农村电商培训。“社区教育＋企业”重点在农村电商培训方面发力，是适合当地经济社会发展、特别是振兴“三农”的重要举措，也是社区教育聚焦民生领域、发挥自身特长的重要路径。

3. 发挥开放大学的龙头作用。宿迁开放大学社区教育中心依托开放大学，充分发挥开放大学的龙头和骨干作用，较好地发挥了自身实力强大、统筹资源有优势的长处，也是企业愿意合作的重要原因。

三、推广意义

社区教育如何用好有限的资源，还要吸引社会力量的广泛参与？就是要发挥自身在当地的影响力，因地制宜发展社区教育，做大服务供给，特别是聚焦民生问题，回应社区治理的诉求，才能形成服务实效，赢得居民的认可。这是宿迁开放大学社区教育中心的“社区教育＋企业”能够成功背后的逻辑。

点评专家
姓　　名：王中
单　　位：常州开放大学
职务/职称：副校长/副研究员
联系电话：13961428355

◎ 宿迁市宿城区王官集中心小学

传承民艺文化　共创健康乐园

——记 2021 年省级社区教育品牌“空竹艺术文化传承”

品牌 LOGO 设计说明：

LOGO 由图案和文字构成，主体部分是由书本、人物、空竹组成，人物立于书本之上代表着艺术教育是以教材为依托，有规范的、科学的课程标准，同时体现着艺术的教育是按“以人为本”的原则展开的。另外，两个人物共同托举空竹一方面体现着空竹文化传承的含义，另一方面代表着空竹是大众的、百姓的娱乐民艺，传承和发展是需要以群众为基础的。最后，人物双手高举组合成字母“W”，代表的是王官集镇社区。

一、案例的背景

（一）区域概况

王官集镇位于宿迁市西部，与徐州毗邻。2013 年经区划调整，王官集镇由宿豫区划归为宿城区管辖。全镇面积 62.7 平方千米，下辖 1 个居民社区和 12 个行政村，人口 5 万余人，是宿城区西北重要的城镇。在 2019 年 9 月入选“国家卫生乡镇”，是江苏省第三批农村电子商务示范镇，亦有“建筑装潢之乡”“酥梨之乡”“银杏之乡”的美誉。

（二）文化背景

王官集镇隶属于黄淮文化，而黄淮文化又属于北方文化。梆子鼓、柳琴戏、扬琴戏、抖空竹、剪纸、虎头鞋等民间戏曲与技艺在本地区得到了继承。但随着社会的飞速发展，一方面有些传统文化艺术日渐衰微；另一方面，在推进传统文化的发展中，诸多具有区域代表、民族特色的传统文化艺术又重新被重视起来，传承和发展是亟待解决的问题。

在北方民间文化的构成中，空竹占据重要地位，历史悠久且具独特魅力，广泛流传，是一项喜闻乐见的娱乐健身活动，也是我国民族传统体育文化瑰宝之一，它是国务院批准的第一批国家级非物质文化遗产项目。

（三）现实因素

我国青少年体质和健康状况呈连年下降的趋势，是一个严重的社会问题。而增强体质，提升青少年的健康水平最有效的一种手段就是体育活动，为此《中共中央国务院关于加强青少年体育增强青少年体质的意见》中提到要开展多种形式的课外体育锻炼活动，把更多的青少年吸引到健康向上的体育活动中去，另外，《新课程标准》也提出将民族体育项目列入体育课选修内容，学校体育教育中包含民族传统体育的内涵，这不仅是教育目的的要求，也是民族文化本身的特性所要求。而在学校的发展中省市级教育主管部门也要求大力推进特色文化建设工程，以此提升学生的各方面素质。

基于以上原因，在学校教育中亟需以某一项目为突破口，提升学生素质，并打开特色教育的新出口。在经过调查研究结合本地区实际情况以及可行性分析后，确立了空竹作为校本开发项目，是学校特色项目建设的主打工程。空竹作为一种文化引入社区教育，既可以锻炼学生体格，发扬光大这一传统体育项目，同时也是对学生进行爱国教育、提升文化自信心与民族自信的好路径。

二、案例呈现

为了让空竹文化得到传播并传承发展下去，2010 年 7 月起，在王官集中心小学建立起“空竹艺术文化传承”社区教育基地。

（一）健全组织领导，挖掘文化精髓

在社区空竹文化的建设中成立了工作领导小组、指导训练小组、考核评价小组和专家指导委员会。工作领导小组由校长、分管校长、体艺负责人组成；指导训练小组由体艺负责人、体艺教师、班主任、社团教师和外聘教师组成；考核评价小组由区教育局基教科、体卫艺科领导和专家、学校领导小组成员、社区负责人组成。三个小组既互相监督，又互相合作，协同保障特色建设项目顺利推进。与此同时，宿迁市教育局、宿城区文广新局和宿豫区空竹协会的领导和专家加盟指导，成立了专家指导委员会，明确了各自的职责，并建立有效的运行机制，保障品牌教育项目顺利实施。

在各小组的相互合作中，针对空竹文化进行深入的探讨与研究，总结并提炼出空竹最重要的文化内涵，即空竹文化具有悠久历史的民间技艺，融趣味性、观赏性、健身性于一体，是历史发展、民间活动的映射。在传承民艺文化的过程中，我们能深刻感受到人民群众的伟大，同时提升了对祖国丰富多彩的文化的自信心和自豪感。

图片1　2016年5月27日宿迁市空竹协会钟会长在现场演示空竹技艺，交流空竹文化

（二）加大宣传力度，营造良好氛围

作为黄淮地区的王官集镇隶属于北方文化，社会的飞速发展导致一些民族、民俗文化逐渐衰微，因而在本区域百分之八十以上的群众对空竹文化知之甚少。为了改变这种状况，社区教育中心聘请空竹专家到学校面向师生开展培训和舞空竹展演活动，并由点线到面，即以学校社区教育中心为点，向师生宣传空竹的历史文化知识，展示空竹的魅力，由此带动每个学生向家长宣传形成社区到家庭的线性沟通，取得家长的支持，最终在王官集镇各个村落全面铺开，为社区教育的“空竹”文化传承营造一个良好的氛围。

（三）精心编排教材，加强基地建设

空竹文化的传承是系统的、长期的工程，必须有对应的教材和课程的持续开展。为此，在区教育局的牵头下，我们来到了上海市莘庄中学查看了特色课程的基地建设，在观摩和学习中深受启发，并于2016年10月组织召开了空竹文化教育的专家研讨会，针对教材和课程的设计提出了可行性方案，确定了团队、规程、场馆、公园、教材、课程等实施方案。

根据规划方案，空竹特色文化建设项目需投入资金100余万元，到位资金70余万元，其中包括省补31万元、区教育局协助资金及学校自筹资金40万元。该课程建设项目的专项资金支出，主要用于社区培训、教材编印、服装及空竹购置、日常训练、校际交流、基地建设等方面的投入。并继续完善空竹主题公园建设和社区中心的“空竹博物馆”建设，升级购买约300套优质空竹，购买社会服务等，预算资金约40万元。

（四）参与大型活动，提升文化名气

自空竹文化教育建设以来，社区空竹团队参与了各级组织的各种大型的汇演活动，如：在学校和社区内参与的“六一”汇演、“庆国庆”等活动；在宿城区参与“第二届运动会”表演活动以及

2016 年宿城区的艺术教育展演活动；在 2013 年荣登宿迁市电视台少儿春晚，成为艺术表演节目的一大亮点。

图片 2　2021 年 9 月 9 日我校大课间活动中学生舞空竹

活动的参与扩大了空竹文化教育的影响范围，从社区辐射到辖区村落，进而扩展到市区，在一定程度上展示了社区教育的丰硕成果，提高了品牌教育的知名度，弘扬了民间文化，加深了普通大众对传统文化的认识，与此同时，也促进了社区教育向更高层次迈进。

三、案例成效

在长达 10 多年的空竹文化教育中摸索出一条适合自身的发展道路，一路披荆斩棘锐意进取，已然硕果累累。

（一）成效

1. 通过探索空竹特色文化建设路径，建立了比较完善的教育体系和课程构架，学生喜欢，百姓满意，社会认可。空竹已成为彰显社区教育内涵、提高知名度的文化品牌，传承并发展了民间艺术文化，构建了学生健康的游戏乐园，促进了学生素质的提升。

2. 通过空竹文化工程建设，建设了一支高素质的队伍，促进了社区内教师专业技能和教学水平的提高，师生关系更加融洽，社区生活更加丰富多彩。同时培养了学生积极健康的生活方式，促进了学生全面身心发展，为学生终身发展奠基。

3. 经过多年的探索与努力，空竹特色文化建设已被社会和家长广泛认可，由不理解到理解，由质疑到支持。实践证明，该特色项目建设，有效地带动了其他教育教学活动，提高了师生精气神，提升了师生精神面貌。同时为市（区）体校输送了越来越多的好苗子。学生身心素质得到全面发展，社会接受度、家长满意度大大提高。

4. 社区的空竹教育通过报栏、汇演等形式的宣传，扩大了辖区内的影响，不但丰富了孩子的业余生活，也带动了社区群众尤其是老年人参与其中，让大家的体育活动更加健康、更加积极。

在社区内的运动小广场，孩子与老人共舞空竹的场景已成常态。

（二）荣誉

《空竹特色文化建设》被立项为江苏省小学特色文化建设工程(2016.3)；
校本教材《舞空竹》被评为江苏省乡土课程优秀奖(2013.8)；
"宿迁市非遗进校园活动优秀传承基地"(2014.6)；
大型空竹操表演获宿城区二运会"优秀组织奖"(2015.10)；
空竹艺术表演荣登宿迁市电视台少儿春晚(2013.1)；
宿迁市校园特色文化建设微视频展演评选一等奖(2016.12)；
宿迁市校园特色文化成果评选二等奖(2017.6)；
宿城区优秀校本课程评选一等奖(2017.1)；
宿城区优秀校本课程案例评选一等奖(2017.1)；
宿城区基础教育特色联展优秀组织奖(2017.5)；
宿城区 2016 年艺术教育展演(抖空竹)一等奖(2016.10)；
宿城区社区教育特色品牌项目(空竹操)(2016.10)。

四、案例体会

1. 教育的开展是一个长期的过程，对民间艺术文化的挖掘需要持久的精神，对学生的民艺教育更需要持之以恒，在 10 多年的努力中教师们付出了辛勤的劳动，转变了许多家长的固有观念，让一代又一代的学生接受空竹文化的熏陶，在充分感受空竹带来的乐趣后，油然而生的是对中华民族文化的自信和自豪。另外，在社区的舞空竹活动中，学生们也在长年累月的游戏中增加了身体的灵活性，锻炼了身体。

2. 社区教育从另一个角度来说，是属于学校教育的拓展与延伸，"空竹艺术文化传承"项目自创建以来，丰富了群众的终身学习内容，也丰富了百姓多姿多彩的生活，更是为学生的成长注入了新的活力。在空竹文化教育开展下，学生在学习中树立了信心，促进了坚强品格的养成，从而促进了在校的文化课学习的持续进步，让学生精神更加饱满，劲头更加充足。

3. 民间艺术文化是中国历史文化中的一朵美丽的"奇葩"，传承下去是每个中华儿女应尽的义务，但随着时代的更迭，民间艺术文化也应与时俱进谋求新的发展之路，成为当今社会普通大众都能乐于接受并弘扬的一种文化。因此，在社区教育中将空竹文化整理好，取精华去冗余因地制宜地编纂成适合学生、普通大众能够接受的书籍教材是很有必要的。将舞空竹的意义与当前的增强体质、丰富文化生活的实际相结合，才具有时代的特色，不断发展壮大。

4. 在社区的教育中，建立健全领导机制，构建网络化教育平台，完善并充分发挥各小组职能，才能让工作在稳步中推进，发现问题及时沟通解决才能让空竹文化教育有条不紊地进行。团队是一个整体，也只有加强合作、互相监督，才可以让社区教育向更高层次拓展延伸，为文化的传播奠定坚实的基础。

五、反思与展望

目前在社区民间艺术文化教育中，尽管课程的开展依照教材的标准有条不紊地进行着，但是空竹教育一直没有展开分层次教学，导致部分学生在已经熟识文化的内涵技艺却没有得到更大的提升，使得这部分学生对空竹的兴趣逐渐被消磨。在今后的社区教育教学中应该将技艺的传承进行深层次的挖掘，同时在教育中让学生学会主动探索新技法、新套路，学生之间相互合作，让空竹技艺的传承向更高层次迈进，使之成为学生乃至整个社区普通大众真正的健身娱乐项目。

社区空竹文化教育发展到现在，网络化结构是完整的，各部门的职能是清晰明了的，教育所表达的目的也是明确的，学生也是受益匪浅。而要想这个品牌文化跟随时代进步的脚印，就必须借助于互联网＋，创建空竹文化教育的交流平台，共享优质的教育资源，提供层次分明的优质服务，让这种民间艺术的交流更加广泛、自由。在平台内创新的组织各种活动，以活动促教育，以教育促发展，让民间艺术文化在普通大众中间得以广泛传播，让社区和平台真正成为传承民间艺术文化的阵地，成为人民群众健康生活的乐园。

执笔人：陈　超　张　磊

点评

一、工作特色

空竹是我国民族传统体育文化瑰宝之一，是国务院批准的第一批国家级非物质文化遗产项目。王官集镇通过探索空竹特色文化建设路径，建立了比较完善的教育体系和课程构架，建设了一支高素质的队伍，培养了居民积极健康的生活方式，促进了学生全面身心发展，使社区生活更加丰富多彩。

二、成功经验

王官集镇社区教育中心聘请空竹专家，到学校开展培训和舞空竹展演等活动，向师生宣传空竹的历史文化知识，展示空竹的魅力，并引导学生向家长宣传，形成社区到家庭的线性沟通，从而扩大空竹艺术文化传承在社区中的覆盖面，为社区教育的空竹艺术文化传承营造一个良好的氛围。

三、推广意义

王官集镇"空竹艺术文化传承"社区教育项目的实施，成功地将空竹文化引入社区教育，不仅锻炼学生体格，发扬光大这一传统体育项目，提升居民的文化自信心与民族自信心，也丰富了社区教育的内容，增添了社区教育的文化内涵，具有一定的社会意义与推广价值。

点评专家
姓　　名:仲红俐
单　　位:常州开放大学
职务/职称:副主任/副教授
联系电话:13776836329

◎ 宿迁市沭阳县章集街道东小店社区教育中心

校站结合　传承农耕文化

——记 2021 年省级社区教育品牌“大麦干花制作”

品牌 LOGO 设计说明：

自上而下看：初升的太阳正好应对本校在沭阳县城东方位置，东方欲晓，正合了蒸蒸日上的东小店中心小学、东小店社区教育中心。整体画面以大麦干花的金黄色为主调，寓意成熟大丰收，两旁各以五朵麦穗就像两只大手托起明天的太阳。青少年的成长离不开社会、家庭、学校通力协作，因为我们的校文化是农耕文化，农用车在土地农耕，车把用一支毛笔，书本做撇捺，因为我们要学习文化知识、读书，几种物件正好组成了本社区名称中的“東”字繁体字。绿色植物代表着绿色文化，同时形态像双手握住铁锹在肥沃的土地上发掘，加上旭日东升，既凑成了东小店中心小学简称“东晓”名称中的“晓”字，也合成了我们东小店社区教育中心的简称“東社”。下方的红丝带表示青少年儿童的成长需要街道政府及各职能部门与谷雨园林工艺品等社会各界的爱心关注。

一、案例背景

章集街道东小店社区中心位于沭城东南 19 公里处，辖 10 个行政村，1 个居委会，80 个村民组，全乡共有 9 004 户，33 800 口人，常住人口 3 万人，流动人口 0.3 万人，区域面积 51.1 平方公里，陆地面积 6.5 万亩，耕地面积 4.7 万亩。205 国道改道后，已紧靠新 205 国道。特色产业有千亩“太阳一号”彩椒，张王庄、谢圩、沈庄绿壳鸡蛋、鹌鹑蛋等；境内种植杨树达 2.6 万亩，年产杨木

5 万多立方米，是沭阳著名的生态之乡。谷雨园林工艺品制作项目是由东小店社区教育中心引进，与东小店中心小学联手一起推动举办的，主要以手工艺品制作为主，共包含 4 个项目，分别是大麦干花制作、木雕制作、仿真绿雕、稻草人工艺品制作。通过社区主阵地，以手工制作为基点，培养传承农耕文化，持续提升社区特色品牌大麦干花制作的公益效应和社会价值。

图片 1　2019 年 10 月 18 日干花制作技师胡方栋在课外兴趣小组活动中指导大麦干花制作技巧

二、案例呈现及成效

1. 加大校园推广，学培结合激发学生兴趣

从小培养学生的动手能力，以小学活动课为平台，以兴趣小组展示为抓手，学习相关的手工制作知识，让手工制作走进校园，增强它对青少年的影响力，是培养学生能力的重要举措。

学校根新课程要求，按年级明确周二下午第三节为手工知识传授课，公司每周安排一名技术人员送到学校的各个年级，让学子们学习相关制作的知识。

除此之外，我们请街道牵头，请民间手工制作高手去学校传授技艺。学生在手工制作过程中，不仅养成了精益求精的工匠精神，更能从中结合专业特性，培养融合创新的能力。

事实证明，将手工制作纳入学校课程，是一种极具意义的成功尝试，是融合也是传承的硕果！

2. 促进区域合作，共享社区文化资源

为了塑造更贴近实际且独具特性的社区品牌项目，扩大区域联系，有利于在合作中推进资源共享，在日常工作中，我们以社区中心校为龙头，定期开展各社区手工制作能人的手工艺品展示交流。通过交流手工艺品制作过程，进一步深入交换了发扬传统工艺的经验。这类区域性联系大为推进了更广范围内的社区文化资源共享，以更强的凝聚性传承了手工艺品制作技能。

3. 开发特色课程，顺应时代发展需要

我们以大麦干花制作龙头，以满足市民多样化需求为落脚点，开发具有东小店社区本地特色的社区教育课程，形成社区教育特色品牌，已成为顺应时代发展的创新举措。

编写培训教材，由东小店社区牵头，组织公司技师、中小学劳技与地方课程教师、职业技能培训专业人士作为编写小组，分头负责组织编写东小店农耕文化、东小店大麦干花制作工艺、东小

图片 2　2020 年 10 月 23 日在传统工艺进课堂活动中，谷雨手工艺品有限公司工程师在向东小店中心小学传授大麦干花制作技术与知识

店大麦干花活动 3 个部分组成的音像教材。围绕东小店大麦干花手工制作文化的传承与发扬，进行活动课程的设计与开发，形成 3 大系列 12 项活动，其中青少年社会实践活动把东小店大麦干花传统工艺与民俗文化的学习、传承作为重要内容。

4. 提倡全民学习，提升人群接受度

2021 年，为了进一步发扬东小店手工艺制品传承，东小店社区把社区教育特色项目“东小店大麦干花”融入全民终身学习的活动中。

活动当天，社区教育特色项目“东小店大麦干花”在启动仪式上参展。东小店社区中心校建有东小店大麦干花培训体验基地，常年由老艺人开门收徒，传授技艺。培训工作开展以来，已经有 625 名居民前来学习，并掌握了一定的制作技能，扩大了东小店大麦干花爱好者的队伍。另外，学校还以农民或失业人员为对象，开展东小店大麦干花制作技能培训，以此作为自主创业或就业技能。目前已培训 426 人，这些人员经过考核，已经基本掌握了东小店大麦干花的制作工艺，能够独立制作大麦干花，拥有一技之长。东小店中心小学将大麦干花制作、画大麦干花带进课堂，越来越多的人学会了大麦干花制作。

大麦干花制作，需要利用人工将收割好的大麦进行挑选梳理，去除断枝，去除叶子，再裁剪到 50～60 厘米左右的高度。然后按照一定数量捆扎在一起，扎好的秸秆大约 6 厘米的直径，再进行烘干就可以完工。成品美观大方，天然无污染，看起来有一种自然美，是适合田园风格、乡村情调的装饰品，观赏价值比较高。成品金黄色的大麦寓意也很好，大麦有五谷丰登蒸蒸日上的意义，代表着丰收，谐音“大卖”，也是亲朋好友新店开张送礼的好选择。

在制作活动中，需要 50～60 名工人，都是从社区中招收，定期进行培训，传授手工制作技能，特别是结合三至六年级社区实践课，让我们的技术人员走进课堂给学生传授技能与知识，再利用活动课或兴趣小组活动时间，让学生自己动手制作。让学生在活动中锻炼自己的动手能力、耐力、专注度。大麦的采植期间组织学生到田地里观摩学习观察农民是如何劳动的，近距离地亲近大自然，会比课本上学习到的更加直观，再配合我们的教师团队讲解可以起到与坐在教室里学习不一样的教育意义。

在教育培训和学习活动中我们配备了专职的教师和企业的管理服务人员，一班由两个老师、两个企业管理人员负责指导学生，引导正确的活动方法。做到保障学生劳动课的安全及正确的学习劳动的流程。

干花制作社区教育活动，利用学校的空置厂房，结合企业的需求，结合学校教学活动，可以做到规范管理，学习场所稳定安全有保障。并且从学生出发制定了完整的教学计划，先进的教学活动方式，可以为全民社区教育做出积极贡献，传递正能量。

三、案例体会

东小店社区教育中心以发掘农耕文化为契机，积极开展社区教育课程的研究、开发。手工传统工艺与民俗农耕文化课程，是章集街道的东小店社区教育正在开发研究的特色课程，该项课程的开发与建设，是章集街道东小店社区教育发展的重要载体。其课程包括：编写培训教材，由东小店社区牵头，组织公司技师、中小学劳技与地方课程教师、职业技能培训专业人士作为编写小组，分头负责组织编写东小店农耕文化、东小店大麦干花制作工艺、东小店大麦干花活动3个部分组成的音像教材。围绕东小店大麦干花手工制作文化的传承与发扬，进行活动课程的设计与开发，形成3大系列12项活动，其中青少年社会实践活动把东小店大麦干花传统工艺与民俗文化的学习、传承作为重要内容。该项目的推进，为学校、社区、家庭搭建沟通的纽带。工作4年来，我们将学校、社区教育中心、项目承办的企业、街道政府及各职能部门等各方面资源整合，有效发挥最大的作用，把社区教育中心有限的力量，分小组进行团队协作，带动一大片人参与活动中，拉近青少年与老年人、与家庭、与社会的距离，让社区真正地成为居民展示的舞台。

四、案例反思与展望

“大麦干花制作”品牌是章集街道东小店省级社区中心辅导站与东小店中心小学及社区企业谷雨园林工艺品制作联手共建的，是章集街道17个居民辅导站的共建，是农村居民学习理念和思想观念转变的共建，是学校主阵导教育与社区教育的共建。经过4年的精心设计与耕耘，让居民学校的农耕文化与学校传统文化传承取得了长足的进步，取得社会与家庭的认可。

1. 以“党建”为龙头，增强社区支部的纽带作用，以网格支点强化管理。社区工作者更要“亲民”，为社区群众着想，让他们学习有课堂，沟通有平台，让社区工作越来越有温度。

2. 融合社会力量，推动社区工作上台阶。街道一盘棋，村组为支点，居民学校为阵地，通过“婆婆妈妈大舞台”“小媳妇纳凉会”“娃娃小讲坛”等社区活动平台，让责任在轻风细雨中悄然而落实，让事务在不知不觉中完成。

3. 以点带面促发展。抓住社区中典型，整合资源，报道宣传、表彰，鼓励引导社区企业为社区工作作贡献，社区为企业服务，为社区群众与企业牵线搭桥。

执笔人：杜爱连　梁玉娟

点 评

一、工作特色

章集街道东小店社区在“大麦干花制作”社区教育项目建设过程中，开发具有本地特色的社区教育课程，编写培训教材，逐渐形成了社区教育特色品牌；围绕东小店大麦干花手工制作文化的传承与发扬，进行活动课程的设计与开发，形成3大系列12项活动。该项目的推进，让社区教育成为学校、社区、家庭相互交流的纽带。

二、成功经验

章集街道东小店社区是沭阳著名的生态之乡。“大麦干花制作”社区教育项目建设以小学活动课为平台，以兴趣小组展示为抓手，学习相关的手工制作知识，让手工制作走进校园；请民间手工制作高手去学校传授技艺；定期开展手工制作能人的手工艺品展示交流，促进了地方文化传承，形成了终身学习的氛围。

三、推广意义

本项目以手工制作为基点，培养传承农耕文化，持续提升“大麦干花制作”的公益效应和社会价值。项目建设4年来，通过资源整合、机制建设、活动开展，充分发挥了社区教育的作用，让社区真正地成为居民学习、展示、交流的舞台。

点评专家
姓　　名：仲红俐
单　　位：常州开放大学
职务/职称：副主任/副教授
联系电话：13776836329